引爆社群

移动互联网时代的
新4C法则
第2版

唐兴通◎著

Ignite Community

New 4C Rules of Mobile Internet

图书在版编目（CIP）数据

引爆社群：移动互联网时代的新 4C 法则 / 唐兴通著．—2 版．—北京：机械工业出版社，2017.8（2023.1 重印）

ISBN 978-7-111-57829-1

I. 引… II. 唐… III. 网络营销 IV. F713.365.2

中国版本图书馆 CIP 数据核字（2017）第 202502 号

引爆社群：移动互联网时代的新 4C 法则　第 2 版

出版发行：机械工业出版社（北京市西城区百万庄大街 22 号　邮政编码：100037）
责任编辑：孙海亮
责任校对：李秋荣
印　　刷：北京建宏印刷有限公司
版　　次：2023 年 1 月第 2 版第 14 次印刷
开　　本：147mm×210mm　1/32
印　　张：14.25
书　　号：ISBN 978-7-111-57829-1
定　　价：69.00 元

客服电话：（010）88361066　68326294

谨以此书献给我的家人，谢谢你们！

愿女儿唐一然快乐成长！

推荐序

（专家推荐，排名不分先后）

人类社会的每一次变革与转型，都伴随着社会关系的革命性变化，社会学的意义就在于理解和揭示社会中人与人、人群与人群之间关系维系和变化的内在关联。自费孝通先生创立我国本土社会学以来，尽管社会学研究未得到应有的重视，其研究成果与发挥的作用亦不尽如人意，但已在许多领域展现出独特的价值。现今，人与人的社会交往正在跨越基于居住地、宗族、血缘等模式，变为基于兴趣爱好、价值观等新范式。我们该如何面对这一新趋势？本书聚焦于信息如何在互联网环境下在人群中渗透、扩散，以达到传播的效果。其中，信息通过网络对社会进行渗透的规律性探索和方法论阐述，给我留下了颇为深刻的印象，这似可视为社会学在当代的一种创新尝试。兴通在《引爆社群》一书中虽笔墨较多地放在企业经济层面，但也可为政府机关及相关机构提供一个不错的思考视角。

——顾伯平　全国政协委员

不日新者必日退。读了兴通历时三年的《引爆社群》新作，深切感受到笔者思想敏锐和对互联网的创新思维、理性思考，尤其是对互联网实践运用的研究总结，为从事方方面面工作的人员，充分利用网络资源做好政治、经济、军事、科技、文化等方方面面的工作以启迪、以借鉴、以指导！

互联网作为新兴传播媒体，是加强国际、国内联系合作、传播正能量、实现中国梦的重要平台。我在国防大学防务学院任政委期间，就曾非常关注互联网在传播中国政治、经济、军事、文化，特别是传播中国特色社会主义的道路自信、理论自信、制度自信等方面的作用，积极推动建立了继国防部网站、中国军网之外，有中、英、法、俄、西五种语言的军队第三家国际互联网站，让在学院学习或毕业的160余个国家数千名高级军官、政府防务官员和关心中国发展进步的国际友人，全面客观认识中国，为培养知华友华力量、营造实现中国梦的良好国际环境发挥了重要作用。

——王希明　国防大学政治部副主任，少将

作为一个传统媒体人，我也在尝试做自媒体，我希望通过实践触摸移动互联时代，去了解怎样进行传播、如何有效传播、能否保持客户黏性、传播规律有什么变化。传统的传播规律，不外乎四步走：引发围观、与己相关、触动思考、改变决断。互联网环境下，怎么把握传播呢？兴通的这本书提出4C方法论，就是我们在适合的场景（Context）下，针对特定的社群（Community），通过有传播力的内容（Content）或话题，随着社群网络结构进行人与人连接实现快速扩散与传播（Connections），获得有效的商业传播及价值。我拿他的理论在我的自媒体“郎读”来检验，小有收获。希望本书能帮助大家思考在移动互联网时代如何开展信息传播，营销工作。

——郎永淳　前中央电视台 (CCTV) 新闻主播

传播学交叉性的特点与生俱来，可以说，没有交叉研究就没有传播学。交叉、融合、多样、差异，既标志着传播学科的生机与活力，也反映了传播学科的丰富度和均匀度，预示着可持续的发展与繁荣。商业传播，不仅需要有多学科的知识背景，也需要混合的发散性的思维能力，更需要有敢于打破学科界线、突破自我封闭和勇于创新的胆识。兴通的大作充分展示了其融合社会学、传播学、心理学、信息学等领域知识和方法的能力，具有创新性。他提出的 4C 理论，是经过认真梳理和充分论证的独特体系，也是应对移动互联网时代信息传播的一把利器。推荐阅读。

——邵培仁　浙江大学传播研究所所长、教授、博士生导师

读来如沐春风，内容厚重新锐。提升营销素养，重在解决问题。

——杨伯溆　北京大学新闻与传播学院教授

这是一部值得期待的著作！大家都在说我们已经进入移动互联时代，但我们的经验却常常是传统媒体的经验，这就难以避免用传统媒体思维去面对和处理新媒体事物，包括广告、营销、推广等，或者已经开始以互联网思维处理新媒体事物，但却只有零碎、偶发的经验，不成系统。唐兴通先生这部大作的好处就在于“打通”——让拥有丰富传统媒体经验的人们可以尽快转化为新媒体经验，让拥有零散新媒体经验的人们可以获得系统化的概括与提升！

——胡智锋　中国传媒学术领域第一位“长江学者”特聘教授，

中国高校影视学会会长

《引爆社群》所讲的是一种运用多学科知识并结合最新沟通技术而建构出的新型营销模式，可以说这是利用交叉学科知识组合创造出来的新思维新观点。从社会实践及未来发展趋势看，跨界及联合经营可以产生新的商业价值，跨部门协同可以创新社会治理、增进部门及社区之间的相互理解与融合。这是一本引爆思维激荡的读物，不但适合于从事理论研究的学者阅读，更适合于商业领域里从业者去践行 4C 法则，以便创造商业价值并使之成为财富增长之秘籍。

——于显洋　中国人民大学社会学系教授、博士生导师；
中国人民大学体育与社会发展研究中心主任

这是一个移动互联的时代，当今的社会可被定义为按照这种方式互动的人们所构成的社群，在一个被如此界定的社群内，互动的链条是无限复杂的，并以众多不同的方式覆盖着整个社会，也意味着信息传播打破了大众媒体传统的传播方式。它针对特定的目标群体，通过关键成员，传递特定的信息，以影响舆论和购买决策的形成。由于信息像病毒一样传播，不仅节约了资源和费用，而且有更持久的传播效果和冲击力。基于这个原因，信息是嵌入在整个社群网络，而不是在一个人的头脑中，引爆新注意力从《引爆社群》开始。

——沈浩　中国传媒大学教授，博士

这是一片热土，一片激情四溢、富有创造力，渴望变革、拥抱未来的热土。

在这片热土上，层出不穷的电商、娱乐、游戏、社交、智能装置、健康运动、社会公益等的创新、创业故事，为观察、总结、提炼其背后的内在机理和规律，提供了丰富的营养和土壤。兴通正是这样一位细致入微的观察者、提炼者和萃取者。我相信，他总结的新营销4C法则，一定会为方兴未艾的中国移动互联网，注入智慧的力量。

——段永朝　财讯传媒集团（SEEC）首席战略官

在移动互联网信息传播过程中，场景（Context）决定着传播的逻辑起点和技术环境，社群（Community）决定着传播的动力和目的，内容（Content）决定着传播的方向和效果，连接（Connections）决定着传播的广度和深度。因此，理解了这4C，才可能理解移动互联网时代的信息传播。这就是唐兴通的新作《引爆社群》的价值所在。

——唐润华　新华社新闻研究所研究员

作为手艺人、电影导演，我的作品是娱乐产品。读兴通兄的《引爆社群》让我受益匪浅，借助新书的法则可以准确找到受众，学习如何直击人心，让娱乐传播更有效。创作是感性的，电影的市场和传播是有规律的。《引爆社群》是电影导演适应新环境必读的工具书。

——朱少宇　影视导演，资深传媒人士

我和唐兴通先生是因为“社会化媒体”而结缘的，在2007年和2008年的时候，搜索“社会化媒体”，排在搜索结果列表第一位的就是唐兴通先生关于社会化媒体话题的博文，在过去的五六年时间里，唐兴通先生一直在为传播和普及社会化媒体的价值而奔走，可谓是一位真正的社会化媒体理念的布道者。如今在移动的大潮之下，唐兴通先生以其敏锐的数字嗅觉，再一次引领风潮，此书的出版，相信会让更多企业和个人在这个变幻莫测的移动数字世界受益。

——Putting 新锐营销人知识分享和知识成长社区

SocialBeta 创始人

互联网技术的发展使得很多传统领域不断受到颠覆，几乎没有哪个领域没有受到互联网的发展而带来的影响和变革，特别是移动互联网对于人类生活方式工作方式的改变，从碎片化到聚合，从一个个割裂的小圈子到互相连接的无数社群，从随时随地人与人的连接到人与物和物与物的无线联通，让我们看到了在营销传播领域蕴藏的无限商机。《引爆社群》将为您支招。

——陈徐彬 《广告大观》杂志社发行人兼总编辑

前言

与人分享，越分享，越富足！

面对眼花缭乱的互联网热点——直播、VR、网红、自媒体、短视频、内容付费、微信……企业经营者及从业者缺乏与之对应的有效方法论和指导工具。更多人只是在围观看热闹，关注的是表面的问题和别人成功的故事，却不知道自己如何做。

互联网流行的热点就像圣诞树上闪烁的星星和彩灯，如果看不到支撑的树干，我们很难发现其中的逻辑、规律及方法。市面上大多数图书聚焦的是方法和案例的堆砌，是术和点的集合，而本书则聚焦在如何应对移动互联网时代社群运营、营销的方法体系上。笔者通过本书尝试挖掘隐藏在“灯光”背后的“树干”，给出帮企业应对这些林林总总热点的系统方法论。

本书第 1 版推出后获得许多小伙伴的推崇，短时间内就重印 10 余次，获得 CCTV、清华管理评

论、罗辑思维等知名媒体推荐，并荣获中国电子商会和京东图书联合评选的优秀社群类著作，还成为众多商学院的教材，在此笔者谢谢大家的厚爱。

何谓引爆社群新4C法则？

所谓引爆社群新 4C 法则，就是企业可以在适合的场景（Context）下，针对特定的社群（Community），通过有传播力的内容（Content）或话题，随着社群网络结构进行人与人连接进而实现快速扩散与传播（Connections），最终获得有效的商业传播及价值的方法论。

大众传播时代已基本结束，未来将走入社群传播时代。引爆社群的新 4C 法则，其本质就是围绕社群开展的，为此我们需要研究透社群（社群文化、社群结构、社群生态等），否则根本无法引爆社群。我们选择场景的标准是围绕社群的生态或者商业情形，内容的构建目标是对社群有传播效果，所以说社群间发生连接及信息在社群关系链条中传播都离不开对特定社群的深刻理解。

场景思维中我们强调了时间和地点的重要性，即在合适的时间、合适的地点，给消费者提供相应的信息以支撑购买流程。**在场景的捕捉中还强调了社群需求或情绪等因素，只有这样才可更好地刻画社群所处状况。想更为有效地引爆社群，选择合适的场景是关键。内容为王是没有错的，但往往因欠缺场景而不能引爆。**从内容营销角度思考，主要是从分享、协同、给予客户答案的角度来向消费者传递信息，而传统的营销更多是通过打断用户思考、视听等方法硬性传递产品信息。

连接在引爆社群的新 4C 法则中用于解决信息及产品如何在社群里快速流动的问题。如果没有最终临门一脚的连接链式反应，就无法引爆社群。之所以能够宣布大众传播时代已经结束，背后的支撑是社群及跨社群的内容连接、传播的崛起。

许多行业内部人士恭维笔者说："老唐，你提出的引爆社群新 4C 法则已经是社群时代营销传播公认的方法论"。听到类似恭维，让笔者感到汗颜，但同时也看到了大家对这套法则的期望，笔者只好将这份期望化为理论方法的迭代升级，以图书的形成呈现。其实笔者个人并没有想到多年前给出的社群营销传播框架居然变成行业通用的方法，在此谢谢那些诠释和实践这个理论的小伙伴们。

引爆社群新4C法则的适用边界

"引爆社群新 4C 法则的适用边界是什么？"这是商学院学生常常问笔者的一个问题。每个方法论都有其适用的边界和范畴，我们不可以拿着把锤子，见到啥都想锤一下。为帮大家更好地理解适用边界问题，先简要梳理一下相关背景。

从传统市场营销角度看：1978 年—2008 年，那个时代市场传播游戏规则是广度、覆盖度、曝光量、CPM 等。2008 年以后，市场传播开始从广度、覆盖度走向深度、情感连接，兼顾广度的游戏规则。从广度时代走向深度时代，企业需要花更多的时间和人力来和消费者对话。企业以前的思考模式是获得海量的注意力，但最终的转化和效果取决于软性的关系。营销游戏规则悄然发生着变化，即企业需要从广告思维走向为社群提供服务，真诚地帮助用户，构建基于兴趣或产品的圈子（社群），获得用户的信任。

从互联网营销角度看：1999 年—2009 年，这 10 年是互联网营销传播的第一阶段。这个阶段的核心关键词是“流量”，以百度的搜索引擎关键词、四大门户网站的互联网广告、站长联盟、SEO 等为代表。这个时代玩法的代表是莆田系医院、团购网站、淘宝店。例如当年团购网站疯狂融资，疯狂购买流量，流量转化为订单，继续购买流量直至钱烧完后关闭。那个年代的游戏规则就是流量，通过花钱或运用技术围绕流量转，互联网营销大部分时间就是搞流量。

在 2009 年以后，社群时代正式来临，基于社会关系网络信息流动成为新范式。在 2009 年之前出现的 BBS 论坛可以说是社群时代的前奏，而以微博、SNS、微信、直播、短视频等为代表的流行确定了网络社群的地位。“引爆社群新 4C 法则的适用边界是用来解决社群各平台如何营销传播的，非互联网流量方向”。

你不必再纠结如何利用直播、网红、自媒体、短视频、内容付费、微信、微博、BBS 论坛、知乎等社群平台及工具进行营销，它们只不过是互联网商业兵器谱上的一件件兵器而已。如果你想学会众平台的基本操作只需 30 分钟，但是想要要得好，最终收获丰厚商业价值，那就需要扎实的方法论。本书也许就是打开这个时代营销之门的一把钥匙。这就是笔者认为的引爆社群新 4C 法则的适用边界。

新版看点

随着移动互联网和社群的发展，引爆社群出现众多新的变化，笔者在实践中也有许多最新的思考，为此较大幅度升级修订第1版。希望让您能有耳目一新的感觉。

这次为大家主要修订的内容包括：

（1）系统更新50多个最新案例，涉及VR、直播、共享经济、人工智能、内容创业、种子用户等众多领域，从场景、社群、内容、连接等角度进行系统诠释；丰富的案例可以触发你针对性的思考，也能够助你更好地吸收引爆社群的方法论。

（2）新书更加关注4C法则之间内在逻辑及场景、社群、内容、连接等各个领域纵深的研究现状和实践案例。

（3）场景章节，在第1版的前提下，增补了如何用场景思维构建产品、什么是大数据场景感知时代的新营销、如何捕捉用户消费需求冲动的场景、如何实现MOT关键时间点场景管理等内容。

（4）在社群章节，笔者重新理解社群商业价值，关注社群文化、社群结构、社群在线行为学、高频和低频社群构建等实践问题，方便大家更加深刻理解社群商业及营销的核心。

（5）在内容章节，第2版进一步夯实了内容战略、内容规划、内容来源（收集）、内容编辑优化、音视频UPC/PGC的应用等方面的实践指南和案例精选。

（6）在连接章节，第2版中加入了社会网络结构图谱，以及社群网络中针对个体网络结构特征的分析，例如个体节点在社群网络中的位置、个体的属性（节点度数等）、中心性和特征向量等。进一步从图论、数学属性、社会网络结构镶嵌等角度解析连接背后的科学。写作过程中厘清针对社群连接的话题，清晰区分中心节点、意见领袖等特殊地位人士的扩散价值。

其余修订则为部分内容之增删，更正错别字、段落调整以及遍及全书的语句修缮等。写书过程中语言追求平实，贴近实用，希望能够得到您的厚爱。

致谢

写作期间参考、借鉴过众多学科领域、多个专家的研究，尤其是在案例采集部分，在此一并感谢。如果涉及您的权益，请与我联系，谢谢。

本书是笔者多年来与朋友、同事、网友进行对话交流之后取得的成果。笔者对所有提供过帮助的人都心存感激，在此表示衷心的感谢。

感谢顾伯平、王希明、邵培仁、胡智锋、于显洋、段永朝、郎永淳、金旭、彭彬哥、周中华、朱少宇、沈浩、唐润华、杨伯溆、Putting、陈徐彬、唐兆明、沈耀珍、杨升、张惜芬、杨阚波、蒋杰、唐兴娟、唐婷婷、唐玉、张明亮、朱香顺、程恩凯、张倬嘉、张媛、朱俊宇、朱语涵、程景瑞、程伟荣等在本书写作过程中对笔者提供的直接、间接的帮助。谢谢大家！

感谢机械工业出版社的杨福川、孙海亮在本书编辑、出版过程中给予的支持和帮助。他们两位专业、认真的态度是我学习的楷模。

感谢顾问咨询、培训教练等合作企业，以及商学院选择我课程的学生，正是你们的实践和反思才赋予引爆社群的新 4C 法则这个理论源源不断的生命力！

如何联系、发生连接？

通过阅读本书，希望能触发您的一些思考，一起探索基于社群逻辑的新时代商业规则。如果您有话要说，或有项目合作及任何意见，请发送邮件至 along5418@gmail.com，或者扫描下方二维码联系笔者。

唐兴通

于北京

目录

1

第 1 章 移动互联网时代的“4C 法则”

社交媒体改变了人们搜索与分享信息的方式，也改变了我们做出购买决策的方式。营销主们必须意识到，如今已不是消费者“考虑”和“购买”的时代了，消费者对产品和品牌的“评价”和“拥护”成为影响购买环节的重要因素。

——Neasa Costin

第 1 节 新环境下，需要换一种思维

下面用一个故事来阐述新环境下的企业策略。

在一个公司里一男一女两个同事交往很久了。其中女同事年龄也奔三了，就示意这个男同事是不是去见见父母，去提亲。等到这位男同事到了女孩家的时候，却发现还有两个竞争对手，一个是某

公司领导，还有一个是某知名高校毕业生。女孩的父亲对他们讲："你们都想娶我女儿，那么你们都有什么竞争优势？"第一个说话的是那个公司领导，他说自己的公司过两年将上市，言下之意是有钱。第二个紧接着说，自己毕业于某高校，原来是高材生，言下之意很有前景。当问到这位男同事的竞争优势时，他憋了半天说，自己是草根一族，公司的小白领。女孩的父亲听完他的话脸色立刻沉了下去。但是他紧接着又说："我们已经领证，而且你们家女儿的肚子里面有了我的孩子。"仅仅这句话就完成竞争格局的逆转，最终抱得美人归。

通过这个故事我想说明的是，在互联网应用日益流行的当下，企业和品牌广告主的竞争优势已经不在于手里有多少广告预算，也不在于平台有多好的发展，而是在于在关键的岗位和关键的部门是否有支持自己的人。也就是说在新媒体平台上得有我们自己企业和品牌的人（铁杆粉丝）。否则，就算是我们拿出 10 亿元的广告费扔给大众媒体，当我们遇到危机的时候，他们依然不会为我们两肋插刀。也就是说在投广告的时候，不能仅抱着媒体的大腿，未来最重要的战略是培养自己的铁杆粉丝、自己的忠实用户。当发生危机事件以后，如果有 1000 人（不要小看这 1000 人，这是一股不小的能量）即使没有得到任何好处，也能站在我们的角度帮我们说好话，那么我们就可以立于不败之地。所以那些一直用投广告的形式来进行品牌传播，没有考虑与用户进行心灵层面交流的企业，是时候考虑一下如何改进了。

面对这样一个碎片化、多屏幕的时代，营销的方法论也发生了变化。从杰罗姆·麦卡锡（Jerry McCarthy）的 4P 理论，即产品（product）、价格（price）、渠道（place）、促销（promotion），到罗伯特·劳特朋（Robert Lauterborn）的 4C 理论，即消费者（consumer）、成本（cost）、便利（convenience）和沟通（communication），都无法很好满足新环境下的营销方法体系。

笔者总结了国外的新媒体营销知识，然后结合中国本地的情况，提出了新环境下营销的新 4C 法则。

第 2 节　什么是引爆社群新 4C 法则

互联网拥抱市场的方法可简单分为 2 个方向：

（1）基于互联网广告、搜索引擎营销、流量转化等出发点，聚焦于通过成本来购买流量以获得商业价值。目前这个领域拥有稳定的供应商群体，发展已达到瓶颈。

（2）以微信、微博、网络直播、音/视频、博客、论坛、Facebook/Twitter 等为平台的引爆市场的玩法。那么如何才能引爆？引爆由新 4C 法则来负责。

所谓新的 4C 法则，就是我们可以在适合的场景（context）下，针对特定的社群（community），将有传播力的内容（content）或话题，通过社群网络结构进行人与人的连接，快速地扩散与传播（connection），从而使这些内容或话题获得有效的传播与扩散，使企业获得价值。

传统的营销与传播正面临新的解构。许多互联网产品及媒介的出现，让企业及从业者不知所措，简单地学习微信营销、微博营销、大数据营销都不足以从系统的角度实施新营销。新4C法则是笔者在一线工作时总结的方法论体系，通过具体的实际应用，赢得了不错的反响。

简而言之，新4C法则即在适合的场景（context）下的思考路径，也就是在什么样的场景下，我们的消费者及消费者的需求会更为集中，群体具有什么样子的情绪及状态更便于营销。简单的消费者集中是不够的，更为重要的是批量的消费者需求能在较短时间内集中，这样的场景才是我们下手的好时机。例如在携程网初期面向特定城市的商旅客户推销他们的订酒店、机票等业务时，营销者常常会与政企集团客户洽谈，以期发展批量业务。这样的思路比简单的电话营销、客户拜访更具优势。但是这种做法没有将消费者的需求及环境考虑进去，无法快速地体现营销效果。他们犯的错误是：消费者虽然集中，但是需求在时间点上不集中。选择适合的场景需要瞄准消费者聚中、需求（订酒店、订机票）也集中的点。携程团队最终发现人头攒动的飞机场、火车站是更适合的场景。

Web 1.0时代是超链接时代，其核心是将各种内容用超链接的方式组织在一起。Web 2.0及当下是社群的时代，其核心是将线下的关系及社交带入互联网产品及营销中。互联网的群体呈现部落化，有效的营销传播方式将走向社群化，并围绕潜在的社群努力。例如在商学院的教学课程中，笔者经常给学生布置的一个作业是：以企业产品上下游产业链的社群为目标，找出他们在互联网上“栖息”的15个窝，并按照群体的用户数、活跃度来排序。这些社群的根据地就是企业工作、努力的地方。

我们不仅仅要懂得社群在哪里，还需要尝试构建自己的社群，以抓住自己的客户。例如近年的小米手机引爆市场就是赢在社群的构建和维护上。

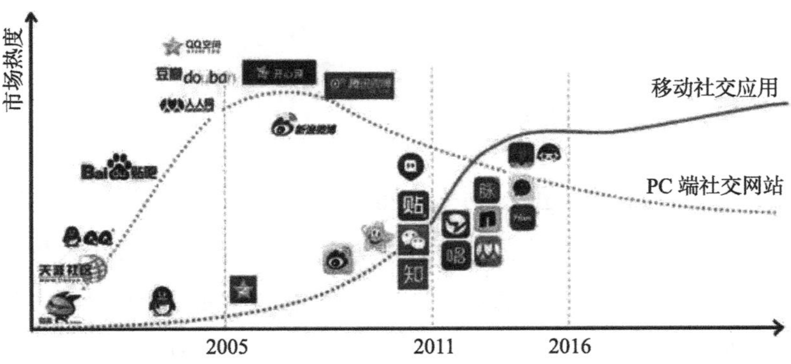

我们平时看到的营销，其核心是传播特定的内容：微信公众平台、朋友圈转的是内容；微博上发布的是内容；短信写的是内容；宣传彩页上写的是内容；电视广告是内容；销售人员嘴里说的话是内容……之前我们更多关注的是渠道（电视、报纸、互联网），它们起到的作用是将内容快速撒向大众，但是很少关注所撒的内容。在新营销中，我们需要更加关注内容在传播中的魅力，因为枯燥的内容即使花费大量的媒介费用，也很难达到预期的效果。

在瑞典，麦当劳把餐盒变成了虚拟现实设备。麦当劳 3500 个名为快乐眼镜（Happy Googles）的特制开心乐园餐盒，在 2016 年 3 月 5 日到 12 日在瑞典的 14 家麦当劳餐厅发售。特制的盒子是在普通汉堡盒子上印上了折线，按照这些折线剪开并拼装，再配上附赠的 VR 镜片，加上你自己的手机，就可以把一个普通的餐盒变成酷酷的 VR 设备。

根据 Smart Insights 2015 ～ 2016 年度的调研，29.6% 的受访者认为内容将是他们的头号数字营销工具，内容营销排在了大数据营销、自动化营销和移动营销的前面。它还大幅领先于社交媒体营销、搜索引擎优化（SEO）、付费广告等其他营销活动。

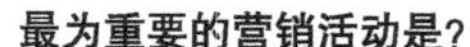

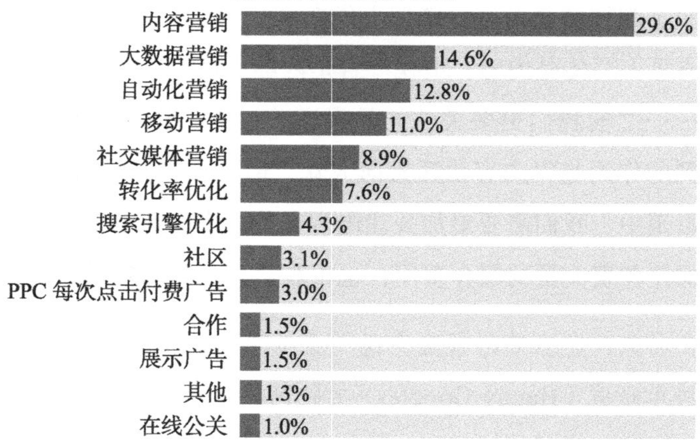

营销进入窄众时代，覆盖所有群体的方法已经落伍，我们需要的是精准传播，尽量少骚扰不相关的群体。针对特定群体，有效的

方式是跟随社群网络结构（如渔网般）进行人与人的连接，快速地扩散与传播内容；获得有效的传播及价值。扩散与传播效果需要考虑社群的结构、社群的特性、节点扩散的动力、个体传播的磨损等方面，只有构建有效的扩散机制，才会获得有价值的回报。

第 3 节　从一个简单的案例看新 4C 法则

在给很多商学院（MBA、EMBA）讲课时，笔者经常会利用下面这个案例来和学生们探讨数字营销的应用。学生都非常喜欢这样的发散型营销案例，它既可以很好地诠释什么是数字营销，又可以很好地阐述本书的主题“新 4C 法则”。

一个专业的游戏网站（游戏内容积极向上），目前产品已经成熟，现在希望你能在 6 个月内，获得 100 万个真实的注册用户。目标客户的年龄层次是 18 ～ 25 岁的孩子。营销预算是 50 万元人民币。营销方式不限，考核的 KPI 是注册用户数和注册用户重复使用的频率。

你会如何开展营销工作？

我们可以一起拆解这个营销项目，具体如下图所示。

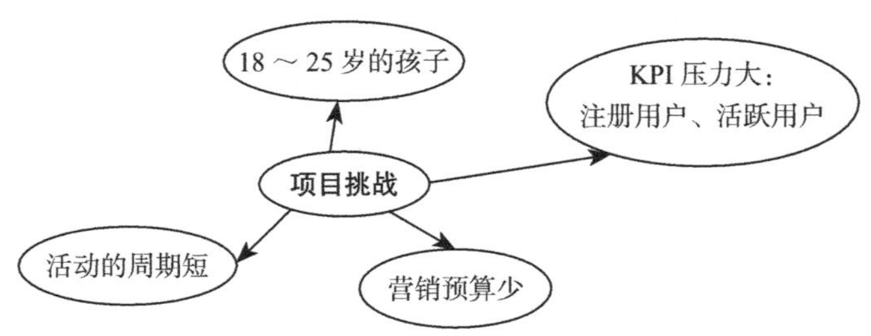

1. 常见解决方案

在和这些商学院的同学交流时，常见的解决方案有如下几种：

（1）从影响目标人群的媒体下手，如在目标人群喜欢的娱乐节目中投广告，宣传网站，获得注册用户。

（2）策划活动方案，吸引目标人群参加，说服目标人群，获得注册用户，活动方案类似快乐明星海选、奖金刺激。

（3）线下拓展法，即打印小纸条广告，在目标人群聚集地发放，以获得注册用户。

（4）事件炒作，获得眼球注意力，期许获得目标人群注册。

（5）送玩具等礼物，携带网站的广告，以期获得孩子注册。

诸如上边一系列营销思考路径，都可以用。

笔者经常追问的问题是，经过上面的营销操作后，是否能够保证在6个月内获得100万注册用户？我们可以看到许多方法显然是实现不了的。笔者做营销一直强调的是靠谱，可落地。一个方案要落地，除了需要考虑谁对目标人群有影响（人、媒体、环境），如何触发连接传播外，还需要考虑如何形成游戏社群，让目标人群“沉淀”在网站上。许多游戏营销可以获得较多新的注册用户，但是用户群体之间没有“关系”很难沉淀下来。

2. 常见解决方案的可行性分析

让我们逐一剖析上述方案的可行性。

（1）从影响目标人群的媒体下手，例如在知名综艺中做广告，宣传网站，获得注册用户：按照刊例价格，50 万元的广告费，在知名综艺中投放广告最多能播几天？试问广告播完后，网站注册用户能否到达 100 万？显然不行。通过广告进行宣传想获得众多的稳定用户，还是很具有挑战性的。

（2）策划活动方案，吸引目标人群参加，获得注册用户：策划一个游戏活动，让目标客户及朋友都来参与，能有多少人注册呢？目前一个常规的活动，能够获得 10 万人注册已经是非常不错了，剩下的 90 万如何获得？

（3）打印小纸条广告，在目标人群聚集地发放，获得目标人群注册：给目标人群发小广告，上面写着“打游戏，上 ## 网站”，虽打印小广告的成本低廉，但是实际效果可想而知。这种方法在思路上很接地气，但是格局上偏小，而且在用户的未来发展规划上也存在不确定性。

（4）事件炒作，获得眼球注意力，期许获得目标人群注册：事件炒作也许可以获得大量的关注，但是通过 50 万元的预算想炒作出一个能引起全国观众注意的事件，其难度也是可想而知的。即使获得大量的关注，那么 100 万的注册用户是不是可以保证？另外炒作之后，网站的活跃度是不是像炒作一样，热几天，然后就没了？游戏网站价值在于深度用户，通过炒作获得的注册用户缺乏持续的商业价值。

（5）送礼物，携带网站的广告，以期获得目标人群注册：这个方案存在两个挑战，一个是在既有预算的前提下，礼物的覆盖人群数到底有多少；另一个是礼物送出去后是否可以获得注册用户，并且这些用户是否会长期留存下来。

选择比努力重要，思考路径一旦出错，再努力，效果也有限。如果我们用新 4C 法则来解决这个问题，该如何进行呢？

3. 应用新 4C 法则制定解决方案

如果用新 4C 法则来制定这个方案，首先应该思考的核心问题是：谁对目标人群的影响力最大？一般人想到是亲朋好友，但是说服多个人才可以获得一个注册用户，营销效率低。那么我们就要问了，还有谁对目标人群的影响力比较大？当然是意见领袖。一个意见领袖可以影响多个目标人群，这是个非常重要的节点，相当于 4P 营销理论中提到的“渠道”。如果仅考虑影响亲朋好友，这样营销的效率相较就低了很多倍。

（1）**营销场景**：我们可选择在春节前 1 个月。为什么放在春节之前？因为春节会走亲访友，也就是说，他们在这 2 个月里可以成为网站病毒式传播的“病毒”源，一方面，他们可以为网站宣传，另一方面，他们也会以朋友为小圈子加入在线游戏部落，从而增加黏性。通过种子用户的宣传，可以获得一批注册用户。

（2）**社群营销**：目标客户在地理上比较聚集（工作单位），这是营销传播一定要考虑的。能否将目标人群的线下社群及关系整体迁徙到互联网上，将直接决定这个游戏社区网站的黏性，也将决定网站用户群的稳定性。

（3）**内容及话题**：目标人群在社群玩游戏的过程中会出现类似

排行榜一类的趣事，这将进一步诱发他们参与游戏的兴趣。在暑假期间，目标人群之间沟通交流游戏心得时，也是在传播我们的内容。

（4）**连接病毒传播**：考虑到病毒效应，方案可集中选择北上广深四个节点城市进行扩散，城市里面也从区域上筛选节点，争取能够辐射更多的目标人群。只有目标人群进行口碑病毒传播，我们才可以在低预算的前提下实现预期。

从这个案例中我们可以清晰地看出新 4C 法则如何解决实际遇到的问题：选择场景是放暑假前，拿捏住需求以及为人与人连接传播形成的环境。在特定社群的选择上，将目标人群线下的社交关系拷贝到游戏中，不只是发展用户速度变快，也让用户对游戏的黏性加强。目标人群的病毒扩散及话题的讨论，进一步触发流行。在新 4C 法则的指导下，最终可完成既定的 100 万注册用户的 KPI。

第 4 节　没有引爆社群，也许只是欠缺特定场景

互联网争夺的是流量和入口，而移动互联网时代争夺的是场景。用户在什么场景下会使用我们的产品？又会在什么场景下购买我们的产品？**在中国互联网过往的 15 年中，商业核心始终围绕的是流量**。不论是四大门户时代的阅读量、搜索引擎时代流量的竞价排名，还是淘宝电商时代流量转化为订单的模式，商业思考的出发点都是流量。

Uber、Airbnb作为分享经济的代表，其瞄准的场景分别是用户出行叫车的场景和旅游时住房的场景。通过移动互联网，大数据及消费者文化的融合，我们应重新组织社会资源和流程以满足用户的需求场景。

当所有人都关注时，这个场景就是最好的时机。比如杜蕾斯雨天营销案例，其场景是在下班前下了场暴雨。微博上活跃的用户当时都正关注下班怎么往家走，杜蕾斯抓住时机，融合娱乐营销的理念，很好地聚集了网民的注意力，是一次非常高明的营销。

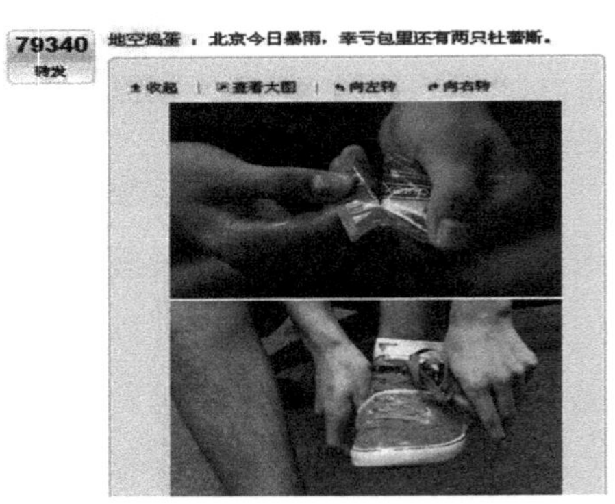

不懂传播场景应用的营销人员肯定不是一个合格的市场人员。不同场景下的企业传播，在思路及实际操作中也有许多不同，这主要表现在以下几个方面。

- 重视短期成效：购买媒介辅助绩效指标，并配以活动。
- 着重产品销售：通过购买媒介配合促销活动。
- 新产品推出：先从社会化媒体口碑入手，再推出导购。
- 新品牌推广：先做互联网公关，做好线上口碑，然后进行媒介投放。
- 长期品牌曝光：着重在社交媒体上的口碑声量与经营。

在营销宣传中若场景应用不当，将带来很大的伤害。比如××汽车上线后，利用唐僧、孙悟空等师徒四人的形象来进行广告宣传，其中孙悟空作为司机出现在广告中。企业的想法是，这四个人是家喻户晓的人物，也是大家喜闻乐见的，营销效果一定差不了。但是网民看后却评论说“开 ×× 车，上西天”“ ×× 车，是畜生开的”。这两句话在互联网上疯狂传播，而且风潮难以压制，直接让该企业所有的营销努力都白费了。

为此我们认为在互联网企业营销面临挑战时，要通过网民娱乐的压力测试。上面的案例因选择了错误的营销场景（西天取经），让消费者从另一个错误的角度诠释了信息。

移动互联网已经重新定义消费者获得信息的方式，以及他们与品牌交互的方式。那些移动消费者在手机上观看视频、购物，而随着他们看到其他用户通过移动服务获得利益，自己对基于位置的有用信息的需求只会愈发强烈。移动互联网带来的革命，为企业创造了一个与消费者亲密接触的良机。移动互联网彻底改变一对一的营销理念，让企业可以直接面向正在购物的移动消费者。

全球第一款投影可穿戴产品 ASU Cast One 已经发布。这款外形酷似 Apple Watch 的可穿戴设备，可在手背上、桌面上、墙上、地板上投影。2 ～ 60 英寸的“屏幕”，分辨率可达 1280×600 像素，最高支持 720P 视频的播放。

虚拟屏幕终将取代物理屏幕。基于虚拟显示的交互，常用的是可穿戴式的设备，这些设备可以跟语音结合，也可以和触控结合。比如 ASU Cast One，可以让用户看见、习惯、爱上虚拟显示。它不仅可以在手背上显示，还可以在桌子上显示、在地上显示。最重要的是，它体积很小，你可以带着到处走。它可以帮你与朋友分享视频，甚至变成你移动办公的助手。

可以说 VR 是手机的延展，它可以让人在更加虚拟的场景中获得更好的体验。但是 AR 要改变现实，让现实与虚拟链接。近来 VR 和 AR 很火，是未来几年互联网科技的一大热点。圈内认为 PBAR 将会是虚拟技术的未来。PBAR（Projector based AR）是一种基于投影的虚拟显示技术。和 AR 的遥遥无期相比，PBAR 是一种短期内最为可行的方案。ASU Cast One 为我们开启了新的旅程。

极致的场景体验实质是在用户有需求或欲望时，向合适的人提供合适的信息及合适的服务。针对用户在特定场景下的动机、需求以及所驱使的行为进行搜集和分析，找到产品与服务在其中的嵌入点，通过嵌入场景的服务和产品满足用户需求。

第 5 节　理解社群，方能引爆社群

我们正从大众传播时代走入社群时代，两个时代有鲜明的理念和行为上的差异。例如，我们之前关注的是信息的广播，现在转而关注关系的构建与对话。许多企业虽然卖出了大量产品，拥有大量

的顾客基础，却没有建立起有效的社群。即使有客户数据，也仅仅是一些简单的购买信息记录，没有相应的顾客消费心理、消费行为的分析以及营销策略的支持，这就如同一个人捧着金饭碗讨饭。为此，企业有必要从洞察社群开始。

	大众传播时代	社群时代
企业网站	信息的聚集	关系的构建
常用工具	Web 1.0 的搜索 / 信息广播式	Web 2.0 协作 / 对话
开放性	对企业半信半疑	对企业开放
可测量性	有限的预算 地理边界限制 大规模生产	病毒传播 没有边界 个性化定制
关键措施	品牌认知 品牌满意度	口碑传播 品牌参与度

建立社群的目的不是投放广告，而是构建彼此的信任。社群商业努力的方向是情感连接，使用户形成态度上、行为上的忠诚。社群商业努力方向的本质是 NPS、CVS，即让用户真诚推荐您，关注用户终身价值。**社群商业给我们的启示是：在未来 5 年构建的商业模型如何围绕用户，而不是围绕产品来设计组织架构。**例如在中国银行的业务中，还是围绕自身的产品来设计商业模式，用户的分类只是表面。

社群战略专注于与个体的关系（用户、合作伙伴等）。通过理解用户的社会偏好、习惯，通过有价值的信息和互动创造利润。企业需专注于协作关系（构建一个复杂、结构最优的关系网络）。企业让用户和社群充分连接、互动，在日常的对话中即可产生价值。企业社群战略构建的收益，主要涵盖以下各方面：

- ❑ 增加销售业绩；

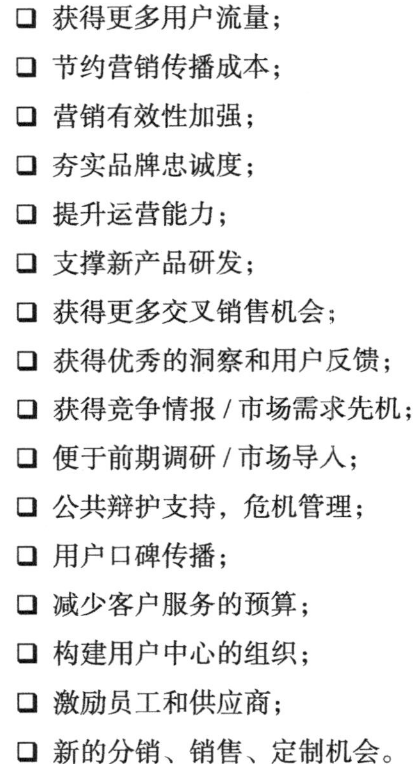

- ❑ 获得更多用户流量；
- ❑ 节约营销传播成本；
- ❑ 营销有效性加强；
- ❑ 夯实品牌忠诚度；
- ❑ 提升运营能力；
- ❑ 支撑新产品研发；
- ❑ 获得更多交叉销售机会；
- ❑ 获得优秀的洞察和用户反馈；
- ❑ 获得竞争情报 / 市场需求先机；
- ❑ 便于前期调研 / 市场导入；
- ❑ 公共辩护支持，危机管理；
- ❑ 用户口碑传播；
- ❑ 减少客户服务的预算；
- ❑ 构建用户中心的组织；
- ❑ 激励员工和供应商；
- ❑ 新的分销、销售、定制机会。

社群就是关系的发展过程，90% 的中国企业目前处在社群 1.0 阶段，即信息传播和广告展示的阶段，社群 2.0 阶段更多的是情感层面的交流。比如小米近来的困境，就是因为用户和小米公司及其产品缺乏情感层面的交流。小米公司碍于资本市场的压力和售货的本能冲动，导致其与用户情感连接弱化。

我们的目标客户和企业产品的用户总是成群地待在一起，最有效的营销方法就是将这些人一群一群地“端掉”，这样品牌的营销、传播效率和速度会非常好。但遗憾的是，现在很多企业还是通过电话、拜访、传统广告等形式进行营销，这样做其实仅仅是一对一的销售，营销的效果明显比社群营销差很多。例如《英雄联盟》的道具收费原则是，仅对一些炫酷皮肤收费，保证了非人民币玩家在战斗力方面和人民币玩家的公平性。这不仅满足了人民币玩家的消费需求，也满足了非人民币玩家的公平性需求，最大程度上笼络了广大玩家的心。这种做法成功“端掉”了两群人。

在社交网络和微时代，很多人不懂什么叫微信公众平台，于是乎，很多企业都兴奋地开通了自己所谓的微信公众平台，他们觉得这是用来发布新闻、搞危机公关的地方。这时我们不禁要问了，谁会坐在那里等着看你的广告？所以最终的结果是消费者根本不理企业那一套。其实企业要做的是为用户提供价值，能留住消费者注意力的不是广告，而是有价值的内容。在新媒体和新营销时代，每一个有梦想的企业都应该在互联网中构建自己的品牌部落。企业通过塑造社群，应该培养出这样一群用户：他们在出现一些关于企业负面或抱怨的信息时会主动替企业解释，进而帮助企业化解危机。我们必须明白，同样的话，用户说出来比企业自己出来说更有效果。

在 2011 年，阿里巴巴 B2B 平台面临企业用户续费率下降、抱怨增多的困境。马云特别重视用户使用心声，为了寻求解决方法，其重新开设了中国供应商和海外供应商的 BBS 社区。为此马云邀请曾经的 BBS 版主、意见领袖一起开启动会。马云首先向大家道歉，说前几年忙着上市，走得太远了，都不知道企业对阿里巴巴的产品需求和建议了。这也是一种社群营销的思考路径，如果这群网商被竞争对手收拢，将对阿里巴巴产生颠覆性的影响。可见当年解散 BBS 社群是一个错误的举动。

维多利亚内衣的社群营销是怎么做的？他们很准确地抓住了企业的目标客户群体——爱美的女士和“好色”的男士。他们这样告诉消费者：你们希望在下一周看到谁穿上维多利亚的内衣？维多利亚内衣将满足大家的要求。下一周就让最多人选的模特穿上维多利亚的内衣做展示。

在互联网时代，最可怜的企业是那些没有话题、没人讨论的企业，你需要做的就是让用户去讨论你。我们看到维多利亚的秘密在美国的微博上，它的口碑和热度是高居榜首的，之所以能到这个程度，就是因为有很多人在讨论某个模特的身材以及维多利亚的秘密的新品。

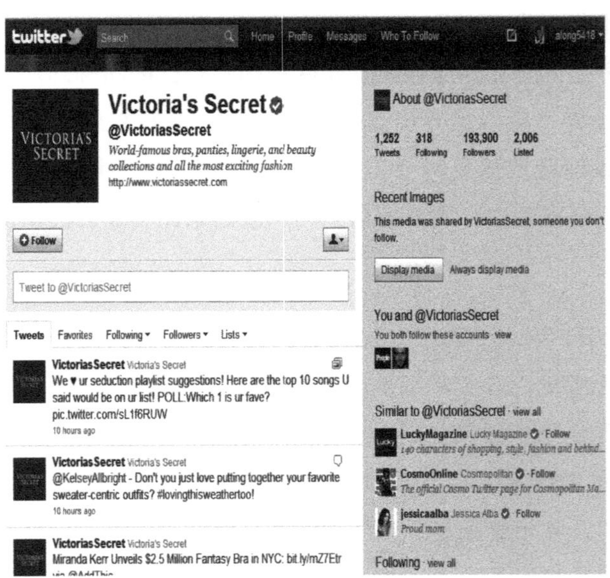

每一个有梦想的服装企业在互联网上都有自己的一个家，这个家的名字可能叫“奔驰小镇”，或“宝马小镇”，这就是你忠实粉丝

的住处。当他们在互联网上想你的时候，这里就是一个驿站，这样粉丝就可以抱团取暖，聊聊天，从而帮助企业更好地留住客户。哈雷品牌社群的成功就是因为以下 4 个方面的努力：塑造生动形象的品牌故事或神话；培育独特的社群文化；提供可识别的社群身份要素；使社群彼此交流和聚集成为一种需要。

品位相同或类似的人，更易形成社群。湖畔大学通过研究失败的差异化，抓住创业学员们最核心的需求，使其通过习得在一步一步试错的过程中往前走的方法论，成长为新一代的企业家。湖畔大学招生对象不仅是当下的明星创业者，还通过倡导学员的创造力、改变社会的力量来凝聚其他人。

第 6 节　引爆社群，往往是通过内容引爆

通过内容沉淀用户，然后将垂直用户群培育成为社群或平台，接着向那些想和用户发生关系的企业进行兜售。豆瓣网、译言网、铁血论坛、罗辑思维、小红书、一条、石榴婆的报告、金属加工、水木文摘等商业经营的本质就是**内容—用户—商业**。

互联网正在走入图像、音视频时代。这个时代的游戏规则、玩法、参与者的技能都将有颠覆性的变化。从几年前开始，图像、音视频时代就悄然开启，例如当下的 Youtube、Instragam、Pinterst、Tumblr、Google+、微信朋友圈、映客、花椒、斗鱼、荔枝电台、喜马拉雅听、啪啪等都是这个主旋律下的不同角度的代表。随着智能终端的渗透，图像、音视频的传播正在掀起新的风暴，可以说谁忽视这个时代，谁就将被这个时代抛弃。

从内容形式方面看，以下几个趋势表现突出：

- ❑ 内容创业、内容营销的时代刚刚开始。
- ❑ 文字传播的时代依然存在，不过已经不性感。
- ❑ 内容正从文字传播的时代进入图像、音视频等的时代。
- ❑ UGC 的内容依然是互联网平台的主要组成部分，但是 PGC/OGC 的价值和支柱作用凸显。
- ❑ 内容形式创新，是接下来相当长时间内的热点（VR/AR 等）。

在经济下行预算缩减和数字化转型的大环境下，品牌自营内容（brands as agencies）正在积极尝试中。百事集团 PepsiCo 在寸土寸金的纽约曼哈顿新开了 4000 平方英尺的内容制作中心；联合利华整合乙方资源一手创建了 U-Studio 和 U-Entertainment 两大内部内容制作中心。除了百事可乐和联合利华之外，最近加入内容外包转自营大潮的公司还包括高盛、埃森哲以及欧莱雅。

内容营销主要考虑如何更好地利用既有的互联网工具来宣传销售产品。互联网给了企业和品牌展示其专业知识和思想的工具，通过这些工具可减少与客户的摩擦和信息的不对称。若用一句话形容内容营销的效果，那就是“随风潜入夜，润物细无声”。内容营销主要从分享、协同、给予客户答案的角度来向消费者传递信息，而传统的营销更多是通过打断用户思考、视角、听觉来硬性传递产品信息。企业创建内容的核心是将浏览者转变成购买者，让购买者成为回头客或狂热的追随者及倡导者。通过互联网上内容及信息的传递，加深与客户的关系，企业通过持续不断地创造消费者关注的内容，激励消费者和企业进行互动，最终获得商业价值。

在互联网上，数字营销最重要的是做好企业的内容，即要把产品、品牌以什么样的形式、方式、故事讲出去。品牌广告的传统思路是，新产品出来先打产品广告，“王婆卖瓜，自卖自夸”，让客户熟悉，然后再考虑忠诚度。在如今网络信息琳琅满目，大家注意力难以集中的情况下，还奢望这种效果，就落伍了。过去 30 年中国的广告考虑的是覆盖度和广度，但是很少考虑营销传播的深度。若当下广告还这样，那注定会失败。消费者喜欢的是具有幽默精神、娱乐精神、感知到企业价值的内容。但是企业在官网、微博上的内容依旧是消费者讨厌的“装正经”。营销的内容根本无法进入消费者的心智，更别谈影响消费者的购买行为了。

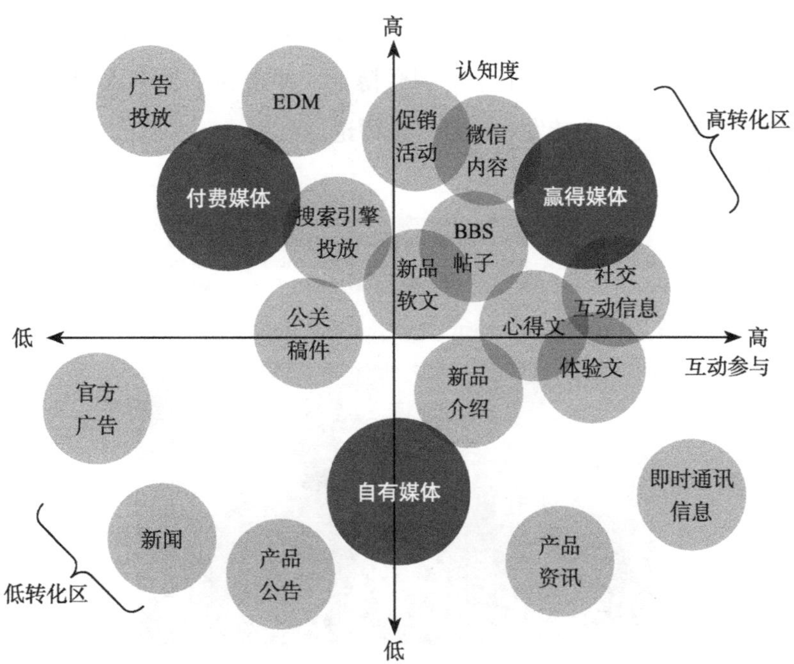

新媒体赋予了品牌和企业更多的机会，弥合与消费之间心灵的

沟通。在微博和互联网上传播的商业内容，如果将呈现形式变为漫画、白皮书、视频，那么将为营销的内容添加情感，它的营销传播效果将明显不一样。

一家中式快餐连锁店，按照传统广告思路来宣传的点是：快餐店用的油是什么、大米是哪里来的、大厨获得过什么奖等内容。每家餐厅都这样宣传后，消费者根本无法记住企业的品牌及诉求，营销效果将大打折扣。相反，通过新媒体，我们可以从另一个角度对这个案例进行解读。一个 80 岁的老太太在一家餐厅对服务员说：“孩子，我只有 2 元钱，你给我买 1 碗肉汤，我不要肉。”一会儿后，服务员把汤端上来了，里面放了蛋。老太太看到后赶紧说：“孩子，我没有那么多钱！”服务员说：“婆婆，这个不要钱，你慢慢吃。”这个场景被拍下来传到微博上，冲击到了很多人的心灵，结果引起了几万次转发和一万多条评论。

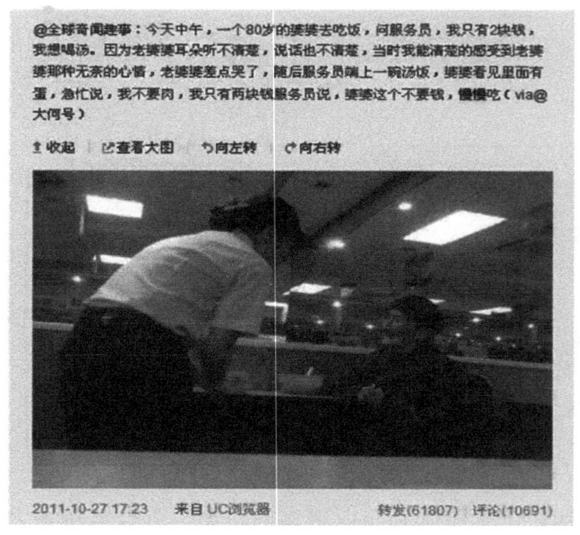

对比之前“王婆卖瓜，自卖自夸”式的内容宣传，这样的小故事更能击中消费者内心敏感的神经，这样的内容不仅有营销的广度还有营销的深度。营销的广度、深度可以这样简单核算：这条微博，有 6 万多次转发是什么概念？按照每个粉丝微博都有 160 人关注计算，这意味着大约 1000 万次的品牌曝光。有 1 万多次的评论，可以看成有 1 万多消费者对内容感兴趣，因为只有信息触动了他们，他们才会用评论的行为来表达自己。试想一下，当消费者看到那些平庸的广告（报纸广告、户外广告、电视广告），他们会有这么大的表达冲动吗？粗略估算下，这条微博的广告价值超过 50 万元。你是不是要思考一下你的营销内容呢？

凛冬将至，刺骨的寒意从资本圈渗透到营销圈。在经济下行、预算缩减和数字化转型的大环境下，两股“去乙方化”的风暴正在营销圈酝酿——媒体自营广告（publishers as agencies）和品牌自营内容（brands as agencies）。这种现象的典型代表有百事集团和联合利华，这在前面已介绍过在此不再重复。

第 7 节　连接思维，引爆社群传播链条

大众传播通过媒介进行高效曝光，思考的角度是从哪些方面进行信息传输。而在新 4C 法则中需兼顾营销传播的效率，即如何让信息在目标客户群中引爆。人与人的连接将诠释传播的效率，通过对社群节点的拿捏，可以让信息“渗透”到目标客户，直达核心，从而减少扰民的无效广播。

正如邓肯 · 瓦茨和史蒂夫 · 斯托加茨提出的“小世界”理论，

其核心发现就是社会网络上经过数量不多（路径较短）的紧密联系的一群人，具备了传递性好、相对独立的小世界圈子。信息可以从多个路径由一个小圈子流入另一个小圈子，信息在特定人群中的传播具有微定向性和扩散性。

社会学家格兰诺维特提出的弱连接理论也可用在连接营销中。其发现，与一个人的工作和事业最密切的社会关系并不是“强连接”，而是“弱连接”。“弱连接”虽然不如“强连接”那样坚固，却有着极快的、可能具有低成本和高效能的传播效率。尼古拉斯·克里斯塔基斯在《大连接》中针对强弱连接也提出了自己的看法，他认为：**强连接引发行为，弱连接传递信息**。弱连接常常扮演不同群体间桥梁的角色，通过弱连接可以将不同圈子连接起来，连接起来的标志性表现为：**信息可以通过这些圈子的弱连接迅速渗透到强连接构建的社群中**。

艾伯特–拉斯洛·巴拉巴西在其《链接：网络新科学》中也特别关注中心节点和连接者在传播中的作用。中心节点的存在颠覆了互联网空间是平等的乌托邦式的幻想。每个人都有权利在互联网发布内容（微博、视频、博客），但是会不会有人注意到却是个问题。搜索引擎的算法是通过集群的方式计算出中心节点，当众多网站指向某个网站时，这就意味着这个网站的 PR 值高，其就是互联网的一个节点，也意味着其将获得更多的曝光和流量。

人与人连接在实际的应用中，需要注意的是：

- 如何找到目标客户群的中心节点。
- 如何利用圈子和圈子之间的连接，抓住连接者，引爆流行。
- 如何实现围观层面的连接、口碑传播的机制和动力等。探寻营销的传播轨迹就是绘画目标客户群的连接之旅。

本书探讨的是在合适的场景（context）下，找到特定的人群（community），通过合适的内容（content），引发快速的裂变和人与人之间的连接（connection），达到理想的效果。虽说新 4C 法则与之前的理论有众多差别，但营销的本质没有变。新 4C 法则中的内容就是经典广告学中的文案、传播源，而特定的人群即受众人群。同样，社会网络的扩散充当了传播媒介的作用。虽然说知识范畴上有许多交集，但是新 4C 法则是从另一种角度来诠释新环境下的营销传播的，在新 4C 法则中场景营销和之前的理论有较大不同，这也是场景第一次被提升到这样的高度。

移动互联网时代的场景的意义更为明显，每一个用户，在任意的时间、地点都构成一个特定的场景。同样微博、微信沟通的环境也是一个场景，可以说场景比以往任何时刻对营销的意义都来得重要。就让我们在合适的场景下开启我们的探索之旅吧！

第 2 章 充满魅力的场景

当你和一个人交流时，如果你用了他熟悉的语言，那么他会明白你的意思；如果你用了专属于他自己的方式，那么他会把你记在心里。

——Nelson Mandela

第 1 节　从流量入口到场景之争

互联网争夺的是流量和入口，而移动互联网时代争夺的是场景。场景之所以比流量入口重要，是因为移动互联网时代的生活更加碎片化。PC 互联网时代信息及生意是相对聚合的，典型代表是淘宝、天猫这样的网络流量入口。寻找移动互联网时代的商业，我们可以尝试将人们的衣、食、住、行、工作、学习、社交等环节的场景作为切入点，找到场景就能获得生意。互联网从业者应把握场景内涵，或打破 BAT 互联网大佬们延续下来的市场格局，创造新的优势领域。

Airbnb 是 AirBed and Breakfast（Air-b-n-b）的缩写，中文名为爱彼迎。爱彼迎是一家将旅游人士和家有空房出租的房主联系起来的服务型网站，它可以为用户提供各式各样的住宿信息。Airbnb 总部设在美国加州旧金山市，是一个旅行房屋租赁社区，用户可通过网络或手机应用程序发布、搜索度假房屋租赁信息并完成在线预定程序。Airbnb 用户遍布全世界 190 多个国家近 34 000 个城市，发布的房屋租赁信息达到 5 万条。

Airbnb 之所以会出现，是因为旧金山举办设计大会，酒店爆满。当时两个设计学院的毕业生忽然想到，他们可以给那些找不到酒店的设计师们出租充气床垫（airbed）并提供早餐（breakfast），这也是 Airbnb 名字的由来。刚开始一个星期之内，他们招揽来了 3 个租户，赚了上千美元。

Airbnb 服务难以置信地增长了 800%。

如今国内各行各业的场景之争已经达到白热化程度。小米在建立自己智能硬件系统的同时，不忘构建一个用户能用小米手机进行

各种操作的场景；腾讯游戏的成功，与其重视社交场景与自身游戏的交互关联颇深；阿里则通过自己完善的生态服务构建蚂蚁金融的支付全触点场景。阿里和腾讯投入百亿级资金，建立自身的移动支付体系，背后潜台词是培养用户手机移动支付的习惯，核心是高频场景。传统支付场景只限于 PC 端，而移动支付场景将会扩大化，“金融、生活消费、线下服务等场景将会越来越依赖于移动支付”。除了支付宝、微信外，目前包括银联闪付、苹果 Apple Pay 等移动支付手段都已出手，未来场景之争将会愈发激烈。

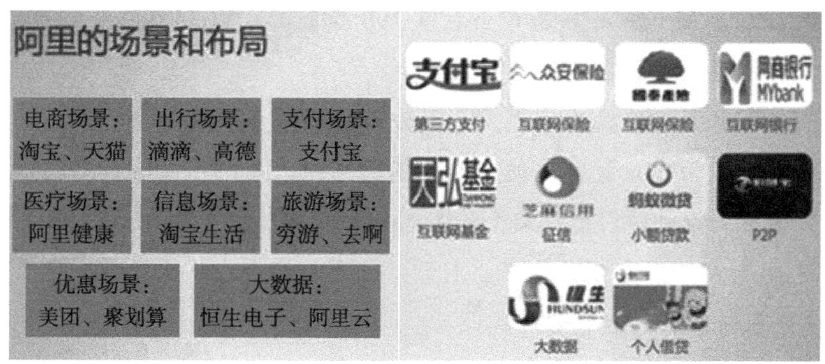

场景之争的核心是：用户在什么时间会用我们的产品？在什么样的场景下可以使用我们的产品？我们的产品在用户生活的场景中充当什么样的角色？“场景需要规模效应”这句话可为从业者指明方向，因为场景最终带来的是用户，如果一个场景无法覆盖庞大的人群，那么这个场景就不是“风口”，不是机会。

如何描绘类似果汁很新鲜，养的鸡是野生的之类抽象的产品特征呢？法国有个超市推出了一款“即时鲜榨”的橙汁。果汁的品牌名就是它的榨出时间，精确到分钟，比如有的是 9：33，有的是 10：12，每一瓶都独一无二。这种果汁推出之后，超市的用户增加了四分之一，橙汁销量提高了 4600%。在社交媒体上曝光 3 小时，讨论的话题就过亿条。

英国有一家中高档超市，主打新鲜食材。超市在网上开了一个直播频道，直播农场里的油菜地、奶牛养殖场和养鸡场。通过奶牛的角度来拍摄（把摄像机挂在奶牛身上），奶牛晃动的视角可生动地告诉你，超市的食材是自然野生的。逼真的场景复原，让抽象产品描述变得简单。

“场景”在移动互联网营销中的应用，有别于传统营销的 4P。**场景不等于销售渠道，其是由人、地点、时间等多重维度界定出来的一个小世界。场景就是传播的环境及相关因素的总和，它是营销发生的背景。场景关注的是顾客在物理位置上的集中、需求的集中、群体的情绪及状态的集中。**

之所以在引爆社群新 4C 法则中赋予“场景”这样一个地位，是因为我们发现在当下的移动互联网下，利用好场景，可以让我们的内容更好地传播到目标客户群，营销传播借助场景的力量可以迅速扩散，传播效率非常高，传播的效果也很好。

移动互联网时代赢在场景，随着大数据、物联网等技术的发展，我们正在进入场景感知的时代

NIKE+从场景引爆市场

NIKE+ 掀起了体育用品行业的运动数字化革命，而 NIKE 推出这一应用的初衷只是要把运动和音乐结合起来。NIKE+iPod 组件通过在鞋里加上传感器并给 iPod 装上接收器，使用户能够实时看到自己的步速、距离等一系列跑步数据。

随着移动互联网、大数据思维的渗透，NIKE 也不断修正自己

的思路——NIKE+ 逐渐从一款定位音乐的产品开始向场景应用型运动产品转变。热爱运动的人们每当置身运动的场景中时，总有 NIKE+ 相伴。沿着这一思路，NIKE 正在不断推出细分应用。例如，为帮助用户实现锻炼计划，NIKE 推出了一款名为 NIKE Training Club（Nike 训练营）的场景应用。这个具有综合性训练功能的场景应用由专业教练研发，将 NIKE 多年的训练研究和专长集结成一个为用户提供个性化健身体验服务的工具，让用户可以随时随地拥有个人训练师，实时查看训练计划，追踪训练进度，督促自己坚持锻炼。用户在应用此款场景工具获取价值的同时，对 NIKE 品牌也产生了极高的好感，提升了消费者与品牌间的黏性，增强了与品牌间的情感联系，潜移默化中向消费者传递 NIKE 崇尚运动、健康、美好生活的品牌理念。

案例点评：NIKE 获得商业价值源于从产品使用场景角度思考问题，消费者在耳濡目染的场景中与品牌间的黏性得以强化。运动场景融合移动互联网及大数据为后续的商业化提供了很好的基础。

第 2 节　场景感知时代的到来

美国高通是全球最大的半导体器件生产商和最大的无线芯片组及软件供应商。高端零售解决方案公司（QRS）是高通的子公司，负责创建 Gimbal 平台。该平台具有场景感知能力和临近感应能力，推送到移动终端的信息能够贴合消费者的需求、为消费者提供个性化的内容，帮助零售商和品牌商吸引消费者。平台包括 Gimbal 近距离信标、适用于 iOS 和 Android 设备的开发套件。Gimbal 提供永远在线、低能耗和基于地址围栏的位置感知服务。

使用该平台的服务开发的 App 能够感知移动终端用户的位置，包括用户到某一位置、离开某一位置和停留时间的长短（例如，早上 9 点到达办公大楼，下午 3 点离开，在那停留 6 小时）。

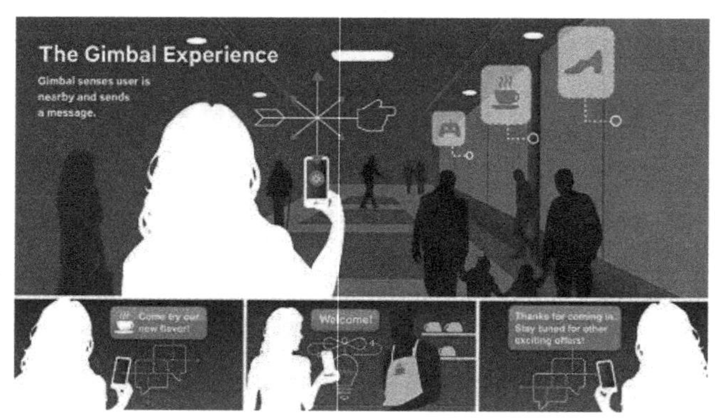

Gimbal 平台使用蓝牙信标，精准度能够满足定位要求，还能高精度地确定 App 与蓝牙信标的距离。如果消费者在购物区长时间停留，商家就会判断是不是消费者需要更多信息才能做出决定，或者还没有找到心仪的商品。商家通过相关数据信息，可以为顾客提供量身定制的服务。Gimbal 平台有关个人兴趣点和兴趣感知的探索，走得更深入。通过数据的分析整理，知道你住在哪儿，在哪儿工作；早上是偏爱去健身房，还是开车送孩子上学。Gimbal 平台推送信息不仅要考虑客户当前身处何地，而且要考虑当前时间点和客户喜好。Gimbal 平台也旗帜鲜明地指出其将严格遵守相关隐私保护政策以更好地满足用户。

梅西百货（Macy's）、苹果自家的实体店都开始使用 iBeacon（苹果公司的场景感知系统）来提高消费体验。通过 iBeacon 的定位，店家能够了解到潜在消费者经常驻足的地方，并可据此制作广告、推广产品信息，甚至通过分析改动商品的摆放位置，以最大程度迎合消费者的偏好。

我们之前说过，**极致的场景体验实质是在用户有需求或欲望时，向合适的人提供合适的信息和服务。**针对用户在特定场景下的动机、需求以及所驱使的行为进行搜集和分析，可找到产品与服务在其中的嵌入点，通过嵌入场景的服务和产品满足用户。

Elogato 公司推出智能钥匙（SmartKey)，用户可通过智能钥匙与其他设备连接。用户可在苹果手机安装 SmartKey 的 App。这款 App 可以告诉用户什么时候取出钥匙，钥匙最后出现的地点，并且还能播放一段音效帮助用户找到钥匙。由于 SmartKey 可以同许多东西相连接，所以人们可以灵活使用这款产品，比如旅行时，可以防止行李被盗；行李被盗时，SmartKey 会立即向用户报警；出门前提示用户有没有随身携带钥匙。这样的功能提供极致的体验，紧扣场景应用。

对场景信息进行处理，意味着获得洞察用户的能力。收集和处理用户的场景信息是非常有用的。**通过移动互联网、社交网络、传感器、交易行为、网页浏览行为等收集到的数据来刻画用户此刻的**

场景，对用户的需求做出预判，给出每个用户的信息画像，一人一像。信息画像融合用户的情感和物理信息，为用户提供最有价值、最充实、最匹配的体验。下面就列举一些刻画用户时所需的数据。

- 通过传感器，提供用户的物理信息：温度、湿度、用户位置。
- 用户的情绪及心情状态。
- 用户是谁？与社会关系如何？
- 特定场景点、天气状况、环境因素。
- 在浏览网页还是 App？
- 在什么时间，什么地方？
- 在浏览网页 /App 的同时，还在做哪些事情？
- 之前浏览过哪些内容？对哪些内容有偏好？
- 浏览者访问页面的深度、停留的时间、离开的时间。
- 浏览的终端设备型号是手机、iPad、还是电脑？

场景感知时代的来临，传播将从大众传播，走向定制化、个性化传播。场景感知是个方向，最理想的状态是针对每个用户都可以做到精准感知。但是就目前的技术来说，实现场景感知还存在一些难度。例如，对用户情绪场景研究就存在较大的困难，如何界定用户当下是兴奋的、高兴的、悲伤的，还是平和的？是采集生理数据，还是通过用户在移动终端上的访问行为（例如：用户频繁打开页面和关闭页面，页面驻留时间短，非常规浏览，由此可以推出用户处于烦躁情绪下）来界定？

第 3 节　场景思维颠覆商业

场景服务是基于用户所在的时间和空间，提供用户当时所需的服务，服务价值强调个性和多样性。科技，尤其是移动互联网技术的发展，使得人和商品、人和服务、人和人之间产生了更大的连接能力。基于这种连接，给用户体验的重构，供应链的拆散、重组、提升都带来了非常大的机会。

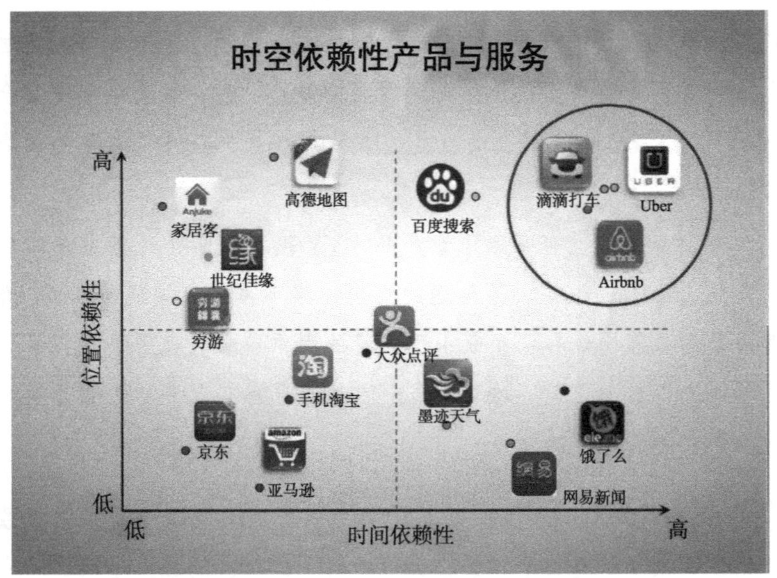

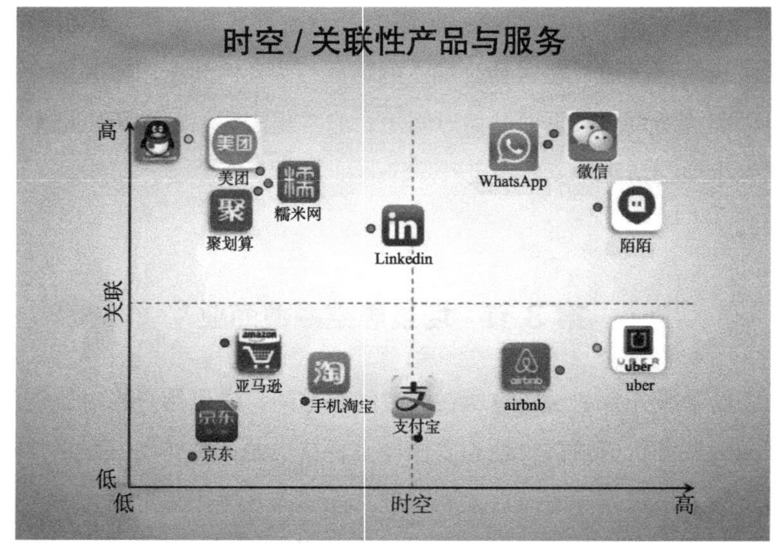

YY通过卡位场景，获蓝海市场

YY 产品初创于 2008 年。它最初的定位非常清晰：一款让用户在玩游戏过程（场景）当中进行多人语音实时通话的工具。玩过游戏的人都知道，团队作战沟通需要的是即时性，键盘敲字是完全来不及的。YY 语音瞄准的就是这个特定场景，获得了难得的蓝海市场。

当时市面上也有多款语音产品，YY 抓住场景，死磕用户的痛点，凭借不卡、不掉、不延迟的口碑，牢牢占据江湖地位。YY 类直播早期依靠网红和明星吸引了大量的用户流量，也为平台积累了足够的人气和知名度，在 PC 端，已经很难有其他平台能够轻易撼动 YY 直播及语音的地位。

“管家系列”App 在江湖上立足的秘密是围绕用户场景做极致产品。管家团队为每个场景服务都进行了针对性的数据分析。航班管家创始人王江表示："这些数据源都是开放的，就看你用不用心"。为了给用户提供个性化动态航班信息，管家团队的主要工作是整合中国航班的剩余座位查询、航空公司官网的价格接口、航班管家自有供应商的价格政策数据，以及国际上其他几大 GDS（全球分销系统）的数据。

航班管家每个服务场景都源于一个深入细节的问题。例如用户购买上海到北京的机票时，除了常规的航班信息外，航班管家还会提供机型和机龄、登机时是坐大巴还是走廊桥等信息供用户参考。起飞前 24 小时，用户可以在手机上选择座位。

航班当日，航班管家会提前提醒用户准时前往机场，这个提醒将结合路况做出时间预测。此外，航班管家还会结合前序航班情况、机场运行情况、天气状况和航空公司的计划调度情况，给出航班最新的预计起飞时间，帮助用户准确了解航班的准点情况。

用户到达机场时，航班管家会提示航站楼几号门最方便办理乘机手续，步行到登机口需要几分钟；如果是远机位，还会提前提醒用户，并在航班开始登机时，通知用户及时登机。如果用户的航班延误较长时间，或者机场出现较大范围的延误，航班管家将根据最新的高铁余票情况，推荐用户及时在航班管家上购买高铁票，从虹桥机场步行到虹桥站转乘高铁。

细化每个场景，提供极致的贴心服务，让航班管家成为用户出行决策的入口。前期航班管家只是一款专心做服务的 App，并没有明确的盈利模式。那时的航班管家由于专注培育用户和市场，并不主张卖票，而随着用户量不断增加，盈利水到渠成。王江曾在朋友圈分享道："2013 年，公司规模 120 人，当年交易额 7 个亿；2014 年，160 人，全年交易额 60 个亿；2015 年，达到 250 人，全年交易额近 250 亿元。"

在移动互联网时代，我们抓住场景这个商业的关键点将大有可为。美国一家生活用纸的企业，从消费者使用场景下手，结合移动互联网地址的特性，告诉消费者离他最近的洗手间、洗手间是否有免费使用的纸巾等信息。这是品牌广告主换了个角度，为移动互联网时代行走中的消费者提供服务。试想如果仅仅是做一个介绍有关卫生纸产品介绍的 App，其只能从广告曝光、覆盖的角度来做营销，但是这些都无法和消费者在地点上发生关系。这个 App 核心的出发点抓住了人群内急时的需求，是个不错的服务案例。

场景赋予产品意义，这是互联网产品设计的要旨：离开了产品使用的场景，产品本身将失去其存在的价值。对于餐饮行业而言，场景赋予产品附加值。茶馆不止可以卖茶，还可以提供休息、消遣和交际等附加值；海底捞不只是火锅店，还可提供极致服务这一附加值。无论是从品类定位、产品定位，还是人群定位分析餐饮品类，最终都回归到消费者心智定位和餐厅场景定位。

企业经营中一个非常关键的节点是定价。我们正在从传统的产品定价转向场景定价，从批量集中售卖走向碎片拆开来卖。传统定价是围绕产品的定价，同时兼顾竞争对手、价格稳定性和统一性等方面，是以自我为中心的惯性行为。在聆听用户的需求、与用户互动的过程中，企业采用新科技、新方式可以重构定价模式，实现敏捷性的场景定价，从而实现碎片化购买。Uber 公司通过车辆供应情况、用户需求情况来敏捷调整价格，轻松实现价格的加减，从而实现打车场景的有序运行。出租车公司在面对敏捷创新价格的挑战时，应该如何做呢？

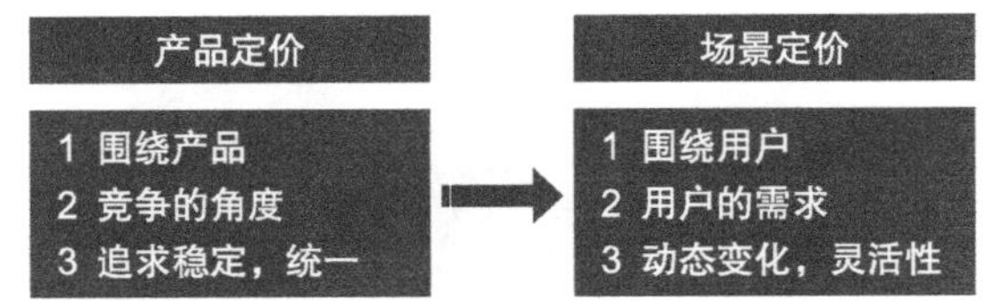

企业开发一款新产品，要想卖得好，必须占领消费者生活的时间和空间，要在消费的具体场景中寻找产品痛点。无论是产品设计还是产品营销，都必须基于消费者具体、特定和鲜活的场景。研究消费者场景可以发现新产品机会，制造消费者场景可以开辟新产品空间，展示消费者场景可以驱动消费者的购买行为。因此，无论电子商务线上的客服多么完善，实体店的场景体验都是无法代替的。亚马逊、京东、淘宝、一号店、苏宁等都不遗余力地在线下开设实体店，增强用户的场景体验。比如，亚马逊，其不仅拥有大型的在线图书超市，还计划在自己的总部所在城市西雅图开办精品书店，以 Kindle 和亚马逊专供图书为特色，包括电子书和纸制书。与传统的书店不同，亚马逊开办的小型精品书店依托自身得天独厚的优势，即 Kindle 电子媒介和独家书目，在精品实体店里让用户感受到一种独特和尊贵的体验，就如同在奢侈品实体店的感受一样。

再比如，新华社推出的新闻客户端“我在现场”，就是一个基于定位系统的媒体，在这个平台上注册的专业记者和其他用户，可以分享自己在现场的所见所闻，通过地理位置来聚合相关新闻信息。

产品基于消费场景，可以更有效地与用户交流，获得用户注意力。营养快线不仅关注产品质量，还关注产品的消费场景。营养快线把产品定位在“上班来不及吃早餐”的生活高频场景中，通过一句话“来不及吃早餐，来瓶营养快线”直击消费场景。王老吉的成功得益于将凉茶由药饮重定位为预防上火的饮料，为更好地唤起消费者的需求，它在电视广告中选用了消费者认为日常生活中最易上火的几个场景，吃火锅、通宵看球、吃油炸食品、吃烧烤等，把王老吉凉茶植入其中。消费场景促使消费者在吃火锅、烧烤时，自然联想到红罐王老吉，从而促成购买。

拓展产品消费场景，激活市场

中国人的酒文化和饮食文化是分不开的。**这也就决定了白酒是吃饭时喝的，吃西餐厅多半会点葡萄酒，所以一直以来，高端洋酒的主要渠道是夜店、会所等场所，距离大部分消费者过于遥远。**Frederic Noyere 认为，中国酒饮品的消费在不断增加，主要是由于在两大重要场合，酒对中国人来说很重要。“在中国，用餐时饮酒是非常重要的场合，我们也会继续加大这块的投入。第二大场合是社交聚会时，比如在唱 KTV 或者去‘蹦迪’时，在这方面轩尼诗一直都有非常好的表现。”轩尼诗想要谋求新的增长点必须在餐饮文化中寻求突破。

“我们想强调的其实是轩尼诗的每一款酒都可以跟中餐搭配。

比如无论是和南方菜系，还是北方菜系，都可以搭配得非常好。两者之间可以在口感上互相提升，未来我们会花更多的工夫，让轩尼诗和中国不同的当地菜系来做这样的结合。”为了可以进一步渗透中国市场，轩尼诗会把餐饮时的用酒文化不断推向中国各地。**“我们希望在这个过程之中可以培养消费者——尤其是这些不断发展起来的中产阶层客户，在一些庆典时刻或者在品尝美食的环节可以配上我们轩尼诗的干邑，使整个场合相得益彰。”**一系列线下活动在全国推广，与消费者互动，并着重于介绍轩尼诗干邑与美食的搭配，以走进消费者的生活场景。

案例点评：引爆产品销量，在盯着既有产品功能定位的同时，不断拓展产品使用场景宽度是个不错的思路。轩尼诗在这方面做了尝试，取得了不错的效果。

第 4 节　引爆需要时间点

时间是场景维度中最为关键的一个点。时间即时机，错失后将无法逆转。从影响人群的角度时间又可以分为群体时间维度和个体时间维度。从场景构成要素来看，时间又可和需求、地点、情绪等融合，且不可简单拆分，这更增加了抓住时间场景的难度。

场景的时间维度

笔者经常会问营销人员：“企业早上 8:30 发的微博、微信信息，你们都考虑了什么情况？”笔者听到的答案大多是营销内容层面的，有些人甚至根本就没有考虑过和其他时间点的不同。营销人在这个时候如没有考虑受众的生活场景，其实是不够专业的。早上 8:30，企业发布营销的信息，你需要问自己“我的粉丝现在处在什么生活状态下？”可能是：

- 二三线城市的粉丝已经到达单位，并打开了电脑。
- 一线城市的粉丝也许正在挤地铁，还在上班的路上。

考虑到营销的效果，这样的时间场景需要我们时刻关注，只有这样，才是从用户出发。当然，我们无法照顾到每一个用户的场景（8:30 还有人在睡觉），企业关注的是批量用户在这样时间场景下的情况。

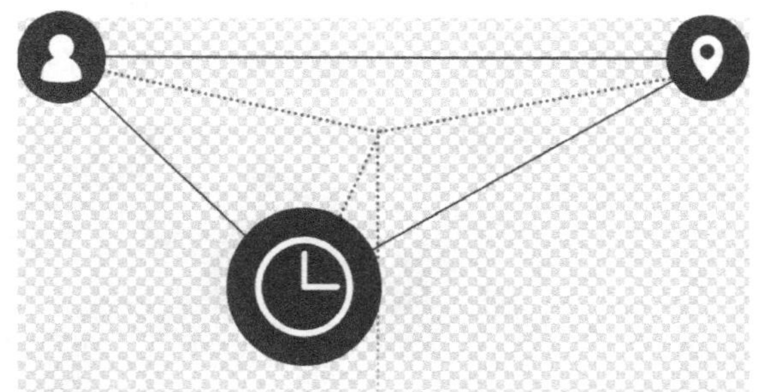

典型用户工作时间点：其中，工作日包括早上上班、工作中、午餐、午休、下午工作、下班、晚间娱乐、睡觉前，还有周末、节假日等。

不同的用户有其特别的时间场景和方式，例如，学生群体的开学时间场景、寒暑假时间场景、备考场景等。我们需要在分析目标用户的前提下，吻合他们的时间场景来沟通。

美国拉斯维加斯著名的 Bellagio 酒店，通过场景的分解和触发更好地与客户进行互动。Bellagio 酒店安装思科无线网络，用以发现用户，例如若用户在餐饮区（位置信息）已经停留 10 分钟（排队时间信息），那么它会向酒店营销软件上传这一信息。市场营销软件在做出数据分析后，就可能推断用户正处于选择餐厅的状态。

因为 Bellagio 酒店的系统清楚 12 点半，酒店上上下下均为服务的高峰时段，且系统从用户预订酒店的信息了解到其正在和家人一起旅行，而通过系统和酒店预订系统连接，依据用户以前停留的地点可以了解到用户喜欢吃中国菜（历史客户和行为习惯记录）。基于这样的场景及个性化，Bellagio 酒店会给用户发送信息："××，你好，在当前的餐厅吃饭，如果预订一张四个人的桌子，要等待 1 个小时。但在 ×× 餐厅就餐，目前只需要等待 10 分钟。你想订位子吗？"这样的系统不只解决了用户的问题，也增加了营业的收入。

案例点评： Bellagio 酒店通过识别个体的时间场景及用户需求，实现了相对精准的营销和推送。推送的内容对用户来说更多的是服务、价值感，而非广告，背后源于对个体时间场景的利用。

寻找我们更容易和用户沟通的时间维度点，例如，在早上上班的路上，消费者可能想获得一天的新闻信息，尤其是积极正面的信息，此时就可以推送一些有营养的信息。我们发现微信在中午 12 点左右会有一个小的热点高峰，究其原因，是因为许多微信用户在午餐时会用手机来刷微信，寻找午餐的谈资。企业可以制造和宣布一些有话题性的内容，引发大家讨论。我们发现下午是一个不太适合在互联网上进行营销传播的时间点，这是因为用户在下午一般都会昏昏欲睡。这个时间点属于平淡期。晚间适合娱乐，尤其是睡觉前的场景，对此我们如何借势？笔者给企业做数字战略规划时，会建议企业在这个时候发布一些音乐、电影、文学的话题，动作不宜过猛、过急，要有犹如和老友喝杯咖啡，聊聊天的感觉。

若企业要发布一个活动，那么一个星期中选择哪一天比较合适？这其实是一个非常重要的问题，但是可惜的是，许多企业市场活动推出的时间点根本不考虑时间场景这个维度。企业常见的做法有：

- 积极派，选择星期一上午隆重开展活动项目。
- 拍脑袋派，领导看好哪天，市场活动就在哪天推出。
- 随缘派，前期工作哪天齐了，就哪天开始市场活动。

从时间场景的维度来看，这 3 种方式都是不可取的，细细想想，周一上午你的消费者是不是都在忙着开会？市场活动选择发布的点，只有切合了消费者的节拍，效果才会更接地气。常规来看，周一上午，周五下午都不太适合推出企业的互联网营销活动，周一用户太忙，企业的营销会淹没在忙碌之中；周五推出，中间隔 2 天周末，活动的气氛无法得到很好的延续。当然了，特殊的活动、行业除外。

时间场景选择的方法：

- 关注用户群在时间上的行为规律。
- 时间场景的选择要考虑前后左右时间点可能的影响，如节假日之前的几天，或新春佳节。
- 选择时间要有备选方案，预期的时间可能受到其他场景、话题的冲击而不适合发布。

实战点拨

时间场景在应用中很常见，例如：

- 微信公众平台的内容发送，其核心问题就是：什么时间给粉丝推送内容？是不是会被覆盖？粉丝会在什么时间阅读？如果按照这样的思考路径下去，很容易找出推送内容的场景。
- 电话营销，如果你负责一个电话营销的小组，那么你会如何安排组员打电话的时间？笔者见到许多团队根本不考虑接电话人当时的场景，这样做效果显然不明显。小诀窍就是找到接电话人方便或者乐意接受的时间点。笔者在给企业讲课时经常会讲到“客户需要时，你过来那是服务；客户不需要时，你过来那是骚扰”。问题的关键点是：如何抓住消费者需求的那个特定的场景？

小礼物，引爆时间场景

课前可自愿用手机换取一罐红牛，挑战“没有手机的一堂课”，体验专注于一堂课产生的能量。在“手机换红牛”活动中，平均下来有70%的学生自愿用手机换取了红牛，部分高校课堂甚至获得了超过95%的参与度。

大学生表示“手机换红牛”这种方式“有意思，愿意尝试”。暨南大学的一名参与活动的学生表示：“我们这些90后比较叛逆，如果强行把我的东西收走我肯定不开心；但这种形式更有一种互动感。我座位旁边的同学都用手机换了红牛，这对我也是一种很大的感染。”天津师范大学的学生也有类似表述：“还不错，虽然课上有些无聊，但是听了很多东西”“活动很有意义，能唤起大家减少课上玩手机这个意识，专注课堂内容”。

红牛的做法确实巧妙，采用特殊的“交换”形式，悄然将营销场景自然过渡到学生最重要的课堂学习中。将产品与大学生息息相关的课堂场景进行深度绑定，既提升了用户对品牌的好感、也在互动中得到了产品体验。更重要的是，能够因此激发用户的口碑扩散，继而影响更多大学生一起专注当下！

除了课前的手机换红牛，课后学生拿回手机扫一扫红牛罐上的“能量书签”，即能进入一个移动端平台，创造专属自己的能量书签！这个平台上汇聚了所有参与活动的高校学生的年轻态度——“我的青春正当时”“我要做学霸”“歪理也是理”“为年轻时吹过的牛奋斗终生”，这类青春派的个性宣言得以扩散和认同，在活动班级以外的院系再次引发传播，大大提升品牌的曝光量与好感度。

抓住时间背后的批量需求

在国内的企业家中，史玉柱对中国特色的营销有自己的一套理论。脑白金那句经久不衰的广告词，曾让人多次诟病。通过大众媒体进行地毯式的轰炸，将品牌信息刻入受众大脑是传统营销的玩法。这样的营销方法，投入产出比未来是否合适，我们可以从宝洁集团已经缩减电视广告的行为看出一些苗头。但是史玉柱在地毯式轰炸中对于场景的把握，却是可圈可点的，直到现在依然值得我们学习。

许多老百姓认为脑白金的广告是全年天天在播，其实那是一个幻觉。脑白金只抓住春节、中秋节两个核心场景进行宣传。据相关报道，春节前后的 25 天，脑白金的销售总额可以占到全年销售额的 50%，如果再加上中秋节前后 20 天的销售额，这两个场景下的销售额占到全年的 80%。这是个抓住消费场景的典型例子，在这两个时间段，消费者的需求是集中的、批量的，我们需要的就是抓住这些场景。这个地方你有什么思考呢？

笔者在给企业做营销顾问的时候，发现许多企业并没有用好场景，错失大好的商机。例如某个省的移动运营商，一线的员工发现每年春节前后 20 天是一年中手机销售的最佳时机，究其背后原因，该省是劳务输出的大省，春节返乡的农民工兄弟们有更换手机或为家人购置手机的需求。这样的地区一年中其他时间手机的销量都非常微弱，如果不抓住这个消费者集中购买的时间，何谈抓住了商机。

让人震惊的是，该运营商的市场部员工依旧按照常规的假期休息，毫无疑问，等到他们回来上班，消费者的需求也随之飘逝。因此在这个场景下，不仅不应该休息，反而应该集中优势兵力，打一场全年最重要的战役。

那么如何从场景的角度考虑问题呢？在给家居建材企业做营销顾问的时候，笔者就是沿着场景的思考路径，发现一年中最重要的商机场景是春节后的一个月，究其原因是与中国人的习惯有关，因为中国人都喜欢过完年装修、过完年创业，等等。家居建材企业的促销战争显而易见就必须针对这个场景，如果错过，营销效率自然会很低。

例如高校新生入学也是一个很重要的营销场景，我们可以看到中国移动、中国联通、中国电信每年新生入学时都会铆着劲在校园中做促销工作，可以说是这是他们必须抢占的场景。如果拿下这个场景的需求，就可以获得为期 4 年左右的稳定客户，而且是批量的客户需求。

从场景来考虑商业是个非常性感的话题。例如笔者在中国美容业峰会的演讲中提到，聪明的企业就是集中优势兵力满足用户的集中需求，对于美容院来说，可以考虑针对以下两种场景开发特定的产品：

- 在高中生完成高考进入大学时，会有一波爱美的孩子选择做一些小型的美容。
- 在大学生准备找工作的那段日子里，会有一批学生为了获得工作机会激发类似洗牙、去痣等美容需求。

那么我们该如何做？笔者认为，可以有针对性地推出 288、388 元的美容体验服务，营销目标客户群是学生，活动的时间就是抓住上述这些场景。

迪士尼巧用场景抹杀无聊排队等待时间

World of Color 是迪士尼的夜间色彩盛宴，故游览者众多。游览者常常因为漫长的排队时间而感到抓狂。迪士尼的管理团队通过策划活动来安抚排队场景下感到枯燥的游客。

团队给等待的游客开发“Fun Wheel Challenge”游戏，这是一款有趣的交互性游戏，简单易上手。在等待区域，可连上免费的 Wi-Fi 热点之后会自动跳转至游戏界面，无需下载 App。

该游戏玩法非常简单，游客抬头看巨型的米奇摩天轮，根据游乐场内的灯光颜色顺序，短时间内记忆，并在你的手机中重新给手

机游戏界面上的Fun Wheel的灯光颜色排序。

参与这个游戏的玩家们在30分钟之内谁的分数最高就有权利决定Fun Wheel上出现什么颜色的灯光，以及颜色的顺序。因为游戏抓住了场景，故可让排队的时间也乐趣多多，这又贴合了游乐场的宗旨：给人们带来快乐。

案例点评：迪士尼通过时间维度来思考问题，打发游客无聊时间，让游客更加舒适。我们从案例中不只读出迪士尼场景经营用心之处，更多的是那份真诚，他们真心从游客角度思考问题。

第5节　位置是场景的灵魂，不可小视

移动营销，顾名思义就是要让营销移动起来，那么地理位置的重要性就不言而喻了。在移动互联网时代，我们的“位置”早已不是秘密，在我们主动使用电子导航、电子地图的同时，就等于自报家门，同时当我们手握手机横冲直撞之时，就等于随身携带一个GPS，想找到我们的人总会轻易找到。

在移动营销的开创方面，星巴克一直是行家。你在路上走着，突然想喝咖啡，通过 Mobile Pour App，允许星巴克知道你的位置，点好你要的咖啡，不一会儿，一个星巴克小伙子或者大姑娘就会踩着滑轮车给你送来一杯。星巴克这一举措被许多人奉为 LBS 最佳商业应用，无须你再寻找星巴克门店，而是他们找到你。

地点是场景的灵魂，在传统营销中关注地点其实更多的是关注销售的物理环境。物理环境包括店面的装饰、气味、光线及其他环绕在消费者和产品周围的有形物质。在物理环境中，亮色调比暗色调更能吸引人；花香四溢的零售环境会增加产品销量；音乐能够影响消费者的情绪，而情绪会影响众多的消费行为；店内拥挤会使顾客产生负面情绪，所以应关注如何在卖场减少顾客的拥挤感。

公交车站也爱玩

比起妙趣横生的游戏来说，也许简单的秋千显得并不那么出彩。但它若切中人们等待的时间，就会增色不少。秋千公共汽车站是英国设计师 Bruno Taylor 设计的，他的设计理念就是让人们在清晨等公交的时刻多一点轻松和娱乐，让成人在生活中找到乐趣。设计师把人们对童年的回忆带到了人们每天都要驻足的公车站，既让人们度过了短暂、悠闲的美好时光，又唤起人们儿时的美好回忆。Bruno Tarlor 认为，它成为伦敦一道温馨浪漫的风景线。

人的一切商业行为都与地点有关，有的地点是触发行业行为的“强”因素，有的地点是处于次要地位的“弱”因素。在移动互联网时代，地点场景在营销中的应用变得越发重要。智能手机可以精确刻画人的行动轨迹，这样人的行为可以以另外一种可表达的方式呈现。移动互联网时代的营销如果不抓住地点，就将遗失与消费者互动的机会点。

例如，智能手机的流行给了车险理赔另一种开展方式：通过官方的 App 使用 GPS 功能来定位事故发生的地点；提供联系当地警方或急救的方式；提醒用户搜集现场相关信息，比如事故另一方车主的名字、地址、电话、牌照、保险公司等，并把这些信息存储在手机中。用户还可以使用手机来拍摄并存储事故现场的照片，然后 GPS 系统会帮助用户联系拖车公司或者汽车修理厂。这个 App 很好地解决了在发生车祸的场景下，两方司机的需求，通过信息技术很好地解决了理赔问题。

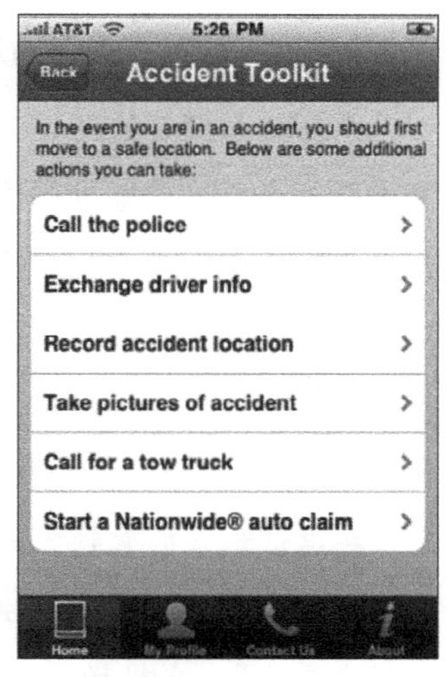

江南春通过观察，发现电梯内的人经常无所事事，于是他们突发奇想：是不是可以在这个物理空间中放入企业广告，供人欣赏？通过努力，江南春最终成为一家上市公司。在移动互联网时代，在这样的空间下，消费者的行为发生了变化，许多人低头玩弄自己的手机，不再东张西望，电梯广告的价值减弱。近年来江南春在积极拥抱移动互联网，切入点是如何将地点和消费者的注意力进行另一种形式的融合。

江南春的成功也引来许多的跟风者，你占住电梯，我们就占住机场、超市、理发店、咖啡馆、地铁站，甚至有的企业将广告摆到洗手间。这一切疯狂的举动都没有错，目的都是卡位消费者的地点场景。问题是需要考虑消费者参与的情况，试想洗手间的广告适合什么样的信息？这样就构成一个很好的思考模式：在某一特定场景下，什么样的信息具有更好效果。

携程通过地点场景引爆市场

在存活率极低的网络公司中，携程已发展成为中国最大的在线旅游服务公司，并努力打造中国人自己的“旅游帝国”。

携程的市场推广初期也面临诸多挑战，比如，如何让用户能够接受携程这样一个网站；如何将有资质的酒店、机票代理机构、旅行社提供的服务信息汇集于互联网平台，供用户查阅。传统的营销、宣传方式在效果上捉襟见肘，很难得到较好的营销投资回报率。

在尝试诸多的营销方式后，携程通过选择地点场景、拦截客户群、引爆市场，获得爆发式的增长。“你好，这是携程免费赠送的旅行会员卡”，在机场，一个身着黑蓝色西装的女孩正向匆匆走过的旅客发放会员卡。近年来，这样的场景在中国主要城市的机场、车站随处可见。着装各异的发卡一族在中国正在成为一个新的职业，而这种地点终端拦截战术就是携程第一个使用的。在携程，由这样的发卡一族构成的人海战术形成了营销抓取新客的方法论。

地点终端拦截是行之有效的营销手段，携程通过孜孜不倦地大规模拦截，在网站推广初期确实吸引了众多会员，尤其是商务差旅客户，他们使用携程会员卡的频率很高。

案例点评：通过携程的案例我们可以看到，基于目标客户群的地点场景进行营销，可获得很高的营销投资回报率。我们可以看出，在机场、车站场景下的人往往有住宿、旅游的需求，对这样的人群进行营销宣传，自然会有较好的效果。

我们也经常看到因为地点场景选择不对，以致营销效果不行的情况。例如，在闹市区经常会遇到，有人会拉着你说“要不要上我们××英语培训课程?”“到我们皮肤美容中心去美肤吧”的拉客情景，这样的行为明显没有很好地理解场景的概念。在市区，你让人去报名学英语、做美容，营销者思考的路径仅仅是这里人多，没有考虑到在这样的场景下，消费者的需求没有集中呈现，以致最终营销效果差。

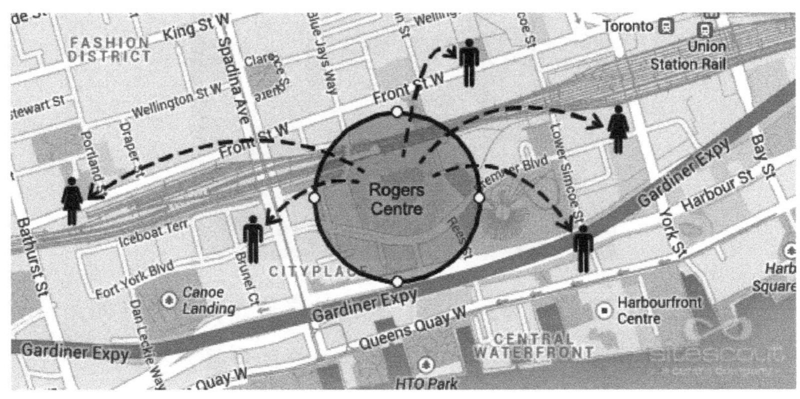

地点是场景的灵魂，我们更应该从全面的角度来解读地点，毕竟只有人参与的场景才是活的场景。

日本大分机场：巧抓位置场景，引爆互联网

在飞机场等待取行李时一般都很烦人。日本大分机场巧妙地抓

住场景，把行李传送带切换为回转寿司带，让日本的特产伴随着行李一起出现，如蒲江町的海胆、姬岛村的车虾、津久见的鲔鱼，宫崎牛肉等。这样的方式既可以宣传日本当地特产，又可以让等行李的人不会觉得不耐烦，游客也许还会拍照贴到社交网络帮当地人宣传旅游。此举可谓是一举两得。

案例点评：很棒的场景选择！通过特定地点，融合群体无聊等待的场景，传播城市品牌、特产，收到很好的传播效果。

第6节　基于位置引爆社群

传统零售业选择店面的诀窍就是一句话——“地段、地段，还是地段”。由此可见地段在传统零售中的重要性。

随着移动互联网的兴起，营销人员必须懂得如何围绕位置借用新技术做营销传播。**基于位置营销是指把顾客吸引到指定的位置，并提供他们认可的服务，让他们觉得物有所值。**从客户购买行为的角度营销过程可以分为：引客上门、留住顾客、促成交易。当然在营销过程中，选择特定地址可以引起特定客户群体的共鸣，让营销更有效。泰国电信公司 DTAC，为推广旗下移动 Wi-Fi 热点业务，他们给几只狗狗配上了无线 Wi-Fi 热点，接着牵着这些狗到处走，而路人就可以靠近这些狗狗来免费上网。

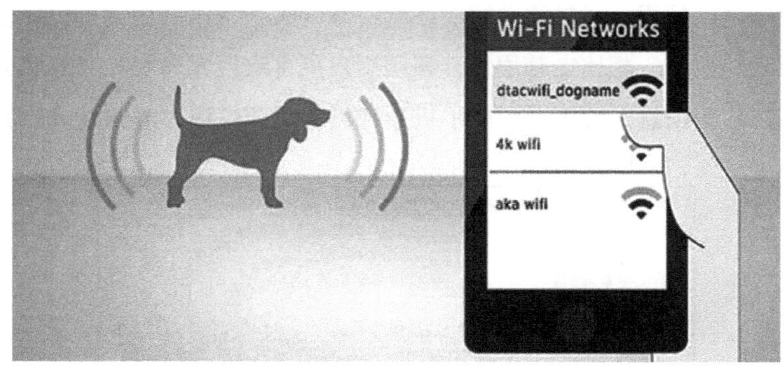

（1）**引客上门：**提供激励手段，吸引顾客上门，包括优惠券、折扣等。可以是常态化的，也可以是一次性的措施。以前我们会在人流量大的地方发放优惠券。这里有一点要注意，移动互联网时代的电子优惠券将逐步取代纸质的优惠券。通过手机查找周围餐厅，获取优惠券的行为已经形成，这种行为让促销的信息流扩散得更广，而不是传统的，只有经过发放优惠的地方才能获取。

（2）**留住顾客：**给上门的顾客提供有价值的东西，如某片区的实用资讯，以便让客户在该区域停留更长时间。

（3）**促成交易：**在顾客准备购买产品时提供额外的激励策略，如折扣或者下次消费的优惠券等，可促成交易行为。据有关研究显示，消费者冲动购物的比重往往要高于理性购物，如何在当下的场景下让消费者掏钱是商家最为关注的。在消费者行为学中，特别强调“临门一脚”的重要性，前期一切营销的努力，往往以是否交易为衡量的标准。在这个关键点消费者的犹豫是个大忌，我们需要打消“掏钱犹豫症”。

据 AT&T Interactive 公司的《本地化交互观察报告》显示，无论是电脑搜索，还是移动智能终端搜索，关于餐馆的搜索都位居搜索量的前列。相比电脑用户，移动用户更喜欢搜索影院、美容服务和酒店等信息，这表明智能手机用户更希望获得周边的服务信息。

引领美国用户本地化手机搜索的种类

手机搜索前5名	手机搜索增长前5名
1.餐厅	1.法律顾问44%
2.汽车	2.教堂43%
3.电影&剧院	3.购物中心33%
4.美容服务	4.航运服务32%
5.酒店	5.珠宝首饰30%

“餐饮+电影”场景化营销之路

“每 4 个看电影的用户中，两小时内进行餐饮消费的至少有 1 个”，这是百度糯米大数据研究中心对全国范围内的用户进行分析得出的结果，百度糯米把这一概率称为“连接效率”。百度糯米总经理曾良表示，通过对地理位置、时间、人群属性、消费习惯等不同场景的数据分析，发现用户在进行美食、电影、酒店、KTV 等生活服务消费时，有明显的联动购物倾向。百度糯米通过位置、时间和人群三个维度构建了“场景生态”，打造了到店推荐功能。

用户进入百度糯米的合作商家店面时，可根据用户个性化需求推荐商圈或商场内的商家。目前，这一功能已覆盖全国 4100 多个商场和 7500 多个商圈。百度糯米携《西游记之孙悟空三打白骨精》，开启百度糯米“餐饮 + 电影”的全新模式，背后正是“场景生态”的实际运用。O2O 场景营销拥有四个特质：需求的激发、需求的理解和捕获、销售交易及用户沉淀。百度正在将自己的战略从“连接人与信息”延展到“连接人与服务”，而服务的连接实际上就是产品所处的场景本身。

案例点评：在洞悉群体时间维度及需求维度上，通过位置的识别和服务的连接，和谐收割用户需求是个不错的选择。

餐厅的移动营销之道

在美国的马里兰州的雪莉小姐餐厅，在当地具有很高的人气，还被《美食频道》评选为最佳早餐供应点。在移动互联网时代，老板道普京斯琢磨着如何通过新的沟通工具，让在餐厅就餐的人与餐厅发生良好的互动。

道普京斯最终选择 Foursquare 来作为其与消费者沟通的平台。Foursquare 是一款基于地理位置的智能手机应用软件，其可以在朋友圈进行展示、标注地理位置、通过独特的“签到”功能引发社群参与。

道普京斯用 Foursquare 促销平台奖励其最忠实的顾客，鼓励他们常来本店。只要忠实的顾客在餐厅附近出现，就抓住机会加深与他们的联系。任何在雪莉小姐餐厅获得Foursquare“市长”地位的，只需要向服务员出示手机上的信息以表明自己的身份，就能享受无须等待的服务，无论是早餐还是午餐，不管是旺季还是淡季。这个优惠活动的宗旨是：在雪莉小姐餐厅，“市长”们不需要等待。这个项目有个背景资料是：雪莉小姐餐厅平时就非常热门，在高峰时间客人至少要等一个小时才有座位。

“市长”们不需要等待，这是最让人眼红的待遇。这个活动不仅能吸引新的顾客，还能在现有的顾客群体中缔造良性竞争的态势，鼓励他们更频繁地来餐厅用餐。这个奖励机制让雪莉小姐餐厅签到量上升420%，营业额增加了18%。

案例点评：案例中很好地利用了大家都在排队，Foursquare“市长”却不需要排队的场景，提供后来者可以先服务的待遇，这将产生巨大的话题效应，引发周边就餐人的兴趣。如果老板再有点娱乐精神，可以为“市长”提供特别的仪式或者服务，那就更具诱惑力了。

基于位置的数据使得广告更有价值或更有效。对于激活定位功能的设备，广告商实际上是提供了一个溢价，多个移动广告、移动交易平台的数据告诉我们：已经激活定位功能的广告在CPM上持续上涨，最简单的原因就是用户一般在他活动区域的两公里之内，即使是banner广告，也会有显著的点击率。

移动位置的潜力远未被充分挖掘。用户87%～90%的时间在室内，这是GPS信号到不了的地方，如果你仅仅盯着那10%的室外LBS时间，就无法充分发挥LBS的潜力。

智能手机用户使用地图或移动搜索服务，但位置服务的潜力远在搜索和地图之上，因为室内体验同样很关键。位置信息可以用来提供个性化的服务和增强用户体验。

室内LBS位置信息能做什么？导航，方便用户在室内精准定位到你，通过分析用户在店内行为的数据，分配你的销售资源和物架；根据用户在店内的位置，推送更精细化的产品。

国外有大型零售商通过位置分析发现，70%的流量集中在商店30%的区域，因此可以调整分配销售资源，有效规划那些流量未充分挖掘的区域。

位置是线下世界的cookie，可将网站的分析能力带入线下世界。零售商应该充分应用这些能力，以提高线下生意的商业智能。

不同行业移动互联网购买路径区别显著，营销人员需善加利用位置蕴含的丰富的个性化信息，消费者的购买行为也会根据商品和服务的类别不同而存在差异。

- 快餐：快餐消费有着明显的频繁、即时及依赖移动设备的特征。由于购买过程非常快，因此消费者使用移动设备了解相关信息之后，几乎每时每刻都会发生购买转化。营销人员需要用具有吸引力的优惠及显示到附近店铺的距离来吸引消费者光顾店铺。

- 零售：对于零售业的商品，消费者会花较长的时间在线访问购物网站，然后通过访问零售店铺来进一步了解。使用移动设备的购物者，在移动设备上了解零售类商品所用的时间是快餐、汽车类服务或产品的两倍；多达三分之二的零售类购物者会光顾零售店铺补充了解商品；消费者对本地和非本地的商铺均可接受。这要求零售业营销人员要同时关注线上线下，利用移动设备连接线上和线下渠道，从而影响消费者。
- 汽车：在购买汽车等价值更大并且需要慎重考虑的产品时，消费者在做购买决策的过程中既会使用网络，也会光顾汽车展销中心（4S 店）进行补充了解。消费者使用移动设备初次搜索之后，30% 会在一个月以后计划购车。13% 的汽车购买者最后一次使用移动设备对汽车进行研究是在汽车展销中心，在该地，消费者使用移动设备的比例比其他所有类型的现场活动高出 63%。因此，营销人员需要了解消费者现在及以前所在的位置，提供量身定制的广告内容和促销信息影响消费者的决定。

通过基于位置的场景营销，营销人员可以更好地迎合消费者的期望，连接线上与线下，重塑店内体验，开创搜索和社交媒体之外的另一种新营销类型。通过挖掘消费者的移动位置，营销人员能够

深入分析，使用相关的、符合情境的信息，并针对消费者行为模式和需求来展开实时的营销活动。

在韩国首尔地铁站里，乐购开了一家虚拟杂货店，这是一种从消费者人流的角度将其转化为购物流的方法，一张图片就相当于一个货架，将商品信息放置到人多的地方，人们使用智能手机扫描所需产品的二维码，就可以把它们放进购物车并通过手机结算，商品会在24小时内送达客户指定的地点。这些像超市货架一样的招贴画会让顾客觉得真的在超市购物，这样使消费者等车的时间成为购物时间。

韩国乐购的案例，还属于移动互联网思维模式的初步应用，即通过物理内容将消费者与商家连接起来。

案例点评：抓住人流量大的地方，将其转化为商机，这是针对地点场景一个很好的应用。寻找场景，不只需要人多，还需要考虑这群人在那样的场景下是什么状态（休闲、无聊、忙碌等），只有这样才可以有针对性地为顾客提供价值。

遭遇电子商务渠道挤压的线下零售商，正在开始利用地理围栏技术，改善自身在移动时代的落后状态。地理围栏（Geo-fencing）是一种新的技术，就是用一个虚拟的栅栏围出一个虚拟地理边界。当手机进入、离开某个特定地理区域，或在该区域内活动时，手机可以接收并自动通知和警告。地理围栏技术的特点是：

（1）地理区域是被网格化的。网格化的标准是根据一个地理区域内的业务和商业聚类的，而不是纯粹的经纬度和城市地图的匹配。

（2）实际上地理围栏技术中各个围栏区隔出的区域是一个个应用需求群地图，主要的商业需求聚集在特定区域，形成一个聚合信息服务区域。

（3）商业群落是地理围栏的核心，类似城市的商圈。

（4）用户的围栏信息彼此之间能够共享，也能够与应用开发商分享。

（5）双向、互动是关键。

只要用户同意接受地理围栏系统，企业就可以给用户发送欢迎短信，推送信息介绍门店内开展的促销活动，或在潜在客户接近门店时发放电子优惠券。同样企业级的地理围栏，可以更好地进行流程管理。例如有些建筑公司将移动装置或实践记录系统相连，该装置就会自动记录佩戴者进入或者离开工作现场的时间，实现考勤管理。

地理围栏与创新型应用的有效整合，不仅有利于增强用户黏性，还有望催生新的商业模式。美国 Square 公司推出的 Pay with Square 内嵌地理围栏功能，当顾客进入商户一定范围内（如 100

米）时，商户的 Square 程序就会自动显示用户的姓名、照片、账户等信息，顾客完成消费后只需确认身份即可，随后通过电子账单完成支付。Square 突出了“发现商家”的功能，让商业信息围绕地点得到很好呈现，从而使基于位置的信息体现巨大商业价值。

著名的服装品牌 Gap 将车身广告和地理围栏技术相结合，让用户先看到车身广告，然后使用地理围栏技术给用户推送电子优惠券（用户在距离车身广告的一定范围内，只要打开 Words With Friends 应用就会收到优惠券的推送通知）。刚刚经过鲜活的车身广告洗礼的用户又受到优惠券等“糖衣炮弹”的攻击后必然把持不住，前往附近门店消费的概率大增。Gap 统计了半个月的数据，发现共产生了 250 万次推送行为，点击率为 0.93%，而普通的纯电子优惠券链接的点击率一般只有 0.2%。两者相比，印刷加电子优惠券双重联合效果更好。

普通的快餐店如何借用这样的平台呢？他们可以随时向接近用户发送不同的优惠，一天还可以修改多次以求达到促销不同产品的目的。利用移动用户地理位置的核心思想是为消费者提供优惠，让用户觉得平台就是关于位置和应用的。在店铺忙的时候，店家可以取消发送优惠券，在生意淡的时候，基于地理围栏的服务，可起到更好的甩货、促销的作用。这样做使信息的价值更能满足店家和消费者的利益，不像团购网站那样无差别地促销。

如果不提供优惠券，基于位置服务，可以做些什么？提供优惠券是比较直接的功利驱动行为。其中户外运动品牌 North Face 的做法值得我们从另外一个角度来看品牌推广。他们使用地理围栏向他们认为重要的区域内的用户发送一些服务信息，借此达到品牌扩张的目的，如某滑雪场的天气预报和建议路线等信息。在特定的位置场景下，提供和品牌调性搭边的服务，这也是一种思考路径。

第 7 节　如何在场景中洞察消费者的需求

在场景中我们一直强调时间和地点的重要性，即在合适的时间、地点，给消费者提供相应的信息来支撑购买。从更细致的角度来看待场景，消费者的需求流也是很有意思的话题。

许多企业现在已经开始研究消费者决定购买的时机问题，例如宝洁公司就把消费者的购买时机单独拿出来研究，结论是：消费者看到货架上的产品时，有 3 ～ 7 秒的时间是有购买冲动的。宝洁公司聘请了 FMOT（第一次购买的真实冲动）主管，招聘 15 人的团队，专门负责提升品牌的顾客购买欲望。

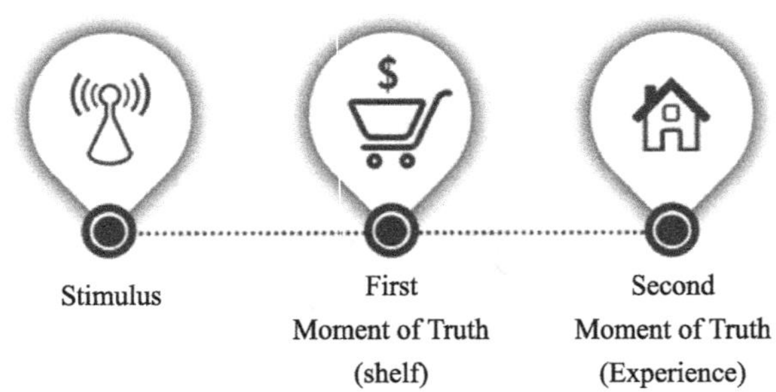

如何即时抓住消费者内在的需求，是企业最需要关注的问题之一。我们知道零售实体店的业绩，主要看是否能把握促销的时机。不能把握促销时机的零售商，业绩一定是非常糟糕的。究其原因在于没有抓住消费者那稍纵即逝的需求和购买时机，一旦需求被释放，购买力将无从谈起。

移动互联网带来的革命，为企业创造一个与消费者更加亲密的接触良机，因为智能手机是非常私人的，且用户随身携带。移动终端用户希望获得这种连接的价值，企业需要创造诱因让消费者联系他们，形成一个双赢的模式。移动互联网彻底改变一对一的营销理念，让企业可以直接面向正在购物的移动消费者。

下雨天，打车的人多，出来接客的车少，Uber 的价格就会上升；相反，在非高峰期，或某个地点的车很多，而用车的人少，价格就会相应调低（这时 Uber 会对司机进行补贴，使参与这场游戏的“供方”保持良好的增长势头)。这种随行就市的定价方式看似简单，其实是移动互联网时代共享经济的首创。

在以往“散兵游勇”式的出租车行业中并没有实行差异化定价，主要是因为它采用的是“人制”化管理：中心人工调度 + 路边随机招停。由于这个行业的随机性与高频次性，要人工随行就市地实行差异化定价是完全不可能的。但 Uber 作为基于移动互联网的新经济业态，它几乎可以自动化匹配（运行)，因此就有能力再一次重操相关行业的差异化定价，以期最大限度提升这场游戏中供需双方的满意度。平台型业态的差异化定价的主旨在于提升供需双方的满意度，并非平台的直接盈利。由于 Uber 的种种传闻正在吸引越来越多的“神秘”司机加入，也正在以领先的算法不断更新着司机的奖励制度，使参与进来的供方源源不断。

基于特定时间、地点提供需求服务，可使供需对营销者而言是可操控的。但是这在智能手机出现之前是一个解决不了的难题。智能手机内置定位技术，营销者可以准确判断消费者所在地，加之时间信息，营销者可以更加精准、贴近地向消费者发送有价值的营销信息。

消费者可以根据他所处的位置来采取下一步行动，手机会告诉他目前所处的环境，比如处于某个商店附近，然后消费者可以决定是否去购买物品。百事公司开发了一款 iPhone 手机应用程序，下载之后，会基于用户地理位置展示距离他们最近的销售百事产品的餐馆及其他供应商的位置。这款应用程序的目的在于联系用户和百事产品销售地点，同时邀请用户在位置信息上进行互动，从而创造用户参与体验。

在购买过程中，用户使用手机得到资讯以帮助自己进行互动，任何疑问都可以通过手机解决。企业可利用手机增强购买过程中与消费者互动的能力。企业需要重新布局策略来应对新形势，移动用户主动向企业获取信息或服务，而不再是被动接受企业推送的信息。无论是线下购买，还是在线购买，消费者都想与企业或品牌实时沟通。

移动互联网为传统的实体零售商创造了巨大商机，因为客户在他们店里购物时，会试图即时了解关于产品的信息。此时零售商可以开展“实时营销”，即在消费者决心购买商品之前，现场向他们推广。对消费者和企业来说，这都是最有价值的营销时机。

企业怎么让消费者积极行动并与之互动？怎么点燃他们的购买欲望？在移动互联网时代，如何批量抓住消费者的购买时机？这些问题的背后就是我们探讨的场景内涵。但是我们也应该看到实际工作中存在的挑战。

（1）**时机很难精准掌握**。许多时候，我们并没有先见之明，没有时间分析形势，结果就是我们只能在很短的时间内做出判断。如何应对时机和消费者需求，做到精确把握，尤其是线下购买时机，更多只能通过经验来确定。基于互联网及移动互联网的购买时机与需求，可以通过网民的互联网浏览行为和模型来识别，这就使即时触发关联行为成为可能。

（2）**面对不同的人，需要把握不同时机**。对于不同的人来说，正确的时机是不同的，所以很难在某一个时间点上同时影响所有人。

（3）**需求与时机瞬息万变**。消费者的购买需求和时机很多时候来得快，去得也快，那么如何足够灵活地把握机会，在他们需求没有消失之前迅速行动？在商业实际操作中，没有采取即时变化的行为来匹配消费者需求的变化而造成的损失往往是非常巨大的。

（4）**人人都看到的时机，竞争肯定会非常激烈**。那些明显的时机，往往引来激烈竞争。例如春节联欢晚会前半小时、奥运会比赛直播前的时间、热播电视剧前的时间等，这些时机确实是好的场景，但还要看加入这场竞争是否划算。

实践点拨

在场景中洞察需求，哪些行为透露消费者的购买欲望呢？

Jeffrey Gitomer 在其《The Sales Bible：The Ultimate Sales Resource》中曾细致描述了线下销售中消费者购买动机信号的问题，结合笔者的思考，整理出消费者想购买的 19 种表现。

（1）询问关于是否有货及交货时间的问题。你们还有货吗？你们多长时间能上一次新货？

（2）询问关于送货的问题。送货要多长时间？使用什么快递？是否包邮？

（3）询问关于价格的问题或经济承受能力问题。这个新产品的价格是多少，我不知道是不是买得起？

（4）任何与钱有关的问题或陈述。把它全部买下来，我需要花多少钱？

（5）询问关于你们公司的正面问题。你在这个公司多久了？你们进行互联网销售有多久了？

（6）让你重复一些话。关于分期付款购买，你刚才是怎么说的来着？

（7）叙述和以前供货商之间的问题。我们原来的供货商服务太差，如果我们打服务电话，你们多久能上门服务？

（8）询问关于产品特性或选择的问题。这个分拣器是复印机上的标准配置还是可选配置？

（9）询问关于质量的问题。这个充电器充电一次能用多少小时？

（10）询问关于质量保证和保修问题。如何保修，保修期有多长？哪些是在保修范围内的？

（11）询问关于你或你的公司资质的问题。你们公司的员工都能在电话里回答我的问题吗？

（12）询问关于公司特别的、积极性的问题。你们还生产其他什么产品？

（13）询问关于产品及服务的特殊问题。选择上门维修是由你们选人还是我来选？

（14）询问关于你拥有的产品和服务的特殊需求问题。你们会每个月帮我做会计结算吗？如果我喜欢你们的服务人员并且想让其全职为我工作呢？

（15）透露没说出来的决定或寻求支持的问题。对我来说这是最好的方案，是吗？

（16）想再看一看样品或模拟演示。我能再试下样品吗？

（17）询问关于其他满意的顾客的情况。你们的客户都有谁？

（18）要求询问其他顾客。我能和你们服务过的其他一些客户联系一下吗？能不能给我一个你们顾客的名单？

（19）购买前的絮叨。我倒不知道，哦，这样的呀，那倒是有意思。

第 8 节 情绪，不可忽视的场景维度

情绪就是人对事物的态度。关于情绪的类别，长期以来说法不

一。我国古代有喜、怒、忧、思、悲、恐、惊的七情说，美国心理学家普拉切克（Plutchik）提出了 8 种基本情绪：悲痛、恐惧、惊奇、接受、狂喜、狂怒、警惕、憎恨。

Facebook 新推出了 5 个动态的可爱表情，包括大笑、开心、惊讶、悲伤和愤怒，进一步丰富了人们在浏览信息时的情绪表达。

当人们懒得写评论时，选择一个情绪表情是既省事又满足表达欲的方法。增加恰当的表情选项不仅可以增加趣味性和调动用户的参与度，对于文章作者和媒体也是具有一定参考价值的反馈信息。当表达情绪的人足够多时，这种情绪将成为内容的附加价值。例如发布“人工智能取代了一部分劳动力”这条信息后，可以看到多数人是对这件事“开心”，有些人为此“悲伤”，甚至还有人“愤怒”。

从回避和渴望的角度解析各种情绪，可以指导我们驾驭情绪使用场景。一般说来人趋向于回避以下的情绪：自卑、忧虑、愤怒、仇恨、恐惧、悲伤、消极、后悔、自负 / 自满、抱怨。

同时我们趋向于渴望获得以下的情绪：爱、幸福 / 愉悦、成就感、友好、尊重 / 自尊、认同 / 赞许、怀旧。

“9 月 1 日”对于将要进入幼儿园的小朋友和家长们来说，都是一个非常值得纪念的日子。宝贝即将和家人分开 8 小时，迈入一个全新的环境。爸爸、妈妈的心情也是五味杂陈：担心、焦虑、不舍。Uber（优步）和妈妈网联合举办了“专车送你去上幼儿园，跟拍宝贝第一次上学路上的故事”活动：上学、放学专车接送宝宝，摄影师全程跟拍，记录宝贝美好、珍贵的第一天。

Uber 表示：凡是符合报名条件，并按要求报名的网友，无论是否选中，都能获得 Uber（优步）提供的 100 元打车基金。

活动获得了很多妈妈的好评。不少妈妈在活动主帖后跟帖留言，如“来了个高大上的奥迪车，很宽敞，真心不错啊”“给宝贝一个有意义的开学纪念”。这次活动让当地的妈妈认识、体验了 Uber。这是用妈妈的角度打造的一个接地气的情感沟通活动。在妈妈今后需要专车的场景中，如宝宝生病、带宝宝逛公园等，也会情不自禁地想起 Uber。

案例点评：抓住场景，需要抓住背后用户的情绪。在开学这个特别场景中，Uber 通过提供一定的帮助和家长一起打造了这个活动，是一次走心的尝试！

从情绪的角度与消费者沟通，可以通过以下步骤来开展：

（1）找到目标消费者的情绪弱点。比如，其内在情绪是恐惧（对健康、对安全性、对不确定性的恐惧），是虚荣（恋爱中人、聚会场合等），还是自卑情绪（身高、肥胖等）。

（2）满足消费者的渴望。通过对消费者情绪的剖析，告诉消费者问题的解决之道，从而引出“正题”——产品的目的就是帮消费者解决问题、满足他们的渴望（让你健康、幸福、美丽）！

比如，“新肤螨灵霜”极力渲染螨虫问题的严重性，尽可能广泛地列举各种症状表现，从舆论上营造氛围，不断刺激顾客的恐惧情绪，强迫消费者采取解决措施（购买产品或服务）。企业抓住螨虫的概念，并广泛列举出螨虫传染的多种途径（如夫妻传染、父母传染、母子传染等），为进一步增强可信度，在促销现场又增加了仪器检测手段：显示镜下，果然可见让人心悸的蠕动的螨虫。企业正是巧妙地利用了消费者的恐惧情绪以及渴望健康的需求，实施了情绪营销。

虽然情绪类别很多，但一般认为基本情绪有 4 种，即快乐、愤怒、恐惧和悲哀。企业如何驾驭不同情绪场景中用户群体的行为，已经成为考验从业者能力的重要指标，一旦处理不好群体的情绪，将引发负面风潮。

不懂情绪致失败的案例

俗话说得好：不该利用灾难做促销。飓风“桑迪”横扫美国东海岸后，许多品牌和百货商场纷纷关门。于是 AA 美国服饰（American Apparel）在 Twitter 上发了一条促销广告“为了让您不在飓风期间感到无聊，接下来的 36 小时网上商城所有商品 8 折优惠。”消费者后来迅速在 Twitter 和其他社交媒体上讽刺和抨击该广告。

国内某知名公司在马航事件的过程中，发表“这年头，说不准呀。飞机也能失踪！已通知行政部订 100 份最新航意险，二百元可以保一年飞行，保额 1 000 万给各大高管，万一飞机失踪了，总算对家人有个保障。总不能因为飞机会失踪就不出差了！”立刻引发大家的不满和调侃，最终只能屈服于网民悲痛的情绪，选择道歉。

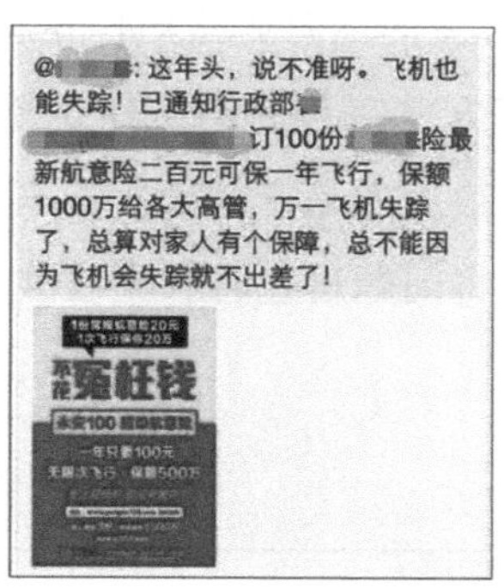

案例点评：在灾难场景下，企业做出不理性的行为，很容易引发公愤。场景选择中有关情绪的因素必须纳入考虑范围。国内外在这个地方栽跟头的企业有许多。

我们关注互联网的情绪，更多的是关注极端情绪的扩散，而下图中间可控范围的情绪是常态，往往引发危机、传播的情绪是在两端。对于这样的极端情绪，人们一旦遇到就会慌张，往往采取非理智行为，从而引发更大的负面。驾驭舆情风潮浪尖的能力，是非常有难度的，可以说一旦网民情绪风潮起来，想毫发无损地化解很难。

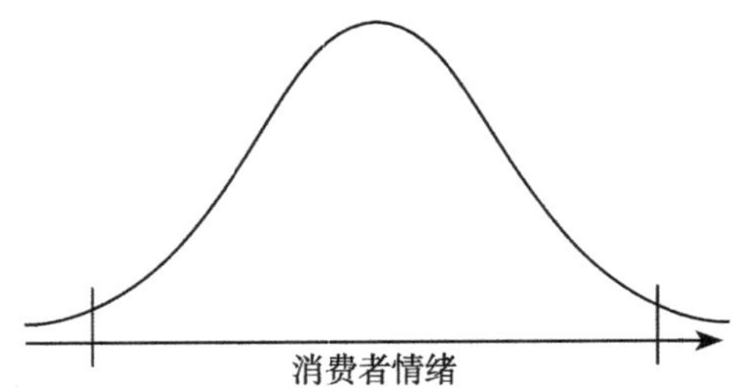

下面来看看东方航空是如何处理互联网抱怨的。东方航空在线客服运营团队非常关注粉丝的情绪。提出“**先客服后公关，疏导客户情绪**”“微信、微博是消费者发泄情绪的一个重要通道，必须化解”等观点。东方航空首要的工作是粉丝情绪的疏导安抚，之后才是品牌营销，最后才是产品销售。东方航空品牌积极发挥情绪安抚的作用，并将问题迅速转移至在线客服或电话客户服务中心。

实践点拨

如何管理好消费者的情绪？国外一般将员工和消费者接触的时间点或者情绪爆发的时间点称为 MOT（Moments of Truth），即“关键时刻”，也有人将 MOT 翻译成“关键接触”。例如一年中，航空公司总共运载 1000 万名乘客，平均每人接触 5 名员工，每次 15 秒钟。也就是说，这 1000 万名乘客每人每年都对北欧航空公司产生 5 次印象，全年总计 5000 万次。这 5000 万次的“关键时刻”决定了公司未来的成败。

我们要高度关注“员工与用户接触的场景，尤其是用户的情绪问题”，员工要利用好这个接触的机会，弥补不足，让顾客有更好的体验和满意度。为此员工要了解不同客户的性格特征和情绪需求，提供更具针对性的服务，提高应变处理问题的能力。

MOT 的理念提倡放权给直接服务客户的一线人员。传统的金字塔层级结构的不足可以这样理解：一名球员正带球冲向对方球门，快到时却突然停下来径自跑到球场边请示教练该怎样射门，其结果可想而知。这就是对关键点的应对不足导致的。MOT 的核心就是在每个与顾客接触的关键点上都做到完美地给顾客提供最好的服务。

网络公关之前的操作手法是：网络上有人骂企业，如果有 50 个人骂，那么就带 200 个水军到网络平台上去湮灭骂的声音；企业还会采取买通网络媒体进行全网删帖的方式。上述两种方式不但可能惹怒消费者，触发更强的对峙，还可能触及违法。

企业需要关注危机公关点，因为现在这些点更容易触发大范围传播，因为自媒体时代那些有影响力的人无处不在。发生在罗永浩与西门子冰箱之间的那段插曲就是一个典型案例。罗永浩借助微博合理地表达了自己的不满，事件引发网友围观，最终西门子家用电器中国总裁罗兰 · 盖尔克对此事件道歉。

百货公司JC Penny的时间场景营销

JC Penny 百货公司在圣诞节期间开展了“谁是你的圣诞老人？”的活动，在节日的场景下，更好地将二维码与场景结合起来。

客户只要在JC Penny购买任何一样商品，当你向服务台索取礼物盒时，就可以得到一个二维码贴纸。用智能手机拍下二维码，就会被导引到要你输入手机号码的页面，接下来会很快接到来自JC Penny的电话，跟着语音指示录下一段你想对收礼物者的留言，然后将贴纸贴在礼物上就行了。当收礼者收到礼物后，将智能手机对着二维码，就会从手机里听到其想对她（他）表达的感性告白或祝贺了，并且收到礼物的人可以立即使用这个系统，从手机发回感谢信给送礼者，完成一个闭环传播链条！

案例点评：JC Penny的做法的优势不在于简化使用二维码的流程，而在于让消费者在合适的场景下，借用新技术工具传递情感。该活动以一种轻松的方式让消费者互动，在这个场景下，品牌可“无磨损”渗入消费者的内心。你的企业在节假日场景下做了些什么？

激活MOT场景力量，新加坡航空的秘密

新加坡航空是世界上声誉最好、赢利能力最强的航空公司之一，虽然其出售的机票价格要比其他航空公司高出很多，但是其上座率却遥遥领先。

乘客想要一份素食，但飞机上没有专门的素食配餐，这时候该怎么办？直接告诉乘客说不供应素餐吗？新加坡航空公司的要求是：员工要灵活应对，想出解决方案，比如把各种水果和蔬菜放在一个盘子里，让乘客尝试一下，而不能只知道按照服务手册照本宣科。

只有正面的MOT场景，才能对乘客产生正面的影响，而其中的关键是让员工积极参与。如果一线员工必须透过传统的指挥链

向上级请示，才能处理个别乘客提出的“疑难杂症”，那么不仅会影响处理时效，更会陆续丧失场景情绪化的乘客。解决之道是“赋予一线员工指挥权，让他们有权处理个别顾客的需要与问题。”

案例点评：新加坡航空的核心竞争力是“低成本高效益的场景服务”。新加坡航空多年来孜孜以求创新服务，力争为乘客提供最好的服务。新加坡航空不仅有硬性的、制度化的集中创新模式，还有软性的、自发的、分布式的创新场景服务模式。

场景的思考路径是要抓住消费者需求最为集中的时间、地点来满足他；场景就是要抓住消费者更容易接受营销信息的机会，做有效沟通；场景就是要充分考虑大环境、微环境，还有特定的情绪氛围等问题，做到因地制宜，因势利导。一旦抓住场景，离有效传播就更进一步了。

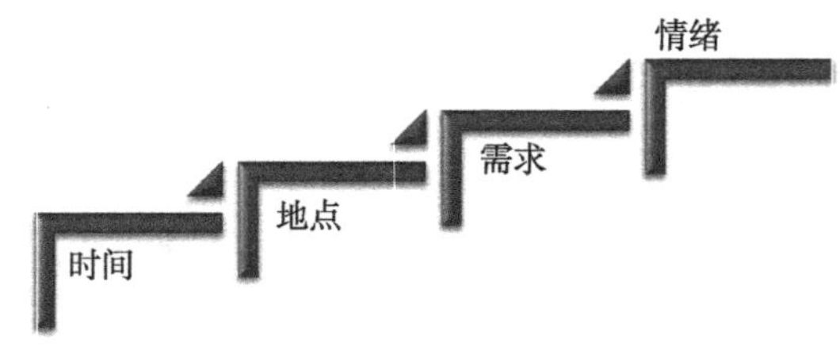

第9节 如何360°筛选场景

我们经常讲，厉害的企业打造“场景”，例如阿里巴巴特立独行地打造了“双十一”电子商务购物节，不仅获得消费者的注意力和购买力，也获得了大众媒体的关注。企业在创造属于自己的“场景”后，可以很好地从场景事件中受益。

Airbnb抓住总统竞选，引爆生意

Airbnb 曾经一度濒临破产，因为创始人找不到钱。不过团队抓住总统竞选场景，设计了两款印有总统候选人卡通头像的 Airbnb 牌的早餐麦片才渡过难关。

在 Airbnb 的初创期，创始人从硅谷跑到纽约，借住在朋友们家，他一家一家敲响陌生人的门，拍下照片上传到自己网站上。当时平台还没有形成势能，只能平台方自己来做基础的拍摄、上新房的工作。

总统竞选期间，来纽约投票但是找不到酒店住的人很多，他们也成为 Airbnb 最早的一批用户。之后，网站举办多场派对，拉拢这些早期用户的心。通过与创始团队亲自接触和交流，一些用户变成了真爱粉。这些人离开了纽约之后，把 Airbnb 的理念带回各自的城市。网站上的用户也从曼哈顿的几个街区慢慢扩展到了纽约大大小小的各个社区，再扩展到了全球各地。

案例点评：全民都在关注的事情，就是个传播的场景点。特定场景导致的社群痛点是许多创业者或新产品获得认可的关键机会。Airbnb 充分抓住上述的关键场景，通过种子用户引爆住宿新理念。

褚时健“励志橙”玩转场景

褚时健因国企财务问题入狱，出狱后推出褚橙。团队因势利导创造了一个独特“场景”，成功打造了“励志橙”。“励志橙”也成为一时的美谈。

当褚橙进京，微博上引发热议时，王石在微博上感慨地说：”巴顿将军语：‘衡量一个人的成功标志，不是看他登到顶峰的高度，而是看他跌到低谷的反弹力’！”众多微博名人一起为这位传奇的老人创造属于他的“场景”。之所以“励志橙”引发热议，一方面因为他“老骥伏枥，志在千里”，另一方面，因为他“不屈服”的个性。在这样的场景下，“励志橙”顺理成章成为畅销款，因为橙子被赋予了一种精神。

案例点评：褚时健重回大众的视线，源于其以前好友的鼎力支持。而微博这样的平台，大 V 们联手为这位老者打造了属于他的励志场景，在这样的情况下，顺便卖点橙子其效果可想而知。

如果企业没法创造“场景”，那么可以借势场景。例如，在“双十一”大战中，加入电商购物节日，选择一定的传播噱头，也可获得不俗的宣传效果。聪明的营销者善于审时度势，借潮流大势来获得关注。在微博微信传播中准备内容时，可以开展一周热点环视，从中寻找是否有和企业相关联的部分，经过加工可以获得大场景下网民更快的吸收信息。

不论是 1993 年下海的公务员，还是将风险投资、大数据、互联网金融等性感关键词挂在嘴边的 IT 掮客们，都充分抓住了环境大势，实现弯道超车获得很好的曝光。一句话：不管能不能创造场景，抓住场景是进行传播运营需要重点关注的事情。

那么问题出现了，如何顺势借助场景呢？顺大势，意味着可以搭上顺风车，在相同的努力下，获得更好的成效。顺势借助场景可以：

（1）**从新闻、社会热点中寻找近来营销的场景。**例如杜蕾斯借势光大银行乌龙、薛蛮子等事件，获得很好的传播力度，通过巧妙而又不失隐晦的一句话“光大是不行的，蛮干也是不可以的”瞬间引爆整个互联网。

（2）**从社会化媒体（如微博 TOP10 话题、微信朋友圈转发）寻找热点场景及语境。**可以通过互联网上正在流行的热点、话题来触发借势营销的场景。

#一句歌词证明你是谁的...#	5万
#平顶山两岁小草莓#	13万
#一首歌听到泪流#	12万
#随手拍嘟嘟嘴#	12万
#马刺VS开拓者#	42万
#热火vs篮网#	23万
#爸爸去哪儿2名单#	11万
#中国好村长#	146万
24小时热点	更多»

（3）**特定群体的场景，可以从 BBS、专业领域话题下手。**在特定群体会关注的场景下，相关的公司需要下功夫来借势。例如近来频频发生的患者伤害医生的事件，就是一个专业的场景。医生及相关从业者都会关注事件走势，有责任感的企业通过合适的方式站出来替医生做点事，必将获得医生群体的认可。

（4）**只有时刻保持对互联网场景的监测，才可以很好地借势。**

（5）**预测即将到来的势，提前做好准备**。当势已经引爆时，确实将获得更多注意力，但也会有许多竞争对手，这会对团队执行能力提出极大挑战。如果可以很好地预测某些大势，就可以提前做好充分准备。例如看到洋河蓝色经典时，洞察到“中国梦”这一主旋律的话题即将引爆，就可顺势卡位从而获得成功。

提示：创造场景确实不易，但可以通过时刻保持与社会、行业场景的同步，抓住那些稍纵即逝的机会。场景的魔力可让信息吸收更有效，完美对接消费者的需求。

创造新鲜的场景：Nike夜光足球场

改变运动中的某些元素，创造新的运动场景，也可给消费者带来新鲜的运动体验。Nike在西班牙马德里开展了一场“Football anytime，anywhere”的活动，用夜光投影为年轻人创造运动场地。用户使用App呼叫“Nike大巴”，这辆大巴就会带来足球场（激光投影）、球门等设施，甚至还有免费的Nike球鞋，让年轻人能在夜光足球场中愉快地玩耍。

案例点评：在充分洞察年轻消费者爱好、创新的一面后，耐克

通过构建新场景与年轻消费者连接，为他们的娱乐添砖加瓦，无形中提高了消费者对品牌的好感度和认同度。

创造新场景：WWF全球变暖菜单

大部分城市中的人过着两点一线的平凡日子，要么挤“格子间”，要么挤公交车。在这些日常的场景中添加一些跨界元素、创造新鲜的场景，能瞬间抓住人们的眼球和心。WWF 为了呼吁人们关注全球变暖的问题，在巴拉圭首都的街头搭建起简易餐厅，以大地为灶台烹饪食物，把“地面温度”和“煎锅温度”联系起来。不少路人围观试吃，甚至亲自动手体验，直接感知全球变暖这一平时不易察觉到的问题。

案例点评：在熟悉的场景中加入非常规的元素，这样的场景即可牢牢卡位高频的、熟悉的场景，也可特立独行植入人心。

第 10 节　活学活用场景的案例

每个企业都有自身的小场景，若想驾驭好自己的小场景，最好的办法莫过于“借用”。当我们在合适的时间、正确的地点做了正确的事情时，大家往往会说这就是运气。我们非常渴望有这样一个魔力按钮，能够创造或是预见到“运气”，目前来看还没有这样的神奇按钮。我们需要在日常的场景中挖掘机会，找出这样的可能性，驾驭场景。若是**能合理利用场景，并充分结合营销传播的目的，就可将平时不容易表达的信息渗透到目标客户群。**

2012 年 7 月 21 日北京大雨，在广渠门桥有 1 人因被困车内丧生。导致这一悲剧发生的原因一方面是司机对积水速度的评估出现偏差，另一方面是其在积水中没有掌握合适的自救方式。在这样一个场景下，我们除了要表示对死者的哀悼外，还可普及驾车遇水自救知识，这个时候交通部门、科学技术协会、电视台可以将信息更好地传播给关注这一事件的人。后来有报道称，在汽车里逃生用的锤子甚至出现了脱销，由此可见，大家不仅是关注，也开展了行动。

抓住午餐时间，把盒饭做成礼品引爆市场

王勋从金融公司辞职创立吉乐福公司，专门做高档午餐便当。一个小小的便当，其团队能做到近千万的流水。

当他们决定进入盒饭市场后就去台湾进行了考察，因为台湾的便当行业是比较成熟的。到台湾后，团队考察了台湾各种便当的包装及菜品配置，他们发现台湾便当不仅种类丰富，包装也很精致。

回来后他们就模仿台湾，选择了礼盒类的包装。他们的送餐员在给客户送餐的过程中，比如在电梯里（办公室里）会觉得很有面子，因为便当包装总会吸引别人的目光。

吉乐福团队选择快餐的地点也非常讲究，他们在陆家嘴接盘了一家小饭店，这家饭店离周围商圈近，能保证配送时间，同时也解

决了人流的问题。

吉乐福团队就是这样利用场景将 35 ～ 80 元一份的快餐做到近千万规模的。

案例点评：吉乐福团队很好地抓住了日常的场景，在 CBD 午餐时间，大家挤在电梯里，发现有人提着漂亮午餐的礼盒包装，立刻可抓住其眼球，触发尝试的欲望。可以说一天中，利用盒饭做营销最好的时机就是在午餐时间，地点是电梯、办公室里。

场景是活的，仅仅找到时间场景还不行，在日常商业实践中，还需要针对行业特性及竞争局面来驾驭场景。如果在合适的时间场景下，还可以考虑到消费群体行为心理，那么就可以轻松触发并引爆销售。

解码“托儿”的内幕——巧用场景

“乔东家”驴肉火烧在成都的小吃市场上，通过抓住时间场景，轻松成为行业明星。乔东家擅长用“场景服务”来黏住客户：穿着印有“火烧哥”T 恤的伙计在门外招揽顾客，晴天为排队的顾客扇扇子消暑，雨天帮忙打伞遮雨，还会不时地讲段子、调侃新闻热点让顾客开心；只要排队，就会为顾客免费赠送一瓶饮料为其平衡胃；店外电视不停歇地播放搞笑视频、流行影视剧等为顾客解闷……

“男人吃驴肉能够强身健体，女人吃驴肉能够美容养颜”“减肥不易，吃货容易，且吃且珍惜”……一句句或结合热点或朗朗上口的话充斥在小店门口，路过的行人看他吆喝声生动有趣，纷纷驻足。

富有特色的吆喝声，是小吃必不可少的一部分，在某种程度上，它属于传统广告的重要组成部分，地域的不同造就了极具个性的吆喝特征。附近的同行看到乔东家的火爆也大吃一惊，没想到这么“老掉牙”的方法竟然能取得如此好的效果。观摩一番之后，很多店家也开始效仿乔东家，用“吆喝”的办法来赚人气。可是，乔东家一吆喝就热火朝天，然而其他店家纵凭吆喝得口干舌燥，生意还是“门前冷落鞍马稀”。

殊不知，乔东家的吆喝是有诀窍的，那就是只有在门口已经有人排队的情况下才吆喝，这样可以更加渲染现场热闹的气氛，吸引顾客。“生意越冷清越不能喊，因为那样就是在告诉别人你店里生意不好。”乔东家的王朝中说。

为了维持顾客排队买火烧的景象，王朝中还用了一些奇招。比如用抽奖的方式刺激消费者：“乔东家”的每位顾客买完火烧后都有一次抽奖的机会，奖品是代金券，面额有 3 元、4 元、5 元的。

但这些奖券不能当场使用，“兑奖时间”被严格限制在每天下午两点以后。那时是春熙路营业高峰期，来兑奖的顾客加入等候烧饼的队伍，无形中又帮乔东家抢尽了风头。

案例点评：这个案例不只利用消费者逛街集中的时间点，还将兑换奖品的时间放在人多排队的场景下，诱惑人群参与排队，可以说是完美地诠释时间场景在商业中的应用。

在日常的场景中，还有许多是企业自身的场景。那么如何能够在企业日常经营的节点上发现传播机会，创造传播机会？加多宝团队就从这个角度成功构思了时间场景营销应用。下面就介绍一下加多宝团队如何从传播的角度入手，在吻合企业当时经营场景的情况下，借势向大众推广，并借机进行了解释。

当广州中院做出裁定，禁止加多宝使用“全国销量领先的红罐凉茶改名为加多宝”作为广告语时，加多宝在其官方微博上连发四个“对不起”借势场景。不得不说，加多宝借用这样的场景，通过打同情牌获得许多网民的支持，同时也将事情公开化，为加多宝获得大家足够的注意力。

“对不起，是我们太笨，用了 17 年的时间才把中国的凉茶做成唯一可以比肩可口可乐的品牌。”“对不起，是我们无能，卖凉茶可以，打官司不行。”“对不起，是我们出身草根彻彻底底是民企的基因”等。

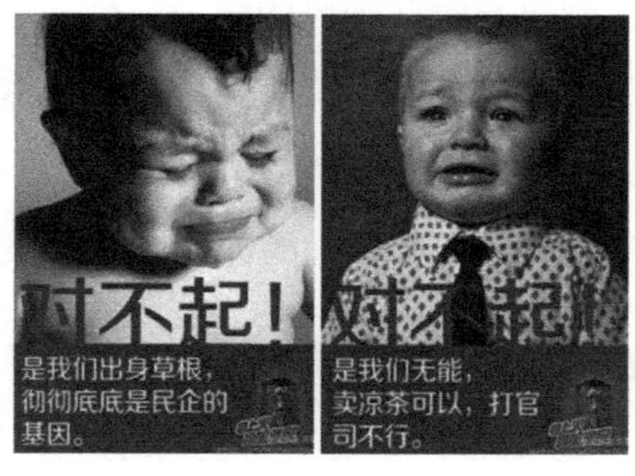

而我们看到在这样的场景下，网民喜欢围观和拍砖。网友们积极响应加多宝，制作出的“没关系”也迅速走红，“没关系，是我们要赢，凉茶要卖好，官司也不能输。”

案例点评：这个案例很好地阐述了企业如何抓住自身的场景，加多宝通过这样的方式，获得许多网民的支持。而网友的“没关系”诠释也非常接地气，在这样的场景下，大家相见一笑泯恩仇。

《魔兽世界》是全球可持续赚钱的最著名的一款游戏。暴雪娱乐每年从 600 多万玩家处获得超 10 亿美元的利润。拥有数量如此庞大的忠实粉丝，《魔兽世界》才花巨资拍摄电影版。在拍摄电影版的过程中，团队紧扣场景复原及创新，以激发观众需求。

《魔兽世界》电影并不只是为游戏玩家拍摄的，也是为对这款游戏一无所知的电影观众拍摄的。整部影片的实景拍摄部分只用了两天时间，大部分时间都是在摄影棚里。剧组原本也想用真实的森林、田野，但考虑到要与游戏画风的统一，最终还是选择用 CG 场景。影片大部分时间都是在艾泽拉斯。艾尔文森林是剧组搭建的最大最全的场景之一，长 60 米、宽 30 米，每一片树叶都是手工绘画。其目的还是唤起玩家内心深处的记忆，同时兼顾视觉效果。

扮演奥格瑞姆的罗伯·卡辛斯基堪称《魔兽世界》游戏的忠实粉丝，他在游戏中的排名曾一度跻身全球前列，当他第一次走进剧组搭建的王宫大殿场景中时，立刻热泪盈眶。暴雪游戏设计师 Chris Metzen 担任影片顾问，很多暴雪概念艺术家都参与了影片场景、道具的设计，目的只有一个：为观众呈现完美场景。导演组的用心也换来惊人的票房，仅中国区票房就超过 14.7 亿元。

第 11 节　本章实践思考题

- ❑ 列出用户群体集中的 5 个地理位置，并考虑如何更有效使用。

- ❑ 从时间的角度，列出 20 个和客户沟通更为有效的时间点。
- ❑ 寻找客户快乐、愤怒、激动、抱怨等互联网场景，并针对性地给出解决方案。
- ❑ 结合场景应用机制，给出企业针对场景的体系打法。
- ❑ 关注移动互联网下的场景，思考如何将时间、空间应用到营销中去。
- ❑ 找出消费者对企业或产品有需要的 10 个场景，思考如何在合适场景下与其对话。
- ❑ 制定一个专门的场景流程，用来实时响应客户以及在产品开发和经营中出现的反馈。在碎片化时代，必须建立以场景为导向的用户服务思维。
- ❑ 企业直播，选择在直播平台（映客等）的哪个时间上？
- ❑ 针对美国总统大选、宁波老虎咬人事件等场景，你们企业的微信公众账户如何结合？
- ❑ 通过参考杜蕾斯微博屡次利用场景做传播的案例，写出你的心得体会。

第 3 章 从个体思维转向社群思维

在大的社交网络中都存在一张由重要节点组成的小网络，而且其有以下特色：重要节点相互之间有很高的关联度；通过小网络能够比较精确地预测大网络的特性。

——Albert-Laszlo Barabasi

第 1 节 罗辑思维、吴晓波频道、小红书、年糕妈妈等背后的社群商业

社群估值公式，必须了解的知识

在美国，投资圈对社交网络的估值有个简单的公式：

$$估值 = K*N^2$$

其中的 K 是一个综合的系数，主要涉及社群的质量、购买力、在线时常、黏性等因素，N 就是用户数。例如，Facebook 被风险投资估值超千亿美金时，华尔街简单估算得出 Facebook 有 7 亿的用户，每个用户的奉献值是 150 美金，综合下来估值约等于 1050 亿美金。

鹿晗爆红与社群商业

鹿晗，当红的明星，为三星、爱玛、韩束等众多品牌代言。鹿晗的微博评论数突破一亿，获吉尼斯世界纪录，其影响力可见一斑。喜欢他的大多数较为年轻活泼，以女性为主，且均比较有少女心，也喜欢接触网络。最重要的是，这些粉丝非常有社群的纪律意识。鹿晗出了作品（专辑、电影），社群主动集体购买支持；鹿晗要进行公益活动，粉丝社群专门成立网站以“鹿饭”（即鹿晗的粉丝）的名义做公益……在这样的社群中，不是简单的脑残和狂热，而是一群年轻人通过偶像的投射，去寻找自己的过程。从另外一个角度，不得不说鹿晗百度贴吧里的粉丝很团结，贴吧也管理得非常棒，各种工作都做得十分到位。

那么鹿晗是如何构建自身强大的粉丝社群的？回国后鹿晗特意请制作团队制作一首歌送给鹿饭们。他还安排特定的 MV 邀约社群成员一起参演。在机场，鹿晗通过向保镖皱眉，表示对粉丝的关心，有时甚至直接告诫保镖别推拉粉丝。因为怕影响到其他过路人，鹿晗常常请粉丝小声一点，从而树立了正面形象。鹿晗积极拥抱粉丝，时不时空降粉丝群，在 QQ 群里和粉丝聊天。通过社群的参与感和互联网社群的连接工具，鹿晗正在享受他的社群商业红利。

我们可以从社群商业估值 $=K*N^2$ 这个公式来分析为什么鹿晗的社群如此有商业价值。以前明星和粉丝之间没有很好构建连接，缺乏社群连接工具及运营，而鹿晗却充分利用社群连接的工具积极构建网络社群，由于其粉丝数量（即公式中的 N）过千万，且具有极强的购买力，从而使参数 K 不断增加。

小红书主要从事跨境电子商务业务，向越来越富有的中国本地买家推广外国品牌。它的目标用户是 18 至 35 岁的中国女性。小红书成功融资 1 亿美元，公司估值达到 10 亿美元，腾讯也参与了投资。在小红书估值过程中，投资人透露其考虑的核心点有两个：

（1）小红书有效连接的用户量级为百万级以上。

（2）用户客单价、终身价值维度。这也从另一个角度解析了社群商业估值 $=K*N^2$ 这个公式。

罗辑思维、吴晓波频道、年糕妈妈、咪蒙餐饮老板的内参、一条、铁血论坛、宝贝树等众多的商业社群，其估值均符合以上两个核心点。对于企业来说，如何理解社群及社群商业，将直接关系到其对未来互联网方向的拿捏。

张桓是疯蜜社群的创始人。2014 年 11 月，张桓了解到一个新名词——社群。他意识到，这或许就是企业转型的方向。为此张桓从剩女、离婚女士、美少妇三个高消费人群中，最终确定了美少妇为其产品目标人群，他给出的理由是美少妇更正能量，而且在家庭生活中需要倾诉和找回自我。除此之外，美少妇为了保持美丽更需要消费，并且可以影响甚至决定家庭消费。如果他能抓住这群有钱且净值高的人群，那疯蜜创业项目就算是成功了。老张将自己的社群定义为平台和连接器。通过线下地社群聚会、线上聊天等形式，老张培育的疯蜜社群已经初成，现在正通过股权众筹、海外消费返利、时尚聚会等方式收割其社群商业价值。

移动互联网时代的社群特质主要包括本地化、碎片化、去中心化、富媒体化，笔者认为碎片化、去中心化和富媒体化的特质尤其明显。当下热门的直播平台映客、花椒等就充分体现了社群的碎片化、去中心化和富媒体化。

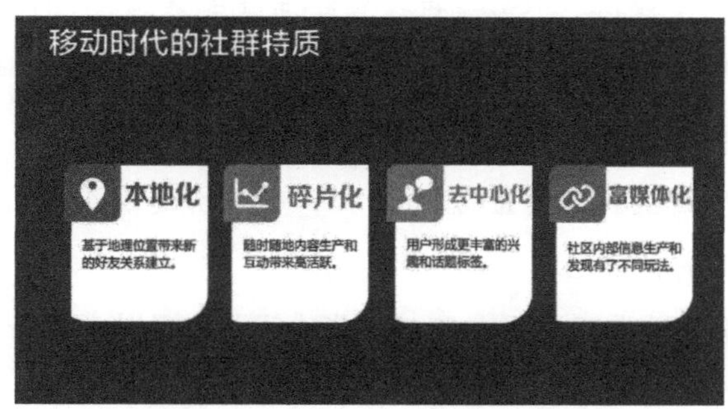

网红张大奕的社群商业化

之前的模特经历让张大奕进入淘宝初期，主要帮助“莉贝琳”等淘宝店拍摄店铺产品。后来张大奕积极尝试自己的网红社群商业化，从开店到淘宝网红用了不到 2 年，店铺粉丝已累计超过 400 万，微博粉丝也超过 400 万。作为网红标杆，坐拥近千万的粉丝，张大奕无疑分到了网红的红利蛋糕。

在 2015 年双 11 中，张大奕店铺成为网红店铺中唯一挤进全平台女装排行榜的 C 店。在 2016 年双 11 销售额破亿，其淘宝店铺杀入淘系平台女装行业热销店铺前十。

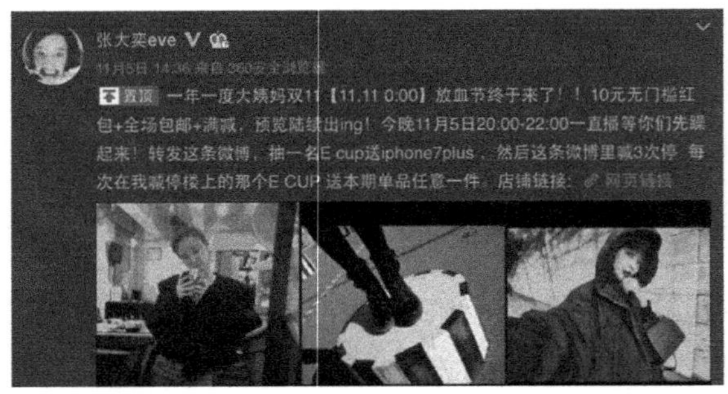

张大奕背后采用团队化操作，这使其能够快速抓住流行的社群互动渠道和沟通方式。张大奕是最早开始用视频来介绍新品的网红之一。在秒拍、小影等短视频软件诞生之前的 2014 年 11 月，张大奕就用微单拍摄了她第一支 5 分钟的小视频。2016 年 6 月 20 日，张大奕的首次淘宝直播结束后，观看人数达到 42.1 万，点赞破百万。店铺上新成交量约 2000 万，客单价逼近 400 元，刷新当时淘宝直播的销量纪录。

张大奕商业化运营是：积极围绕个人粉丝及社群展开，再与第三方公司合作打理店铺、采购产品、发货、提供客户服务等。

案例点评：我们可以从社群商业估值 $=K*N^2$ 这个公式来看张大奕网红生意的可行性。其通过近千万较高质量的粉丝，再加上销售和粉丝吻合度高的产品，获得丰厚的社群红利。张大奕式的社群商业最大的挑战是如何长期有效与社群连接的问题，或者说可持续重复销售的问题。

商业社群中，最为常见的两种类型如下：

（1）**产品型社群**。以小米社群、哈雷摩托等为典型代表。源自产品的爱好者或发烧友积极参与产品相关话题的讨论和传播。组织形式线上和线下都有。产品型社群黏性高，变现能力强。

（2）**兴趣型社群**。这类社群最为常见，以铁血论坛、驴友吧等为典型代表。互联网具有连接成本低的特点，使人们因兴趣而聚合在一起变得更加容易，从而催生了兴趣型社群。跨越地域空间的兴趣型社群黏性相对较弱，而且社群的兴趣也存在结构性变化，人员进进出出，变现能力较弱。

小红书从购物工具到垂直社群

早在 2013 年，那时小红书还叫“小红书购物攻略”，是一款帮助用户解决出境购物不知道到底该买什么这一问题的工具型产品。那时的小红书瞄准的是那些爱好出境旅游和购物且具有高消费能力的女性用户。从场景上分析，出国购物和在国内看国外购物攻略是完全不同的。国外的商品包装、折扣和价格瞬息万变造成了购物信息不对称，工具型购物指南无法满足多变的市场需求，因而工具型产品开始向社群商业转型。高质量的图片和详尽的购物描述是小红书的亮点，有人将小红书称为“海淘版的知乎”，可见其内容的优质性有多高。

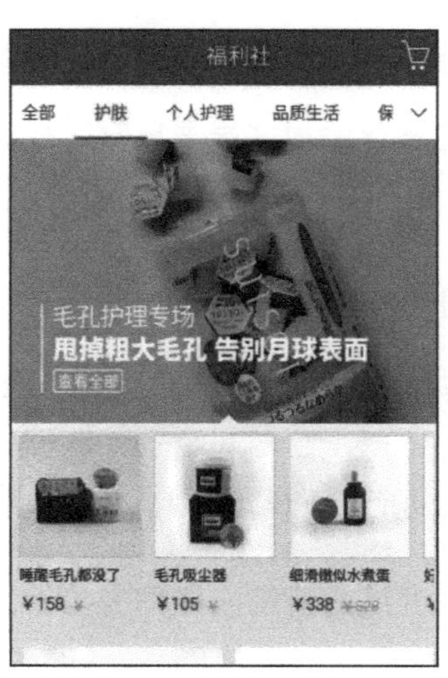

围绕着“买买买”建立起来的社区，靠着用户们分享在国外看到的好东西解决了国人海淘信息不对称的痛点，同时积累了大量优质 UGC 内容和用户资源。而当用户对他人分享的好东西产生购物欲却纠结于“买不到”的时候，小红书顺势推出了“福利社”电商平台。小红书“福利社”通过 B2C 自营模式直接与海外品牌商或大型贸易商合作，通过保税仓和海外直邮的方式发货给用户。

案例点评：小红书的社群商业模式是 UGC 模式的海外购物笔记分享社区和 B2C 模式的自营跨境电商平台。

企业在做数字营销时一定要重视社群。那么究竟什么是社群呢？打一个很通俗的比方，社群就像老鼠窝，而基于社群的引爆称为“端老鼠窝”战略。社群由个体组成，个体有无限的变化与行为模式。我们无法精确掌握单一消费者（网友）的行为模式，也很难确认个人在某种情境下会采取哪一种反应或行为，但群体的行为模式却呈现一定的规律，个体会受到所处环境的影响而产生一些行为反应。例如鹿晗贴吧、歌友群等，用户行为及行动将直接受到其他人的影响。社群战略被比喻成“端老鼠窝”战略，其实是形象化的表述，紧扣的点是：

（1）个体是扎堆聚集的。

（2）社群具有非常类似的共性。

（3）如何有效地进行定向歼灭。

针对客户一对一开展的营销只能称为销售，如果想让市场的效率最大化，需要切换思维——开展社群营销。随着互联网产品及形态的发展，企业的目标客户群都将出现社群化，有效的传播不是在互联网广场上叫嚷，转而思考的是如何围绕目标社群进行定向“歼灭”。可以说从 1978 年到 2008 年，中国营销方式是围绕广度、覆盖度进行的，而在当下这个时代，营销将转向窄众，企业应采用定向社群传播方式。

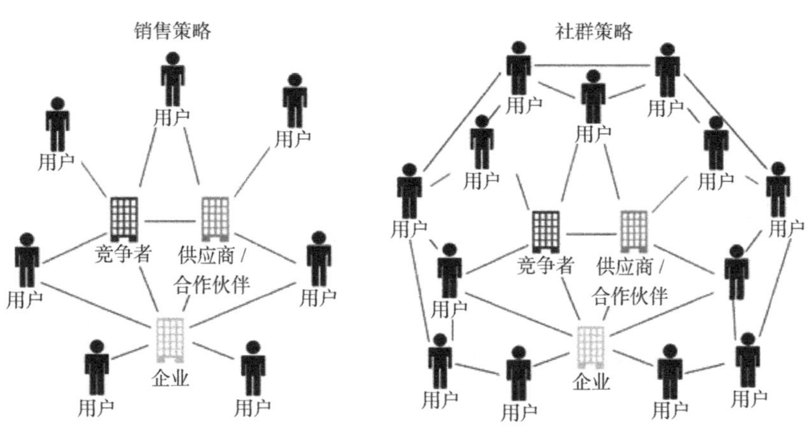

如你是某地区银行的负责人，想迅速提升业绩，你该怎么做呢？从社群策略来说你最不该做的事就是让客户经理天天打电话骚扰企业，而应考虑如何引爆相应社群。比如在宁波地区有很多产业集群：首先，宁波的外贸行业很发达，银行可推出面向外贸企业的金融服务，批量解决企业在对外贸易中遇到的与金融相关的问题，从而形成特定的社群产品的服务品牌；其次，针对中小企业的集群现象，比如宁波的卫浴行业、塑料行业等都呈现密集性集中，结合供应链金融的思路，通过行业集群的上下游产业链来撬动整个市场，这样做效率将明显提高，也可以将地方资源牢牢抓在手里。

社群竞争优势大，企业不可不重视

品牌社群（Brand Community）最早由 Muniz 和 O'Guinn 提出，他们将其定义为建立在使用某一品牌的消费者间的一整套社会关系基础上的一种专门化的、非地理意义上的社区。它可以是线上的（如社交网络、微信等），也可以是线下的（如俱乐部等）。随着 Web 2.0 技术的日趋成熟，建立网络品牌社群，把某一品牌的消费者连接在一起，已变得十分普遍和容易。我们可以从过程上分解网民成为品牌社群的典型轨迹。

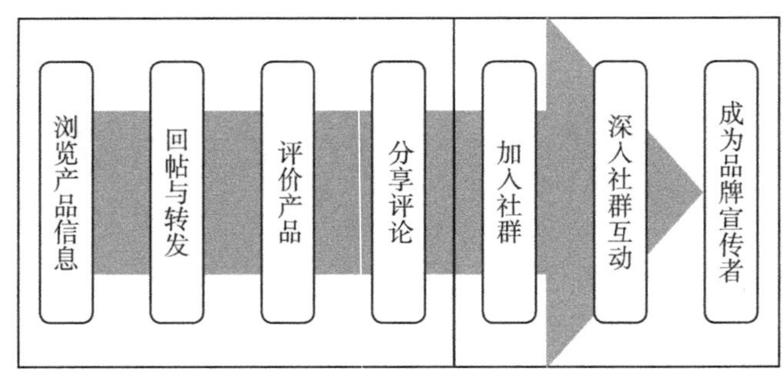

在社群商业情境下，与原来相对孤立的单个消费者相比，消费者群体对消费者的心理和行为产生的影响要大得多。品牌社群的仪式和传统、行为规范、独特的文化等，能帮助消费者加深对品牌意义的认识，有利于消费者借此来构建和表达自我。因而，社群成员更乐意借助于共同热爱的品牌来展现个性和进行交流。

在企业经营过程中，如何将社群聚在一起以及其背后的经营理念是什么？松下幸之助很早就提出企业社群经营的理念——“水库式经营法”。也就是说，一旦下大雨，未建水库的河流就会发大水、产生洪涝灾害；而持续日晒，河流就会干涸，水量不足。建水坝蓄水的目的是使水量不受天气和环境的左右，始终保持一定的数量，使企业在淡季、旺季，经济繁荣和经济不景气期间均能维持稳定的发展，避免企业大起大落。对企业来说，每一个顾客都相当于一滴小水珠，每一个产品品类都相当于一条源源不断的小溪，这些水珠和小溪汇聚在一起，日积月累就形成了一个庞大的蓄水池，当水坝足够大时，就会形成“顾客群”。

企业社群战略专注于与个体的关系（用户、合作伙伴等），通过理解用户的社会偏好、习惯等，通过有价值的信息及互动创造价值。企业需专注于协作关系（构建一个复杂、有最优结构的关系网络）。企业若能让用户和社群充分连接、互动，那么在日常与用户对话的过程中就可以产生价值。

社群营销的翘楚——哈雷–戴维森公司

哈雷–戴维森，已成为美国高档摩托车的代名词。为什么哈雷–戴维森在全球会受到如此广泛的认可？在哈雷–戴维森摩托车的车主中形成如此强烈品牌忠诚度的原因何在？

哈雷–戴维森从首席执行官到销售人员都曾通过面对面接触或社会化媒体与顾客保持一种良好的私人关系。了解每位顾客并持续地开展研究来紧跟顾客不断变化的预期和体验，这使得哈雷–戴维森可以很好地满足顾客需求。

购买哈雷－戴维森摩托车能够表现车主的个人主义和自由精神，通过 HOG（由公司赞助的哈雷－戴维森车主会和骑行俱乐部）的活动车主可共享同志般的情谊。

在全球，HOG 会员每逢周日都会集体骑行，无论下雨还是晴天，这显示出车主对哈雷－戴维森品牌强烈的忠诚度。哈雷－戴维森各地的经销商会赞助 HOG 举办的活动，如短途骑行、重大目的地骑行或当地的慈善活动。HOG 会员也会被邀请参加如新车型发布、车主感恩之夜等活动。

哈雷－戴维森为了和年轻消费者沟通，积极通过社会化媒体取得联系。这些年轻人成为哈雷－戴维森的全球拥护者。哈雷－戴维森还在音乐节上使用动力试验车打造互动体验，与新的潜在顾客建立联系，为新手或非摩托车主提供一次感受哈雷摩托车乐趣的机会。

案例点评：哈雷－戴维森通过深度介入社群经济，充分塑造作为“哈雷摩托”社群人的凝聚力、自豪感、参与力，从而收获丰厚的商业价值。哈雷－戴维森摩托车的社群商业化典型特征是社群忠诚度、持续购买，从社群商业估值 $=K*N^2$ 来看，其 N 数值有限，但是参数 K 值极大，这样整个社群的商业价值极高。

广告的没落，社群关系互动和管理将崛起

社群商业及运营融合了传统的CRM和用户互动等众多学科。其中CRM（Customer Relationship Management）即“客户关系管理”。CRM是一种商业策略，它按照客户的分类情况有效地组织企业资源，培养以客户为中心的经营行为以及实施以客户为中心的业务流程，并以此为手段来提高企业盈利能力、利润及客户满意度。CRM通过提高产品性能、增强顾客服务、提高顾客满意度，与客户建立起长期、稳定、相互信任的稳定关系，从而帮企业吸引新客户、维系老客户，提高效益和竞争优势。对顾客而言，CRM关心顾客的“完整生命周期”；对企业而言，CRM涉及企业上游供应商、下游消费者，需要企业将ERP、CRM有效集成到一起。

随着越来越多的用户在互联网平台上活跃，并分享他们的体验，企业也开始面临着许多挑战。基于社交网络的客户关系管理（S-CRM）关系到客户关系的文化转型、流程重塑。社交网络平台可以创造一对一的用户体验，洞察个体用户的需求。企业则可以通过开源的数据流，整合跨平台的信息为用户提供更加有效、精准的服务。

企业在S-CRM上经常犯的错误有：第一，强买强卖；第二，高谈阔论而非与客户交流；第三，忽略负面的评价而不是提供解

释。尤其是第三条，许多企业不敢直接面对负面评价，思想搪塞过去，事实上负面的评价是改善客户关系的关键时间点。

比如，某 APP 及其用药助手，这款产品是医生社群常用的工具，其典型特征是围绕医生做内容、服务和产品。该 APP 的商业模型本质上就是 CRM，即一种以用户为中心的经营策略，核心是对客户的管理，通过对企业在与客户发生的各种交互行为进行管理以及各类有关活动中，以用户为中心，牢牢抓住用户，为用户提供有价值的内容或者支持，使用户形成保持能力和盈利能力，最终达到社群商业化。小米、罗辑思维、小红书、鹿晗贴吧等作为社群商业的代表，其本质就是在经营社群的商业价值。

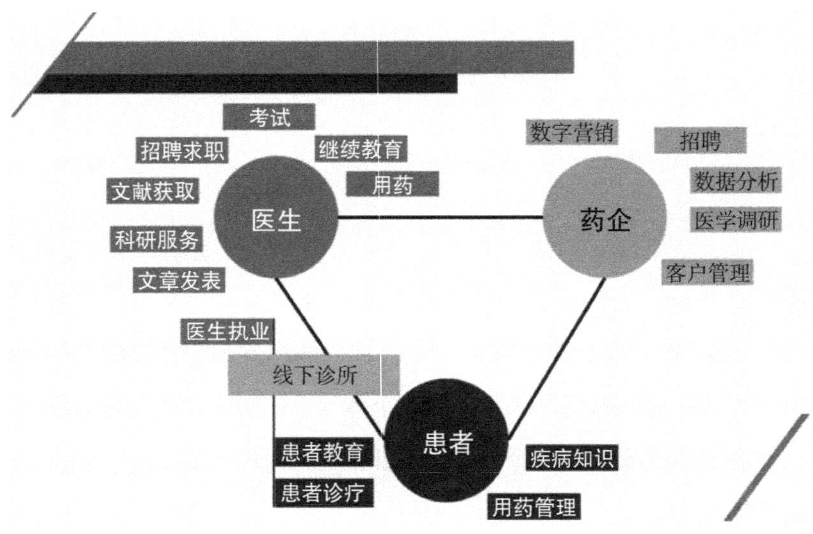

社群商业倡导从“销售关系”到“强关系”的构建。传统的商业关系更多建立在销售关系上。在数字化时代下，这种维系用户的方式显得过于单薄，顾客被动推送信息的方式已落伍，例如带防骚扰功能的手机可通过来电显示标记并挂断骚扰电话。“社群商业”代表了新型的用户关系，这种关系更具情感性、针对性、弱化推销性、功利性等。社群商业不再是传统信息推送工具，而是用户关系构建渠道，这意味着企业要通过系统规划、线上线下渠道整合来构建和发展与粉丝的强关系。我们可以看到功利的以市场份额为战略的思考路径和以社群份额为战略的路径的不同。

市场份额战略	社群份额战略
企业将产品和品牌视为公司全部价值的来源	企业将用户视为公司价值的唯一来源
产品经理一次对尽可能多的客户推销一种产品	围绕一个用户，提供尽可能多的产品
通过产品的不同来与同业竞争者区分开来	通过用户的不同来与同业竞争者区分开来
把产品卖给客户	同用户一起工作、一起创造
持续地寻找新客户	持续寻找已经拥有用户持续开展新业务合作的机会
公司确保每个产品、每笔交易都是盈利的，即使以牺牲客户的信任为代价	公司确保每个用户都是盈利的，即使在个别产品或交易中有损失
利用大众媒体来建立品牌、宣传品牌和分布产品	通过互动式的交流来了解用户需求，积极与用户互动

情感和温度的注入，是社群商业的密码。产品和服务本身的差异化越来越小，在同质化的今天，企业想构建自己的竞争砝码，取得优势，努力的方向就是在用户互动及关系管理中注入情感和温度。我们再也不可以把用户当成消费者来对待，而是要把他们当成朋友和具有鲜明个性的个体。社群关系才是未来商业的资本，只要真心待人，持续努力的商业才可笑傲江湖。

第2节　社群的结构、解构与分类

我们渴望引爆社群，但是在实践过程中往往不是每次都能如愿，除去场景等其他维度的影响，笔者认为缺乏对社群的结构、解构与分类等问题的深度认识是关键节点。不理解社群的结构，不去合理解构其组成，不知道不同社群的分类，简单粗暴地一把抓去引爆社群，那失败的概率极大。

社群的两种结构

社群结构可分为两种类型：圈层结构和链式结构，分别以传统的BBS和新兴的SNS为代表。彭兰认为，“网络社区向以自我为中心的社会网络迁移，这体现了网络使用者从社会归属需求向社会资本需求的升级”。不同的网络社群结构不仅意味着社群心理需求的改变，也意味着社群集体行动的动力机制存在很大不同，而这也将决定其行动的方式、路径和强弱出现诸多差异。

1. 圈层结构：聚焦的是认同的力量

从结构上看，圈层网络社群（如聊天室、BBS等）的重要特征是社群有一个明显的边界，加入某个社群，会有明显的行为标志（如在社区注册），而每个社区也有一个明确的名称。人们在这种社区中的互动是通过一个个明确的话题来进行的。因为圈层结构使社区边界明确，致使社群成员也有较明确的身份意识，所有成员作为一个集体进行的交往比较多，成员对社区的归属感更容易形成，因此，这种结构更有利于群体的形成。下图是妈妈网针对孕妇给予社群的入口分类，很细致，也很精准。

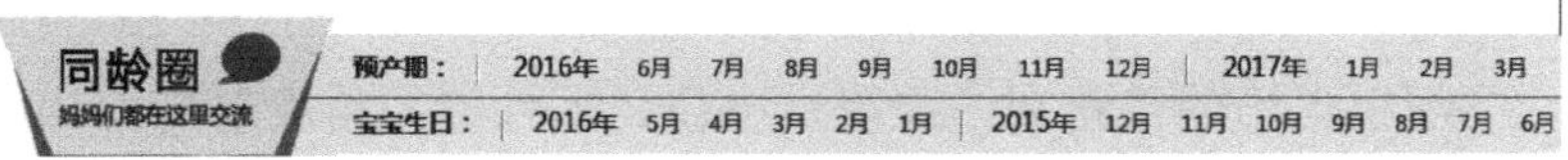

从形式上说，传统网络社群的边界是由社群的进入机制决定的，这种边界其实是由社群的核心价值点决定的，即社群成员共同的意识、行为以及利益。圈层网络社群的共识和归属感是建立在身份认同基础上的，故而其行动力将依赖于该群体能否成功地定义自己的边界，构建起可信服的社群。

定义网络社群的边界，常用的策略有两个：

（1）树立特定的靶子和对手。例如锤子手机，以文化和行动为基础提供明确、清晰的目标，直接让天生骄傲的人聚在一起。

（2）描述群体身份。贴一个标签，建构起一个集体的隐喻幻想，以形成社群的共识与归属感。

阿里巴巴的曾鸣在一次演讲中曾经从社群的角度解析长江商学院的生源：清华经济管理学院生源以国企为主，中欧商学院是跨国公司的职业经理人及一部分民企的高管。长江商学院的定位非常清楚：50% 的民企老板，10% 的最有潜力的年轻政府官员，20% ～ 30% 的跨国公司高管，其余学员来自文化娱乐圈。很明显，长江商学院是以民企为主导的，只不过其比较偏向于传统企业。生源的群体组成结构奠定了长江商学院在开始的五年就能迅速发展的基础，因为其生源组合代表了那个时间点上最有价值的组合。民营企业老板赚钱后需要企业升级和投资机会，年轻的政府官员为了更好地驾驭和管理未来商业社会也需要充电学习，而跨国企业的高管在快速变化的时代需要更新知识和技能，这些多元化角色和价值的融合构成了长江商学院发展的基础。

2. 链式结构：信息和资源的流动与整合

链式结构网络是一种以自我为中心的社群网络结构，属于这种结构的典型社群平台有新浪微博、豆瓣、知乎等。这种结构下的社群，彼此之间其实是没有明确边界的，人们通过特定方式的关系链条（如转发、分享、标签）彼此互动，这些关系链编织在一起最终形成链式社群。例如在知乎中，可以检索特定内容或者话题标签来参与研讨，但是讨论常常仅限于此。社群平台中个体之间的连接呈现链式而非圈层式，个体反复通过各种链条开展互动。

链式结构社群的特点有：

（1）**以个体为中心的社会网络的集合**。新科技的发展让用户有可能以 SNS 或微博等作为原点，创建一个网络节点，然后构建自己的势能。相较“圈层”结构社群而言，“链式”结构中的社群关系显然更为松散和灵活。

（2）**社群意识很难形成**。链式结构中直接的话题讨论不占主流，社群关系被分解到一对一的链条上，人际传播往往占主导地位，虽然不断扩展的人际传播链条也能产生社群传播的效应，但是这样的社群通常不具有固定的边界，所以群体意识和共识较难形成。

（3）**社群成员的需求发生改变，从社会归属感转变为对社会资本的需求**。当社会归属感获得后，社群成员开始向更高的需求看齐，他们开始寻求社会资本，以求更好地实现自我。

在链式结构的网络社群中，UGC（用户创造内容）、分享、协作得到了充分的体现。每个人可以自由创造和传播信息，按照自主意愿呈现信息，或在平台上发起话题、组织活动。信息流动过程，是激发社会网络节点参与的过程，能在多大程度上激活这些节点，与信息自身的属性有关。而促使信息在这种社群节点间流动的重要机制有两种：转发和推荐。转发机制决定了信息多级流动的可能性与扩散的速度，推荐机制决定了信息超越人际关系网络链条的约束进行传播的能力。这种建立在人际传播基础上的裂变式信息传递，不仅能有效地激发、聚集人气，而且能将潜在的参与者动员和组织起来，因为人际传播更具劝说力，更容易带来信任感。其行动的结果通常由三个因素博弈决定：议题本身的属性、资源利用的有效性以及机会结构的可行性。

解构社群

从社群结构、分类及社群角色等方面探究社群的过程就是解构社群。解构社群的目的是更好地构建社群、应用社群规律。

社群是由目标引导构建的，还是由偶得引导构建的？这决定了在社群结构、结构动力及冲突机制等多个维度存在差异。

两种社群构建方式的对比

	目标引导的社群构建	偶得引导的社群构建
隐含的假设	目的性、工具性。行动者拥有一个共同的社群目标。构建网络是实现这一目标的需要，对成功与否的衡量也是依照目标进行的	没有事先约定的目标。社群是遇到随机性变异、选择和保留过程而演化来的
典型网络成长路径	围绕着共享目标，社群很快建立起来。无论成功还是失败都会威胁到社群网络的存在。新目标的发现会延长网络的生命周期	社群构建过程很缓慢，并借助于个体连接成长。在变动的时期，网络具有长久而稳健的生存能力
结构动力	具有中心领导者，是一种核心－边缘型结构的集中化网络。结构洞现象最少。具有紧密的连接、清晰的边界等特性。基于个体的加入来实现成长。不太可能出现次网络	不存在中心领导者，是一种非集中化的结构。会产生结构洞，具有松散的连接和模糊的边界等特性。随着时间推移，很有可能出现次网络、子社群
冲突机制	如果存在目标上的冲突，社群网络很有可能面临解体	同一个社群网络中可能存在若干子群，每一个社群内部都很团结
对个体的意义和价值	更为同质的行动者。个体基于共享的目标而加入社群网络，个体社会资源流动主要是在相似的组织之间，且较易预见其发展路径。强调全社群网络范围的信任	更多样、异质性的行动者。个体基于共同的连接而加入社群网络。流动性主要基于网络连接关系，可能出现偶发或出乎意料的社会资源。强调关系层次的人际间信任

只有在很好地解构社群的基础上，才可以游刃有余地针对社群采取行动。笔者将从以下两个方面来解构社群。

1. 从兴趣社群到粉丝社群

兴趣社群是社群的初级阶段，即源于某些共同兴趣和爱好的群体，群体之间交流的话题在于兴趣、知识和分享。兴趣社群在互联网时代较为常见，如旅游论坛、母婴论坛等都属于兴趣社群。移动互联网时代的社群更多是指忠于某个品牌或某个魅力人格体的粉丝群体，其将在兴趣、知识和分享的前提下，添加基于某个品牌或个人的情感元素，逐渐过渡为粉丝社群生态。

在从兴趣社群发展到粉丝社群的过程中，粉丝起到了情感纽带的作用，粉丝行为超越了消费行为本身，因此，品牌要么将粉丝变成消费者，要么把消费者变成粉丝。

粉丝社群泛指架构在粉丝和被关注者关系之上的群体，粉丝社群是呈现出很强的组织性和关联性的群落。粉丝之所以称为粉丝，是因为其具有强烈的认同感，这种认同感是第一推动力，也是最牢固的黏合剂。

“粉丝社群”在各个领域的表现都建立在这种认同感集合之上，但认同感只能提供起初的热度，不能提供持久的消费动力，要让“粉丝社群”得以持续，最终的落脚点在提升产品服务和维护社群关系等方面。

而在营销上，我们关注粉丝社群可降低获得用户的成本。企业应该继续挖掘粉丝的关联需求和价值，这是社群时代的新商业规则——用社群去定义用户，经营社群去挖掘基于核心产品的延伸需求。这区别于工业时代的产品为王——先定义产品，再寻找消费群，然后再经营用户。

中信银行借道百度贴吧，深耕粉丝社群

中信银行信用卡中心尝试建立粉丝社群，与百度贴吧联合推出国内首个金融机构粉丝互动贴吧，进行众创、众包、众筹互联网模式创新。中信银行信用卡中心首次以粉丝为中心，使粉丝与中信信用卡形成紧密联结，实现以粉丝互动带来全新的社交传播和口碑效应。同时基于粉丝社群的优势实现了将粉丝全方位引入信用卡产品规划、设计和营销中，创造极致用户体验的目标。

2013 年 11 月，中信银行信用卡中心以开放性关系链及朋友圈的概念打造基于个人及合作伙伴联结、互动生态圈——章鱼粉丝团。

章鱼粉丝团在百度贴吧正式注册官方讨论吧，命名为“章鱼卡吧”。章鱼卡吧为中信银行信用卡及非中信银行信用卡客户提供金融知识普及、信用卡设计互动、信用卡服务体验和线下活动等粉丝

专享特权。建立两个月后，章鱼卡吧粉丝突破 45 万，并且每天都在快速增长。

案例点评：搭建网络上的粉丝社群，不应拘泥于形式，借用大的平台未尝不是好的选择。“章鱼卡吧”的建设可以为中信银行信用卡中心获得更多与消费者接触的点，从而更好地了解消费者，夯实社群关系。

2. 网络社群构成与不同角色

美国数字营销专家 Lave 和 Wenger 依据网络社群中“居民”的参与度及变化，将社群成员分为以下 5 种：

（1）外围的（潜水的）(Lurker)：外围的用户，松散地参与。

（2）入门的（新手）（Novice）：应邀来的新用户，向着积极参与分享努力。

（3）熟悉内情的（常客）(Regular)：非常坚定的社群从业者。

（4）成长的（领导）(Leader)：支撑用户参与，互动管理。

（5）出走的（资格老人）Outbound（Elder）：因为新的关系、定位或其他原因而逐步离开网络社群。

社群成员的典型成长轨迹是：

（1）发现社群并注册成为社群成员。

（2）潜水一段时间，熟悉社群环境。

（3）开始积极参与社群活动，为社群做贡献。如果极度专注，有可能成为网络社群的领导，获得网络上的地位。

（4）因为时间、兴趣或其他原因逐渐远离社群，“迁徙”到新的社群。

其实每一个互联网产品和品牌的社群成员的成长都有类似的轨迹，你可以回忆你是如何一路从BBS论坛、博客、微博、微信迁徙过来的，可以据此分析微信、微博的部落成长及变化趋势。

如果一个社群的中坚力量、领导、意见领袖等核心成员开始迁徙，那么也就意味着这个社群将走向衰落。没有哪一个社群会永远昌盛，所有社群都有生命周期。笔者认为，在社群出现迁徙的初期，也许我们可以遏制，做些努力让生态得以休养生息，而不是迅速瓦解。

我们可以试着想想当年流行的开心网、人人网，在面对微博崛起时，社群部落规模化迁徙，生态发生变化；我们同样看到在微信的冲击下，新浪微博平台上的社群开始迁徙。我们是不是可以根据平台上社群所处的阶段进行一定的干预呢？对于这个问题，大家不如自己思考一下。

斗鱼直播通过主播迁徙，搅乱YY的江湖

YY是直播领域最早的综合性平台。YY游戏直播的古丰解读自己对直播江湖变迁的思考：“后起之秀斗鱼的崛起，很大原因就是一开始直接与YY中的顶尖的主播签约。”那么问题来了，YY游戏直播为什么不和平台上的顶级主播签约？为何YY的主播离开了 YY 也一样能红？答案是：游戏主播和娱乐主播不一样，游戏主播有社群的外部溢出效应，在不依赖直播平台前就很红。游戏主播可以理解成为超级 IP（通过电竞赛事、视频网站的游戏频道、微博等塑造后），具备自带粉能力，还可以携带社群迁移。游戏直播的用户参与度没有娱乐秀场直播高，付费率只有秀场直播的 1/3，ARPU 值也只有秀场直播的 1/3，整体收入就只有 1/9 ～ 1/10，这个流量变现能力光靠付费分成不足以对游戏直播形成绝对的话语权，这才给了斗鱼可乘之机，直接用签约费代替分成来获得头部主播，这是斗鱼能反超的核心原因。

直播平台都知道主播的重要性，而控制主播关键要看其流量和收入的核心通道，收入来源最终优先级会高于流量来源。在没有斗鱼之前，YY 游戏直播就可以通过自己控制的流量分配和收入分配，相对控制住主播。要实现绝对控制，平台必须成为主播的核心收入来源，那么就得弥补游戏直播分成收入以外的额外收入。面对斗鱼发起的挑战，YY 游戏直播没有组织快速和果断的应对策略，从而丢失了其江湖地位。当然移动互联网时代斗鱼又收到新晋的映客、花椒的挑战。

海外咨询公司 Forrester 从网络社群行为下手，将社群中的角色分为创造者、评论者、收集者、参与者、观看者、不活跃分子。

（1）创造者：指经常写微博、博客，上传视频的网民。在美国，创造者的人数占所有网民的 18%，韩国比例最高，达 38%。

（2）评论者：指在网络上对其他内容做出回应的人，如博客或论坛留言、发表评论、编辑百度百科和回复微博的人。

（3）收集者：指使用 RSS、社会化书签等工具来收集整理相关网络上的信息，并进行编辑的人。

（4）参与者：指那些参与社会化媒体并维护个人主页、维护个人信息更新的人。

（5）观看者：指信息的消费者，他们一般观看文章、在线视频、论坛、论坛的留言回复。做个观看者门槛很低，不像创造者或者评论者那样要奉献许多内容，所以这个队伍更庞大。

（6）不活跃分子：指那些参与度特别低的人。

根据这种分类，我们在做网络营销时，可以提供有针对性的服务来满足社群中不同角色的需求。

（1）我们是否为收集者准备了一些干货知识？

（2）我们是否为评论者准备了足够多的话题？

（3）我们是否为观看者准备了可看的“热闹”？

（4）我们是否为创造者提供了资源和思考刺激？

很有趣的问题，大家可以沿着这个思路开展。

美国数字营销专家 Nancy White 和 Elliot Volkman 从另外一个角度来拆解网络社群中不同类型的用户，其分为以下 7 种类型：

（1）社群建构师：为网络社群设置目标，规划网络社群的未来和影响力方向。

（2）社群管理者：监督管理整个部落，和商店的总经理有点像。不过随着国家法律制度的健全，社群管理者也需要承担网络空间的法律责任和义务。

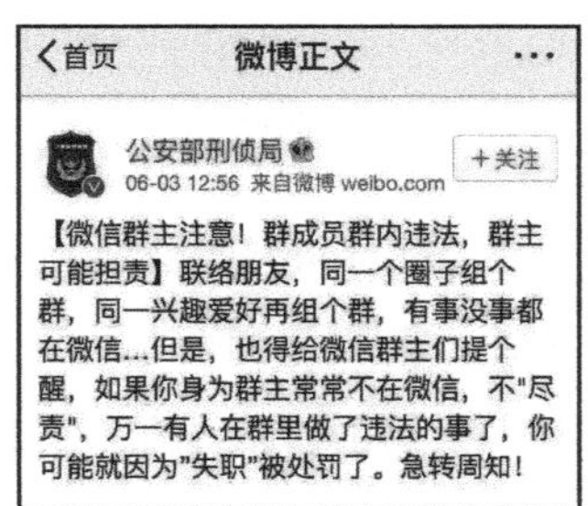

（3）付费用户：为社群贡献资金，会为社群的发展添砖加瓦，同样也是社群建设的晴雨表。

（4）核心参与者：经常访问社群，参与社群活动，代表了大多数为社群奉献的网民，是网络社群最重要的人群之一。

（5）潜水者：这个群体比较安静，不会积极将自己的观点分享出来，只看不评论，不表态的。其实他们被激活也是近在咫尺。

（6）统治者：也被称为超级用户，他们在社群中很有影响力，社群议事中拥有大的话语权和众多追随者。

（7）联结者：他们会跨界参与多个群组的讨论，积极沟通。他们是社群的链接中心，将不同的群组串联在一起。

社群的分类

社群的分类可借鉴传统社会学的人群分类，将不同居民归类的核心不在于称谓，而是掌握这群人的习性，从而应用在实际的营销、运营中。笔者结合传统社会学的社群分类对本章涉及的群体梳理如下：

（1）地理位置上的群体（geographic communities）：从本地的近邻、郊区、村庄、城镇、城市到区域、国家。

（2）文化上的社群（communities of culture）：从本地的圈子、派系、文化、人种、宗教、跨文化到全球社群。他们含有社群的需求和标识，他们拥有社群认可的价值观和符号标志。

（3）社群组织（community organizations）：从常见的家庭、亲属关系、公司组织、政治团体、职业机构到全球团体。

互联网上的社群发展逐渐向兴趣图谱靠拢。社交网络中的兴趣图谱（interest graph）对社交图谱（social graph）的补充会变得越来越重要。Facebook、Twitter 和 Google 等已开始进行“相关性”（relevance）内容推送。未来这个领域会更加热门。下图展示了在线信息获取的发展过程，即搜索主导→个性化推送→个性化的意外收获。

- ❑ 按年龄结构社群可以分为老人社群、孩子社群、年轻人社群、中年人社群。
- ❑ 按性别结构社群可以分为：男人社群、女人社群。
- ❑ 按兴趣结构社群可以分为：篮球社群、汽车社群、购物社群、化妆品社群等。
- ❑ 按生活方式社群可以分为：小清新板块、育儿社群、军人社群等。
- ❑ 按地理位置社群可以分为：江苏版块、北京版块、上海版块等。

还有哪些维度可用来构建社群的分类?

未来的互联网将更加“部落化”，企业的营销传播可以精准找到关键用户群，找到网络社群中的目标客户，将之前广播式的营销转化为定向传播。另外互联网上的部落社群化也督促我们构建自己的互联网队伍，让粉丝有一个沉淀下来的家。

实践点拨

找出目标用户的社群分布图是引爆社群的关键，这张分布图也就是作战地图。

在网络空间找文艺青年不妨去豆瓣

在中国互联网商业版图中，有一个独特的社群聚集地那就是豆瓣。笔者一直在豆瓣上与别人探讨阅读的问题，因为在这里很容易找到基于同一兴趣的读者群。但通过一次租房的经历，让笔者对豆瓣蕴藏的商业价值产生了浓厚的兴趣。

笔者在北京有一套房子希望出租，但是笔者希望能够以优惠的价格租给用户。这个时候面临的挑战是将租房文案发到哪些平台上？为此笔者做了测试，准备了两个手机号码，一个在58同城、赶集网等公开的网站上发布租房信息，另一个在豆瓣的租房小组中发布相关信息，以此来观看招租效果。笔者发现从豆瓣打来电话的10个人中，有6个是北京大学、清华大学的毕业生，剩下的几位也是有较为正规职业的租户，而从58同城、赶集网打来电话的租户就显得不那么“齐整”了。从租客能否很好保护房屋的角度考虑，笔者最终选择了来自豆瓣的租户。不能说“人以群分”，但互联网上特定的社群确实在构建一定的部落。

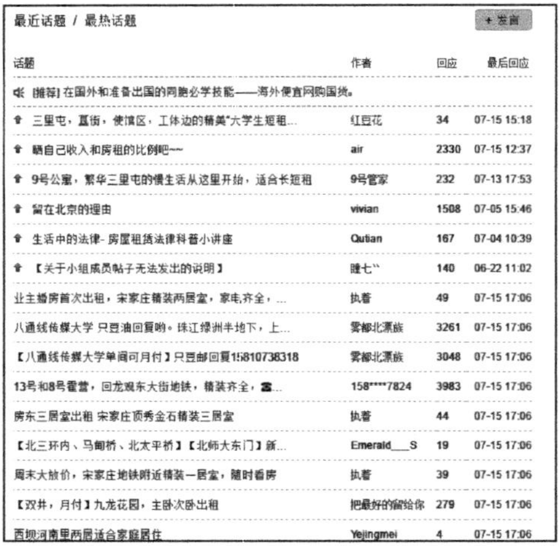

最近话题 / 最热话题　　+ 发言

话题	作者	回应	最后回应
[推荐] 在国外和准备出国的同胞必学技能——海外便宜网购国货。			
三里屯，直街，使馆区，工体边的精美"大学生短租...	红豆花	34	07-15 15:18
晒自己收入和房租的比例吧~~	air	2330	07-15 12:37
9号公寓，繁华三里屯的慢生活从这里开始，适合长短租	9号管家	232	07-13 17:53
留在北京的理由	vivian	1508	07-05 15:46
生活中的法律- 房屋租赁法律科普小讲座	Qutian	167	07-04 10:39
【关于小组成员帖子无法发出的说明】	瞳七"	140	06-22 11:02
业主婚房首次出租，宋家庄精装两居室，家电齐全，...	执着	49	07-15 17:06
八通线传媒大学 只豆油回复哟。珠江绿洲半地下，上...	雾都北漂族	3261	07-15 17:06
【八通线传媒大学单间可月付】只豆邮回复15810738318	雾都北漂族	3048	07-15 17:06
13号和8号霍营，回龙观东大街地铁，精装齐全，☎...	158****7824	3983	07-15 17:06
房东三居室出租 宋家庄顶秀金石精装三居室	执着	44	07-15 17:06
【北三环内、马甸桥、北太平桥】【北师大东门】新...	Emerald___S	19	07-15 17:06
周末大放价，宋家庄地铁附近精装一居室，随时看房	执着	39	07-15 17:06
【双井，月付】九龙花园，主卧次卧出租	把最好的留给你	279	07-15 17:06
西坝河南里两居适合家庭居住	Yejingmei	4	07-15 17:06

在一切都以“快”为发展宗旨的互联网行业中，豆瓣的“慢”文化成功聚拢一些忠实的优质用户，豆瓣图书庞大的数据库、豆瓣的用户量与小组数，都是在“慢”文化的影响下积累起来的。豆瓣的这种产品性格对豆瓣的成功起着决定性的作用，天涯、猫扑这些前辈都因为快速冲击的信息量带走了产品土壤中的养分，而导致其

产品最终消耗殆尽。

然而这种以各种文艺青年聚合而成，以颇似魏晋风度的清谈为主线的网站文艺范模式，也给豆瓣创始人杨勃带来了盈利的困扰。豆瓣的商业潜力也在社群信息“过滤器”这个角色的扮演上。豆瓣并无太多理由介入内容层面的直接交易，因为豆瓣上的人相信“推荐的力量”，豆瓣工程师日复一日地完善豆瓣的算法，最终为用户带来最为匹配的推荐结果，每一个豆瓣用户，都将有一个独立的围绕着他而存在的数据库，豆瓣将完全符合他的兴趣顺次展开。因为“精准”，豆瓣用户对于商业内容的接受程度将比其他平台更高，这种 ROI 将给豆瓣的广告客户带来极大回报。

案例点评： 如果你的客户和豆瓣的吻合度较高，不妨根据豆瓣这个平台的众多特性及群组特色进行规划，这是个不错的选择。

第 3 节　社群的文化，从陌陌、花田和二次元谈起

想要引爆社群，理解社群的文化是非常软性又特别重要的事情。何谓文化？简单而言就是群体潜移默化中所坚持或认可的一些规则和态度。不同社群在互联网空间上的文化也迥然不同。

笔者担任中国传媒大学研究生《互联网社会学》课程的教师。《互联网社会学》课程是国内高校首次开设的独立课程。一次笔者给学生布置一个题目——社群在互联网空间的行为学与文化分析，有个学生用浅显的案例分析了陌陌与花田社交平台上文化的差异，给笔者留下了深刻印象。

这位同学是名女同学，她分别注册了陌陌和花田账号，其中

头像是从网络上找来的（就是那种被美图秀秀处理过多次的头像），然后选择在夜里 10 点多上线。其中陌陌上的社群很直接，就是交友、见面；而花田上的社群注重互动和交流，主要是聊聊家里有几套房子、在哪上班、学历情况等。不同的社群文化，源自平台运营方、早期种子用户构建的社群文化氛围。

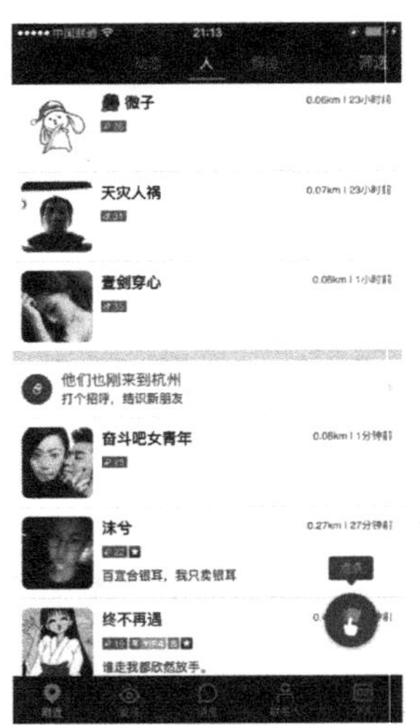

过去的几年，在草根电子商务交流圈中，有一个网站叫“派代网”。这个网站是笔者所熟悉的最早提出干货分享的社群。笔者一个朋友是圈内的大佬，她注册了一个马甲账号并在派代网将其自认为很有战略、很干货的内容扔到社群中去，结果骂声一片。这个家伙找笔者喝酒，探寻其中的缘由。笔者轻描淡写地告诉他，你到一群淘宝卖家的社群中讲企业管理、战略，这群家伙看不懂，当然就骂你了。笔者也多次观察过这个社群，开骂的文化确实很有一套，通过这样的努力，群里文章质量确实不错。究其原因，当年搭建社群的种子用户们初期就是这样做的，潜移默化中就形成了社群的文化。这个网站背后的一把手的个人性格也对社群文化的塑造起到关键作用。

年轻社群文化，给移动互联网点颜色

马化腾有一句话简单且深刻："老炮们其实没有什么错，错就错在你们老了。"品牌年轻化的问题非常严峻。有智慧的企业都在积极理解年轻社群，并和他们开展心与心的连接。移动互联网的重度用户就是年轻群体，能不能拿捏年轻社群的文化，将决定企业的未来。例如，Airbnb 紧紧抓住年轻人洒脱、社交、探索未知世界的冲动，轻松触发全球年轻社群的 Airbnb 化，用户量获得指数级增长。

90 后常常被称为"互联网原住民"。以 90 后大学生群体为例，相关调查表明，这一群体每天接触网络的比例已经达到 61.7%，而每天接触报纸、电视、广播和杂志四大媒体的比例不足 40%。90 后在消费之前，会在网络上搜索，搜索到的产品负面信息会影响其消费决定的占比为 85% 左右；在购物形式与品类方面，90 后同样首选互联网上的食品饮料、日常用品、衣服、化妆品、充值卡和书籍。

互联网对于 90 后而言，已经成为他们生活中不可或缺的一部分了。在数字化时代，90 后消费行为最大的特点之一就是感性与理性的交融。从“感性”方面来说，90 后除了认可知名品牌的产品质量之外，品牌背后的力量，也是他们所关注的，如品牌的文化、思想、传统、历史等。但从另外一方面来讲，90 后又是理性消费的一代，是不容易冲动消费的，在购买商品时，他们最为看重的因素是质量有保证，有这种观点的占受访人群的 83.1%。

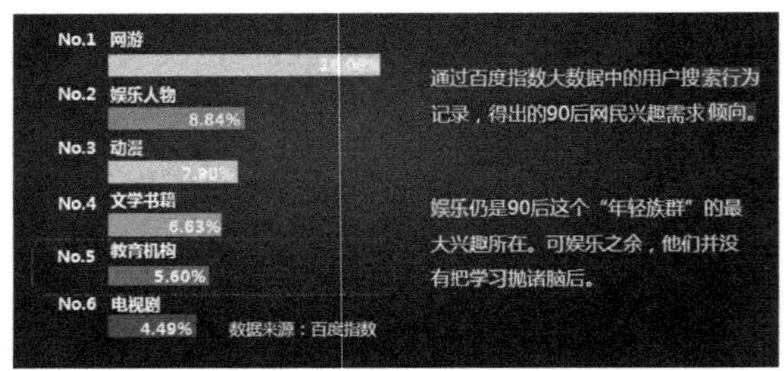

最新的社群文化报告显示，90 后年轻族群在搜索引擎上以娱乐爱好为主。其中网游、娱乐人物、动漫占据前三强。在报告中，00 后的游戏行为及分类也从侧面佐证了这一点。90 后和 00 后与其他人群对比，他们偏爱角色扮演游戏，动作射击、休闲益智类游戏在各群体中占比相对稳定。

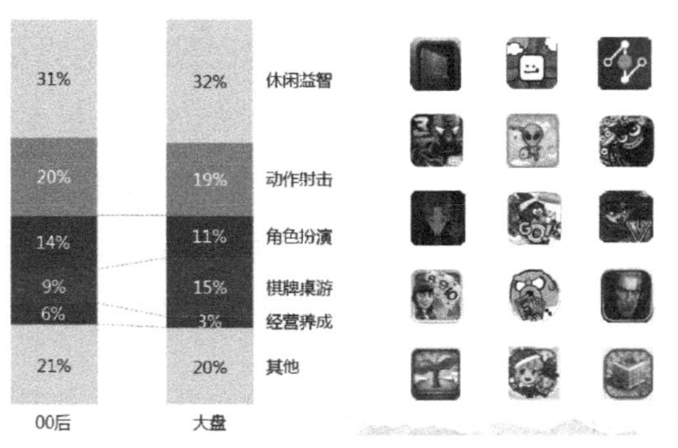

潇洒弹幕的社群文化

小伙伴常说 A 站、B 站、C 站、D 站、F 站，尤其以 B 站最火。B 站就是 Bilibili 弹幕视频站。从 B 站提供的数据来看，75% 的用户在 24 岁以下，且男女比例均衡。B 站还诞生了雷军的“ Are you OK”、成龙的“ duang”等流行文化，是众多网络热门词汇的发源地。

何为弹幕（dàn mù）？“弹幕”最初的意思是指用密集的炮火射击目标，由于炮火过于密集故像一张幕布一样。互联网上的弹幕主要是指用户在视频网站观看视频时，将自己的评论文字发送到屏幕上的互动方式。弹幕视频最早源自日本的 NICONICO 弹幕视频分享网站。

弹幕族源自狂热追逐日本卡通、动漫、游戏的人，弹幕族中有两类重度用户，一类是热衷于观看弹幕视频且经常发表弹幕的网站使用者；另一类是高质量的 up 主。“ up 主”是由日本传过来的词汇，在国内 ACGN 视频网站中经常使用，其描述的是上传发布视频的人。弹幕族社群如果缺少这两类重度用户，是很难支撑起来的。

要想成为弹幕族的一员，至少要懂得约定俗成的语言体系，共同偏好的那些主题，并对特定的情节、画面、声音拥有社群反应。社群语言方面有“查水表”(表示“知道得太多了”)“何弃疗”(表示“为何放弃治疗”)“上天台”(表示“上天堂”)“中二病”(表示“我就是和你们不一样”)等。很多非族群成员不能理解弹幕网站上的“暗语”，也就不能理解弹幕族置身其中的乐趣。

我们都害怕被群体孤立，为了获得安全感我们总是想要拼命地融入特定的群体。然而群体的存在不仅为我们提供安全感，还能帮助个人获取信心。弹幕功能就是将分散的网民黏合在一个具有共同目标和归属感的网络空间里。弹幕族的共同目标更多地表现为以兴趣爱好为基础的行为趋同。在使用弹幕功能的过程中，人们能够找到志同道合的人，也就是说，个人的语言、行为会在这个群体里得到认同，进而使其在认同中获得信心与自我满足。

通过社群文化，引爆社群及传播

在日本，首相竞选一般都很重视用漫画拉近与年轻选民的关系。在 2013 年的夏季选举中，各个党派就展开了一场“二次元角色化”大战，以此塑造亲民形象。日本自民党从应征的 400 件作品中，选出以两位竞选人为原型的党派吉祥物，在那幅漫画中，两人身着西装面带微笑，和蔼可亲还略带羞涩。随后自民党又推出一款以竞选人为卡通原形的 App 游戏软件，只要玩家左右摇晃手机，卡通人物就会跳到遥远的空中，跳得越高分数越高，从而收集更多“当选玫瑰花”。紧随其后，日本社民党党首福岛瑞穗摇身一变，成了少女漫画中的“美少女”，瞪圆着无辜双眼、脸颊微红的卡通形象出现在社民党 Facebook 和 Google+ 主页醒目的位置上，连不关心政治的宅男也高呼："可爱度满点！"

麻生太郎一向以漫画迷的形象出现在公众面前，其声称："日本国的文化，就是海贼王、哆啦A梦和口袋妖怪。"他曾在"NICONICO 动画"节目中表示："要是不读《海贼王》，就跟不上时代了。"参考消息网于 2015 年 7 月报道称：日本媒体拿到副首相兼财务大臣麻生太郎"小额发票"（一件一万日元以下）的复印件，曝光了其使用公费购买的书目，其中竟有 25 卷二手漫画《海贼王》。后来其通过各种理由搪塞过去，不过这也从侧面塑造了其"御宅族"形象。

移动互联网产品团队如果不用心调研和熟悉社群，就很难让产品和信息扩散出去。在 Uber（优步）一键呼叫 CEO 的活动中，公司携手 14 家名企，共同举办名为"UBER DREAM"的活动，学生可以在清华大学、北京大学附近通过 Uber App 一键呼叫企业高管，车上坐有来自印象笔记、LinkedIn、Uber、穷游等 14 家公司的高管。每个打到企业高管车的幸运儿将有 15 分钟的时间毛遂自荐，在这个活动中，学生不仅有和高管直接交流的机会，还有机会进入合作企业工作和实习。这一活动抓住核心社群需求，瞬间引爆招聘市场。

徽章，是二次元周边永恒的经典。其具有价格低，种类多的特点，最关键的是还有图，是否有授权这个问题在小小的徽章上荡然无存。二次元所谓的“爱”，就如这小小的徽章一样，爱得疯狂，爱得简单。企业在产品和市场的运营过程中，不妨从徽章，尤其是具有二次元风格的徽章下手，轻松引爆这个群体。

国内最早将二次元及品牌年轻化注入银行系统的是招商银行的海贼王信用卡。笔者曾经随机访问了多位 90 后，海贼王版的信用卡有办理不，他们的答案让人震惊：必须办理。甚至有许多人收藏整套系列卡面。同样是信用卡，这个群体刷的不是卡，是身份、是格调。招商银行的信用卡部门的这一举措可谓用心良苦，是非常有远见的一招。因为当下是海贼王述，尤其是那些 90 后，过几年就会长大，继而成为商业中的中坚力量，而陪伴成长比简单打折勾引更有效果。

欧莱雅在决定直播招聘之前，提供了数个直播平台给 90 后的同学选择，得票数最多的就是 B 站型。欧莱雅相关负责人表示，B 站的用户定位是品牌不太懂的年轻人，而这正是品牌需要的。为此团队将招聘的宣讲会选择在 B 站直播发布，可以想象 90 后的大学毕业生从欧莱雅贴心的服务中会产生好感，企业也可顺利招聘到优秀的年轻才子。

西山居团队倡导社群文化驱动的游戏开发

金山游戏的西山居，是国内最早的游戏开发工作室。在过去的 20 年间，西山居凭借其雄厚的研发实力，以及对游戏文化内涵、画面、音乐等方面的深刻理解，制作了 11 款经典游戏产品，特别是被媒体称为中国游戏第一品牌的《剑侠情缘》系列，在国产游戏中拥有极强的生命力和号召力。近来整个团队积极拥抱社群思维和方法论，也取得了很好的效果。

在游戏渠道被腾讯牢牢抓住的情况下，西山居正密谋通过引爆社群及种子用户策略来颠覆腾讯在其同类型领域的江湖地位。

笔者为金山游戏服务多年，且于近日被邀请成为其游戏产品种子用户的顾问。到今天笔者还清晰地记得，第一次和他们的团队交流时，被他们每个员工桌子上摆放的奇奇怪怪的照片吸引了。之所以说是奇奇怪怪，是因为常规的办公桌都会摆放家人或自己的照片，西山居团队却摆放了类似保安、厨师、杀马特造型的乡镇青年的照片。一聊下来才知道，这些照片都是西山居真实玩家的照片，他们是通过活动征集来的。走在西山居的工作间，在办公桌、墙上等地方可以发现到处贴着玩家的照片。管理者以此来提醒来自著名高校的员工们在游戏的设计、策划、开发、运营等过程中，摒弃潜意识或以朋友圈的情况作为标准，照片上的玩家才是游戏运营的标准。通过摆放和张贴玩家照片，可以从意识及行动中树立以玩家社群为中心的理念。

在种子用户的识别、筛选及社群激励等方面，西山居也有自己的独特实践，这方面笔者正在和其团队一起策划和运维中，未来会和大家分享执行过程中的洞察和思考。

案例点评： 理解社群的文化是产品研发、市场营销、客户服务等的基础支撑。我们看到，西山居团队通过在工作台上张贴用户的真实照片，时刻提醒团队其在为谁服务，确实是个有效的方式。笔者之前访问过一家企业，其间发现一个小细节：每个电话营销人的桌子上都摆着一面圆形的镜子。后问其原因，原来是公司希望营销人员打电话时能够看到自己的微笑，这样也可给客户传递快乐。不论是西山居还是后面这家企业，其行为都是紧扣用户，贴近用户。

第 4 节　洞察互联网社群运行的游戏规则

互联网正在进入社群经济时代，如何更好地创建和管理社群成为所有问题的一个节点。我们发现，初建社群，**如果采用简单拉人的方式，刚开始因为给邀请人面子基本都会加入，之后大家也会简单聊几句，但几天后社群就会直接进入僵尸状态**。这印证了那句话：理想很丰满，现实很骨感。

其实上述问题在企业做社群战略规划时就应考虑到。笔者就此给出的方法是：用人文学科来解决。例如，在社群活跃度和生命力问题上，可以从社群的权力、仪式感、社群行为心理学等角度进行综合处理。

网络空间社群中的权力是打开社群运行的重要密码。那么什么是社群中的权力呢？**所谓社群中的权力，就是在社群中别人对你有所依赖，而你则掌握别人想要的或者赖以生存的资源。权力是个相对的概念，在社群中，权力是有其固定作用范围的。**特定社群中的牛人只在自己的领域拥有权力，对非相关人员是没有权力而言的。可以通过以下几个小案例来认识权力。

（1）在传统媒体红火的那些日子，企业把记者待如座上宾，是因为他们掌握媒体书写及传播的资源。现在记者权力正在下降，企业开始流行邀约自媒体人参加新闻发布会，为什么？因为自媒体人拥有了新媒体时代的影响力和权力。

（2）在2G时代，在移动通信的SP流行时，港台的明星会专程到成都拜访中国移动音乐基地的领导，理由是歌曲SP分发需要依赖移动通道。而在3G/4G时代，因为苹果商店等应用商店的冲击，付费音乐及商业都绕开中国移动，这样音乐基地的领导就丧失了之前的权力。

（3）有新闻报道，个别博士生为了博士毕业，选择讨好导师背后的原因是，博导掌握学生想要的学历授予权力。

（4）为什么有的人专门讨好领导的秘书？因为他们掌握领导行程规划及前后顺序设置，这也是权力。

互联网权力主要分为如下几种：

- 非正式组织权力：和正式组织权力相对应，没有组织授权，常常是指那些通过专业或兴趣等资源构建的权力。
- 正式组织权力：描述的是通过组织指定或给定的权力，其典型特征是法定性，代表组织或机构行使权力。当然，正式组织权力也会因为岗位上个体的差异，其最终影响力也会有变化。
- 线下社会权力：对应的是线上社会权力，其总体概述个体或组织在现实社会中权力的状况。也可以将其理解成传统意义上的权力。
- 线上社会权力；描述的是个体或组织在网络空间下的权力，线上社会权力有其自行运行的规则。

在互联网社群中主要涉及非正式组织权力和线上社会权力。当然线下社会权力也会部分顺延到线上来，如公司的微信群、大学教授的师门群等。互联网环境下的权力分布往往等同于线下地位，如果僵硬地把线下权力搬到线上，这些网络空间社群就会失去活力。

想要引爆社群，理解互联网社群运行是基础。我们需要弄明白互联网上非正式组织的权力从何而来。正式组织权力往往来自机构或者组织的授权，而线上非正式组织是基于兴趣爱好、关系链条（校友会、行业）等构建的，其中以弱关系为主。微信强关系的朋友，往往不采取群的方式进行互动，而是用点对点的信息交流方式。

线上非正式组织的权力问题，可以从权力的定义来分析：别人对你有所依赖，你掌握别人想要的或者赖以生存的资源。由定义可知，社群中的下列人群具有权力：

- 创建群的人，往往拥有天生的权力。
- 早加入群的成员，比后来者拥有优势。
- 活动中负责协调、统计、报名等业务的联系人。
- 线下牛人，或者经常与大家分享资源的人（钱、知识、物体）等。

权力的本质源自交换，权力是存在相对性的，即对相关者有权力，而对不相关的人，权力就不具备价值了。从社会交换的角度来看权力，双方基于持续的交换而形成权力。你需要它，它赋予你好处，在这样的互动过程中就形成了线上线下的权力。线下拥有强大资源，一般在互联网上也强大（前提是资源所属领域）。笔者发现线下有钱的人，如果在社群中以一种合适的方式传达，往往也会获得额外的影响力。但是在线下处于弱势的群体，转移到线上也存在拥有权力的机会。

互联网社群塑造与获得权力的路径有以下几条：

（1）**成为社群的依赖，通过信息或者知识传递进行资源分享。**

例如，成为 IT 网站的主编，可以连接信息与行业资源，积累社会资本后转型。在互联网社群里，可以通过给大家发送行业白皮书或相关技术文档等资源获得权力和影响力。

（2）**主动组织活动，或者积极参与到社群活动中来。**奉献力量，将得到大家的认可和虚拟环境下的权力，这样的权力可以为未来的商业及社交提供便捷。例如，3Wcoffee 的许单单当年通过组织北大校友会、投资人聚会、众筹咖啡馆，成为社群的连接器，顺势获得资源。

（3）**与虚拟环境下有权力的人结盟，站在核心权力的周围，顺势可嫁接权力。**在互联网社群中通过与有权力的人互动形成良好的关系，可使自己成为群里有地位的人。注意，不是简单通过拍马屁，而是要成为一个受人尊重的群友。

深谙业主社群规则，方太做到精准引爆

方太专注厨具，通过多年的努力牢牢占据行业领导者地位。笔者多次为方太的高管团队和市场部提供社群战略及培训。方太线下市场团队还专门成立了“基于引爆社群 4C 法则，精准 O2O 引流”项目组。通过“引爆社群”来探索在 O2O 时代，线下零售店、体验中心如何融合。过程中通过复盘油烟机等产品社群购买行为，勾勒出新时代的营销方向，即通过社群思维和新的手段向未来 3 个月有计划购买厨电的人群销售以获得业绩。笔者指导方太团队研讨的题目：如何通过引爆社群的方法，以 O2O 的模式精准地找到未来 3 个月会购买厨房电器产品的人群。

首先我们将场景已经界定即将交新房或者交新房后的 3 个月

内。在这个场景下，有较多的人会考虑装修，方太必须卡住这个场景。在社群部分，笔者给出的建议是，每个地区必须摸清楚互联网活动、厨电讨论的社群平台。学员们通过20天的努力，有针对性地找出所在地方社群的聚集区域，这些区域将作为未来相当长的一段时间内作战的地图。比如，负责嘉兴片区的小伙伴们，分析了在嘉兴片区方太潜在用户的分布地图。

论坛类：嘉兴第九区论坛、嘉兴人论坛、嘉兴19楼论坛、嘉兴108社区、海盐论坛、桐乡生活网、平湖论坛。

贴吧类：嘉兴吧、方太嘉兴吧 、嘉兴装修吧、湖州吧、长兴吧、安吉吧、桐乡吧、海宁吧。

微信公众账号：嘉兴19楼、嘉兴第九区、嘉兴人论坛、嘉兴结婚狂、嘉兴交通广播FM92.2、湖州微生活、南太湖FM103.3、湖州交通广播、湖州网、吃遍嘉兴、嘉兴移动、嘉兴房产超市网、嘉兴吃客、臻光微生活、腾讯房产嘉兴站、嘉兴日报、南湖晚报、周游桐乡、嘉兴亲子、嘉兴公交电视、嘉兴名匠装饰、指尖海宁、嘉善亲子。

QQ群：江南一品业主群、嘉兴DIY烘焙群、绿地美郡（业主群）、易百材料联谊群、建材采购高级群、嘉兴装修建材网、浙江装修装饰交流群、桐乡巧手饼妹烘焙、烘焙爱好者交流二群、浙江平湖手工烘焙群、湖州装修装饰群、南太湖装修业主群。

笔者在与方太市场部商谈如何借助引爆社群理论来撬动方太在本区域的销售时，柳州团队的实践已经取得良好效果。**柳州方太团队，每隔一个阶段，就会分析接下来3个月即将开盘的楼盘，从购买力等多个角度筛选重点要拿下的小区**。我们发现，没有经过专业培训的企业，经常带着直接分发小广告的思维加入业主群，最后发现不仅起不到销售及传播的效果，可能还会损坏品牌的格调。方太柳州团队积极学习网络社群运营的规则，努力做受人喜欢的群友，不骚扰用户，只提供价值和服务。通过检索互联网及借助装修的辅助工具，积极解决微信群、QQ群等地方用户提出的问题，积累网络空间的信任和社会资本。柳州团队创新之处在于通过业主介绍、邀请或购买群资格低调加入业主群，因为许多业主群非常排斥外人尤其是广告商的加入。

通过在群里互动，尽快摸清微信群、网络空间的带头大哥、意见领袖及有地位的人，在接下来的优惠活动、烘焙活动中优先邀请他们。在时机合适，拥有一定群众基础后，再思考如何销售，或为群友提供优惠促销。柳州方太的一个小伙子，仅仅通过在一个群中组织业主团购，一次就获得近30万元的销售业绩。

案例点评：方太零售团队在应对互联网，尤其是电商对线下实体零售的冲击，积极通过社群引流、社群销售等方式颠覆创新。我们可以看到其之所以能够介入社群，利用社群做销售，都是源自团队对网络社群运行游戏规则的理解。

（4）**适当炫耀，显摆线下资源或者优势。**比如，可以给大家发红包，但也要注意频率和用词方式，拿捏好分寸。

（5）**通过技术手段获得权力。**例如搜索引擎的SEO、网页权力PageRank指数，其思考的角度是优先展示互联网上的信息，截取用户获得的路径。其中PageRank指数探讨的是有多少网站连接到你，初期可以通过购买进行连接，后期主要是联合对等的有互联网权力的站点进行交换。

权力的塑造和获得需要一个过程，只有洞悉虚拟社群中的权力游戏运转规则，才可更好地管理和驾驭权力。

从动机的角度解读网络社群运营

想更有体系地理解社群，笔者给出的建议是先从研究游戏开始。例如《英雄联盟》这款游戏中，人物角色都生活在同一块大陆上的各个国家，有着跟现实生活中你我一样的各种社会关系，如夫妻、情侣、姐妹、兄弟、战友、仇敌、警匪等。一百多个人物角色，就像一部部电影，给人无限的想象空间，每个人之间似乎还有着千丝万缕的联系。有时候网络社群中的兄弟成为自己的敌人，那五味杂陈的感受可想而知。《英雄联盟》给玩家带来的是一个通过社群充分互动的世界，玩家能很好地融入其中。

进入游戏《魔兽世界》时需要在“部落”和“联盟”之间做出选择。如果说《魔兽世界》是一个虚拟的“世界”，那么“部落”和“联盟”就好比现实中两个不同的“国家”，玩家社群通过互动，为团队而战斗。玩家在达到一定的级别后，可进一步选择加入不同的公会。而公会是由较高级别的玩家在游戏中建立的微组织。高级别的游戏玩家会给低级别的玩家提供帮助、指导，比如什么任务在哪里接、游戏地图怎样走，等等。《魔兽世界》中不同的角色和互动，可收获各自的价值和快乐，同时也可通过这样的社群运行动机更好地让玩家黏在平台上。《魔兽世界》是目前为止，玩家社群黏性最高的游戏之一。对于游戏行业来说，用户数尤其是活跃的玩家数才是性感的指标，更为性感的指标是玩家群体在游戏上投入的时间。

想更深入解析社群运行，还需要从用户加入网络社群的动机、网络社群日常表现等角度来思考。

1. 寻找自我，扮演角色

在日常运行中，社群运营人员要通过各种形式寻找自我，为社群刷存在感。合理的社群运行，是指导社群扮演好各自的角色。运行中如果角色混乱，那么社群就是虚幻的状态。当然网络空间的角色和自我经常是虚幻的，但是要为其定义出希望其成为的角色。对此，笔者有一个好方法，即提供一定的外部压力，这可以强化成员们对这个群体的认同，让群体内部团结起来。比如一个国家的主权受到挑战时，这个国家的人会更加强烈地意识到自己是其中一员。所以说，如果你想要人们支持你，就得给他们找到共同的敌人。苹果 1984 年广告就塑造了独裁者 IBM 的形象，广告中将 IBM 形容或垄断市场，操控消费者的形象，并号召消费者不能任其宰割，要奋起反抗。马丁·路德金在演讲中，也是痛斥有种族歧视的人，激起了人们反抗的情绪。

2. 炫耀

在社群运行中，炫耀虽不是褒义词，但它确实是我们洞察社群的一个关键角度。炫耀一直是一项隐藏的需求，这一需求可在网络空间中得以酣畅淋漓地表达。从直播网上的打赏，到微信朋友圈晒颜值、财力、旅行、美食，都是炫耀的具体表现。

3. 攀比

激活社群的攀比，也是社群运行中的有效策略。攀比可以引向积极的一面，也可引入歧途。游戏中的徽章、排行榜、积分系统以及虚拟头像等模式设计的目的都是源自社群的攀比，运行者可通过攀比的可见性来推动社群运行。

比如，QQ 在初期推出虚拟服饰时，每个用户初始形象的身上只有一条短裤，如果你感觉不漂亮，那么只能去购买虚拟的服饰。为了推动社群中更多的个体购买，腾讯给虚拟形象更大位置以推动攀比之风。同理，史玉柱在《征途》游戏中卖鲜花，紧紧抓住男人爱面子、喜攀比的一面，通过在游戏中放烟花来告知群体，信息类似“3 区的队长，李飞为女队员送鲜花以庆祝三八妇女节！”，你可以试想一下，其他社群队员和队长如何应对呢？

4. 学习、成长

学习和成长的动机是社群运行中常见的形式。兴趣社群往往源自共同的话题或者学习需求。因为可针对社群的定位，来激发和管理个体的学习和成长动机。笔者和中国最早一批购买特斯拉的车主们交流时发现，这群人有鲜明的群体特性（喜欢冒险、爱玩新产品、支持环保观念等），在社群运行和组织中，有效的方式是给大家分享那些新鲜的、不常见的、很酷的产品，这样大家就会获得学习和成长的机会，这些人会因此牢牢凝聚在一起。

5. 窥视

好多人加入直播平台，源自其好奇心和的窥视欲望。窥视是社群运行中一个很隐蔽的动机，没有人会坦诚说出，但那些充满窥视的互联网产品及行为的流行，却足以说明这一点。比如在分答中，有10095人花钱来聆听王思聪45秒的回答，这就是窥视的典型写照。

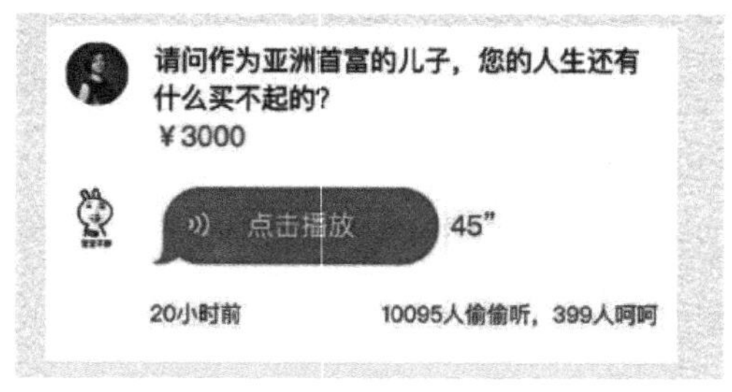

《梦幻西游》的爆发源自符合社群运行规则

《梦幻西游》是网易公司自行开发并营运的网络游戏，游戏以《西游记》故事为背景，通过Q版的人物，试图营造出浪漫的网络游戏风格。《梦幻西游》注册用户超过3.1亿，开设收费服务器达472组，是当时中国同时在线人数最高的网络游戏之一。

依据玩家的动机，《梦幻西游》推出聊天、交友、拜师、婚姻、帮派、跑商等任务，由此可见其十分注重玩家之间的交流与互动。再比如，关系友好的两个帮派可以选择结盟，有结盟意向的帮派，可以由两位帮主组队，找到长安的“帮派主管”，对话后选择同盟即可。帮派结盟后，结盟的帮派受到其他帮派宣战时，结盟的另一方可以协助盟友进行防守战斗，但要求结盟时间达到 72 小时以上。这些都是符合社群运营规则的体现。

案例点评：《梦幻西游》团队通过玩家社群行为的洞察和理解，充分抓住玩家互动及交流的需求，推出聊天、拜师、婚姻和帮派，将大家镶嵌在关系网络中，这样可以保证游戏玩家的稳定性和游戏在线时长，其实也就是保证了游戏利润。

网络社群在线行为学

场景越来越性感，通过场景感知和社群在线行为的融合，可以较大幅度引爆社群创新。

在国内的社群在线行为学领域，由于传统行为学（消费者心理学）领域专家没有切换到网络社群的研究领域，加之文科出身的专家在互联网数据分析技术（GA/Ominture 等）工具使用上存在障碍，致使社群在线行为学的发展一直存在问题。因为研究社群在线行为学，如果不使用用户浏览行为使用数据、点击数据、交互数据、眼动图等，就无异于盲人摸象。

笔者为企业做社群战略顾问，在选择社群平台及其数据时，给出的考核指标体系如下：

评估方向	具体指标（示例）
社群覆盖度与数据	独立访客人数（unique visitors）
	访问人次（visits<specific to UGC/social media>）
	浏览页面数（page views）
	单一访客成本（cost per unique visitor）
社群平台黏着度	回访人次（return Visits）
	访客停留时间
	用户与广告 / 应用的互动率（interaction rate）
	加入群组（number of group members or fans）
	投票 / 参与问卷调查（Poll votes）
	用户活动参与量、活动参与成本（relevant action taken and cost per relevant action）
	竞赛 / 抽奖 / 玩游戏（contest/sweeps entries）
	代金券下载（coupons ownloaded）
	浏览 / 引用 / 嵌入图片或视频（videos viewed，uploads）
	发送信息（messages sent）
	邀请好友（invite sent）
	发布新闻 / 发表意见 / 发起话题（newsfeed items posted）

在数字营销市场推广描述中，常见的术语有：

- ❑ CPC（每次点击费用）：根据广告被点击次数收费，关键词广告采用。
- ❑ CPA（按注册成功支付佣金）：电商及游戏采用较多。
- ❑ CPS（营销效果指销售额）：实体物品销售企业采用较多，如唯品会、聚美优品）。
- ❑ CPM（广告每显示 1 000 次印象费用）：四大门户等采用。
- ❑ PPC（根据点击广告或电子邮件信息用户数量付费模式）。
- ❑ SEM（搜索引擎营销）。

- CB（封测、内测）。
- OB（公测、开放测试）。

在描述游戏、App、社群等产品维度时，采用的数据术语如下：

- RU（注册用户）。
- UV（当日登录账号）。
- AU（活跃用户）。
- PU（付费用户）。
- ACU（平均同时在线人数）。
- PCU（最高同时在线人数）。
- APA（活跃付费账号）。
- ARPU（用户每月平均消费）。

在社群在线行为分析领域，目前国内在游戏及 App 运营这两个方向上相对领先。例如为了更好地研究玩家社群，利用玩家游戏在线行为分析，可将数据切割为如下维度：

- 用户统计特征：地区、性别、年龄等。
- 外部登录特征：登录频率、时长、时间段等。
- 游戏行为特征：流失等级及变化。
- 群体概述层面描述：峰值、活跃用户 / 忠诚用户及相关比例、活跃度、流失率、转化率。

玩家社群在线的消费行为，可以从如下角度来统计、分析：

- 付费用户行为：付费用户数量、ARPU 等。
- 盈利行为数据：游戏盈利状况、消耗构成及变化趋势等。

- 道具行为数据分析：道具使用数据、使用深度、使用/放弃原因等。

付费意愿及行为分析如下：

- 玩家社群偏好分析：个性、增强、经验、装备、技能、其他。
- 付费与游戏设置的数据：道具等级、玩家在线行为、游戏任务、场景数据等。
- 单位玩家道具数据分析：拥有量、拥有的道具之间的联系。
- 付费等级分布：首次购买等级、当前购买道具的等级分布。
- 付费数额分布：首次付费数额、续费数额。
- 付费社群行为分类：根据一段时间内的付费额。
- 续费行为分析：未流失的玩家中，中止消费、消费转移的分析。
- 重点社群用户的行为跟踪。

上述的数据及行为数据体系，只有针对特定的产品，进行个性化的综合处理才能真正有效。社群在线行为是由数据构成的，如何合理有效地解读是对当下的从业者提出的严峻挑战。

微信公众账号“水木文摘”主打情感及文学方面的阅读，账号粉丝近百万。作为项目的运营顾问，笔者经常和运营者满春（清华大学毕业）做深入的交流。交流话题常常引到近期文章的点击量、分享转发次数、收藏量等数据上，因为通过数据可指导运营和更新，也可摸出粉丝喜欢的内容口味。下图为微信账号后台的截屏，由图可以清晰地看到相关数据及其变化。

详细数据

时间	图文页阅读		原文页阅读		分享转发		微信收藏人数
	人数	次数	人数	次数	人数	次数	
2015-03-09	47,133	63,141	0	0	1,321	5,161	31
2015-03-08	64,351	84,762	0	0	1,518	7,193	30
2015-03-07	125,190	165,080	0	0	1,809	14,113	29
2015-03-06	230,186	307,690	0	0	1,988	27,010	34
2015-03-05	445,295	592,481	0	0	2,176	52,936	36
2015-03-04	586,878	788,775	0	0	2,299	74,366	19
2015-03-03	179,601	241,514	0	0	1,855	24,059	23
2015-03-02	10,097	13,051	0	0	341	1,041	4

互联网上没有人，只有账号！由于互联网，尤其是移动互联网的碎片化、跨屏化，致使 User ID 监测难度加大。传统互联网数据分析，具有块状且连贯的特性，那么在当下的多屏互动时代，如何有效评估一个用户访问行为及销售转换效果等？行业的解决思路是打通数据，采用的主要形式是与规模性的资源方（淘宝 ID、微信 ID、微博 ID、百度 ID 等）合作。例如下页图就是与百度贴吧合作，掌握鹿晗百度贴吧的粉丝们的行为。他们正在积极号召大家支持鹿晗，冲上榜单。虽然不能确切知道对方的名字、区域，但粉丝们乐此不彼。

未来的世界，数据将成为企业 PK 的资源，谁掌握 DT，谁就拥有未来资源的财产权。当然这样的财产权也是有期限的，例如当微博引爆时，微博上的用户及行为数据的价值是爆棚的，但随着微博的衰落，其数据资源价值也不断下降。BAT 手里掌握的用户在线行为数据是座巨大的金矿，而且开采水平很低，故 BAT 是重点合作伙伴。在进行跨屏行为数据分析时，还应与运营商谋求合作，比如中国移动、中国电信，这样可以加入流量使用、手机账号、家庭宽带等数据进行综合解析。

Cookie 作为在线用户访问标识，一直是行业重度使用的一个技术和维度，但是 Cookie 却会经常被清除。据统计，在国内有接近 38% 的 Cookie 数在公用电脑上，这也给精准数据追踪带来了挑战，面对上述情况，只能采取变通的方法，即继续垂直分类或者刻画区别社群。

利用社群在线行为学进行研究时，最常用的方法就是贴标签。比如，站在不同的维度为用户贴上标签。从之前的人口属性标签，到后来的行为标签、兴趣标签，标签逐渐走向精细化。那么如何为用户贴标签呢？笔者认为，人物画像是个不错的思考角度和方向。通过社群行为学及互联网数据来刻画用户行为路线图，找出用户热情消减、变迁的模型，形成用户标签，以此来干预客户流失问题。

第 5 节　找准目标用户的社群，然后引爆它

近年，共享经济理念席卷全球，罗宾·蔡斯（Robin Chase）是其中一个重要的推动者。她创办的 Zipcar 具有全程自助、技术链接、网络共享等功能，有助于推动资产所有权和使用权的分离。罗宾·蔡斯团队认为“资产共享观”这一新理念最有可能被年轻人接受。Zipcar 在产品推出之初便花大力气重点布局美国的大学城，最终数据也说明了这一布局的正确性：Zipcar 2/3 的会员年龄在 35 岁以下。大学生是移动互联网和各类 App 应用的活跃客户，且他们的经济基础也决定了他们更倾向于租车而非买一辆车。对于如何引爆这个特定的社群，团队推出针对性的广告“一年要花 420 个小时来找车位，到底是哪出错了？”用户群选得准，再通过能够听得懂的话语，项目很快在大学生群体中得到爆发式增长。

红米手机通过 QQ 空间引爆粉丝

红米手机首发时，有超 500 万用户涌入了 QQ 空间的红米首发页面，最高峰值一度达 80 万人 / 秒。此前，已经有约 1500 万用户参与了签到预约，小米由此创造了国内手机品牌社交网络预售的全新纪录。

小米与 QQ 空间的合作并不是简单做预售公告，而是加入了激发社群的引爆因子。红米 Note 的首发设定了三个环节，即预热（猜价格）—预约（签到、集赞）—抢购，三者环环相扣。仅以集赞为例，用户在 QQ 空间发布一条说说，向好友集齐 32 个赞，便能抽取 3 次预约机会。这种熟人圈子营销很接地气，引爆传导效应惊人，最终约有 1 亿用户参与点赞。

小米曾经在 QQ 空间的销售神话是 90 秒卖出 10 万台手机。大多数人只是看到了结果，并未意识到这是一场经过提前预测与精准匹配的社群引爆事件。QQ 空间以及腾讯效果广告平台广点通从 5 个方面评估了引爆的可能性。

（1）根据 QQ 相册的来源分析手机的品牌活跃度，之前连续 3 年基本都是苹果与三星领衔，而发自小米手机的图片量级快速攀升到第 3 位，活跃度远超国内其他手机品牌。

（2）发现 QQ 用户大规模讨论替换功能机的话题，上亿的用户正处在换机前夜，潜在需求旺盛。

（3）发现用户在讨论小米手机时，品牌认知多为“经济实用的 iPhone”，一旦强化该认知，对中等收入用户以及三四线城市用户，会具有较强吸引力。

（4）在微博和 QQ 空间上做了一次小规模的投放测试，发现新浪微博的用户已经完成智能机换机，而 QQ 空间用户正处在换机边缘。

（5）小米敢于以“价格锚点”激活用户购买欲望，当时双方商定在 QQ 空间售卖的小米手机是千元机，在活动前最后一天，小米给出了 799 元的尖叫价格。

我们可以看到小米手机团队是如何精准识别目标客户所在的社群并引爆它们的。首先他们发现 QQ 上亿的用户正处在换智能机的前夜，潜在需求旺盛，而新浪微博上的用户已经初步完成智能机的更换。另外引爆这个社群，小米团队通过众多可操作的行为，类似预热（猜价格）—预约（签到、集赞）—抢购等方式来实现。同样如果企业社群集中在特定的论坛中，从社群营销的角度思考，可以这样做：

（1）选择目标用户聚集的社群站点。

（2）借用目标用户群感兴趣的话题来获得注意力。

（3）兼顾不同社群的氛围，制定不同的传播策略。

比如，在针对女性防晒的新产品推广中，需要选择特定女性聚集的社群站点，并进行分类。圈定目标客户群集中在美容类、购物类、时尚类、地方类的 BBS（这些地方就是我们说的客户群“老巢”）后，接下来需要做的就是引爆社群，让他们沸腾起来。我们需要关注的是不同的 BBS 沉淀下来的风格、默认规则，然后找到启动按钮。如果贸然行动，将每个社群的窝都等同看待，就很有可能受到在线社群的排斥。

只有了解品牌社群的特性，才能很好地把握营销的方式、方法，不然力量配比可能会失调。“强势妈妈”是源自互联网上那些教育程度高、科技领悟能力强的新兴妈妈。那么这群人使用互联网的行为是什么样的状态？从数据研究上看，这群“强势妈妈”很少成为创造者，只有 11% 的人写博客、上传视频、发表照片；有 25% 的人喜欢回复，可以看出她们更多的是评论者；另外还有一部分属于观看者。

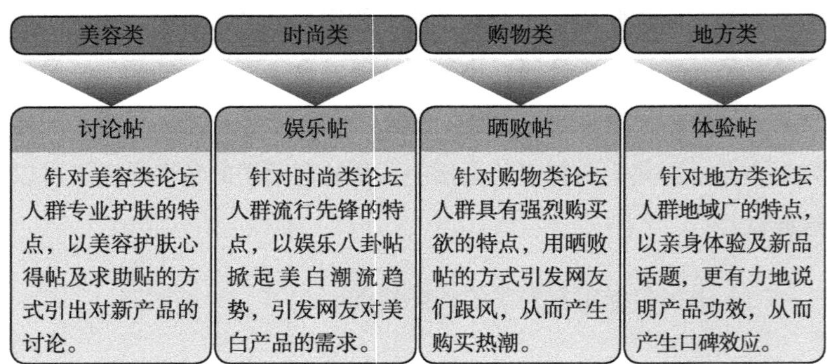

在这样的情况下，社群引爆不应该再聚焦在发动妈妈群体来上传照片、发表视频上，而应该从制造话题、引发回复、获得关注的角度下手。如果企业的社群客户有某些特殊的爱好，那么营销人员就需要采取特定的方式。例如户外产品的用户中，收集者对比其他的行业占有较大比重。那么企业可以在网络上为消费者提供消费清单，以主题的方式展示他们的产品，比如家庭野营购物清单、周末钓鱼清单之类。也可以让消费者围绕某个特定的兴趣爱好进行订阅或开发趣味的插件（widget），助推社群的聚集。

针对特定的社群，想引爆社群可以从以下几个方面着手：

（1）**摸清社群散落在互联网上的生态图**。只有非常清楚社群在整个互联网上的据点，才可以制定相关的策略。这个社群生态图就是我们作战的地图。

（2）**依据营销目的及实际情况找准目标意见领袖**。营销都有特定的目的，在围绕目标消费者社群分析的前提下，找到那些意见领袖，才可事半功倍。

（3）**质量佳且关联度高的内容才可以带来正确的回响**。内容沟通的布局与思路，都必须紧扣主题与目标，哗众取宠、跟流行的内容，不能带来正确的反馈，反而会造成信息上的错失与判断错误。

（4）**正视消费者的意见与回馈，真心响应很重要**。在引爆过程中，需要随时关注社群的声音，依据实际情况做出相关的调整，以便更好地迎合市场和引爆社群。

不同聚点，不同的打法

用户在早晨信息获取的不同方式，是我们做出互联网策略的关键参考。例如将邮件作为第一个目标站点的用户具备目标性强、直接以任务为导向的特点，这类用户希望直接获得企业的促销信息、新产品的推荐信息和品牌活动等，往往是具备消费能力的商务人士。

解决方案：发送邮件的时间点应该在这些人打开电脑之前，不宜过早发送。一般来说用户夜里会收取多份邮件，邮件将按时间顺序排列，在用户打开电脑前发送，邮件会排在前面。注意，邮件的主题要简洁明了，将卖点亮出来，在邮件的正文中要对购买点击按钮进行相关的优化，最好让用户直接点击即可购买。

再例如，将社交网站作为第一个目标站点的用户喜欢分享消息、喜欢娱乐，更倾向于成为品牌的粉丝。对于这些用户需要品牌对其进行潜移默化的感染、互动、交流。他们是口碑传播、病毒传播的优秀载体、携带者和传播者。

解决方案：针对这些用户，企业需要提前策划好相关的活动，如“满 100 送 100”“限时 5 折抢购”等优惠折扣活动。通过社会化媒体的红人来提前转发或者推送，等这些用户打开电脑，企业将直接抓住他们的心，他们将会通过分享等多种渠道来告诉朋友，最终引发病毒传播。

针对移动互联网的用户习惯和偏好，企业需要规划好在移动互联网入口端的工作。努力的方向有：针对不同的智能终端开发合适的界面，如适用于 iPhone、iPad、Android 等不同的网页，当浏览器被触发，可自动识别用户使用的是什么设备，后台相应调出与之对应的版本；结合消费者使用移动互联网的场景，促销等活动可以集中在消费者比较清闲的时间段（如睡觉前、午休时刻等），在这样的场景下，便于消费者购买；通过地址围栏等技术，将消费者的地点信息与商业模式、运营结合，基于消费者所在的地点及信息为其提供精准、有价值的内容。

实践点拨

依据自身情况分析，请思考企业营销传播入口应卡位用户群的哪些接触点？是邮件、微博、新闻，还是其他？这些接触点的先后顺序是怎样的？如何针对用户群体的浏览行为做营销？

第 6 节　用社群思路区分不同类型的消费者

作为商业经营者，我们经常会遇到形形色色的消费者，他们在做出购买决定前，有的深思熟虑，有的走马观花，有的看重品牌，有的追求性价比……我们如何才能抓住这些消费者呢？首先，需要对消费者归类，然后解决每一类消费者，了解不同类型消费者的消费行为习惯及特征，最后才是有针对性地推出产品及服务。我们可以通过吧台酒保的工作，对此进行思考。

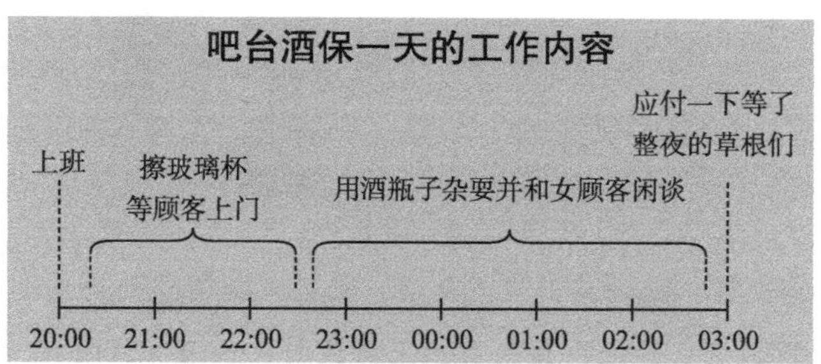

产品运营悲剧往往是从向错误的消费者推销产品及服务开始的。不理解消费者社群的口味及偏爱，运营者自己拍板决定推销策略，等到发现悲剧时，就很难掉头了。大朴网的案例对此可以很好地诠释。

刚开始大朴网的用户定位是 30 ～ 40 岁的女性，他们认为这些人有一定的经济条件，且愿意为自己的品质生活付出金钱。当时的产品价格偏向于中高端，因为经营者没有真正想明白用户实际情况，其实这个群体活得很艰难，她们上有老下不小，还有各种人际应酬，并不是想象的那样。

后来网站要开展萌宝征集令的活动，当时需要找小孩拍照。按照传统的做法，会找摄影公司推荐模特。但是当时网站人员灵机一动，想到模特能不能从用户中挑选？让用户的小孩来做模特（参与感），这样不但找到了模特，还能和用户进行互动。后来经实践证明，效果非常好。网站基本没有投入，只是常规地给用户提供拍摄费用，借助微信官网推广，报名就有 800 多人，活动当天网站流量增长 3 倍，同比销售额也增长了 1 倍。

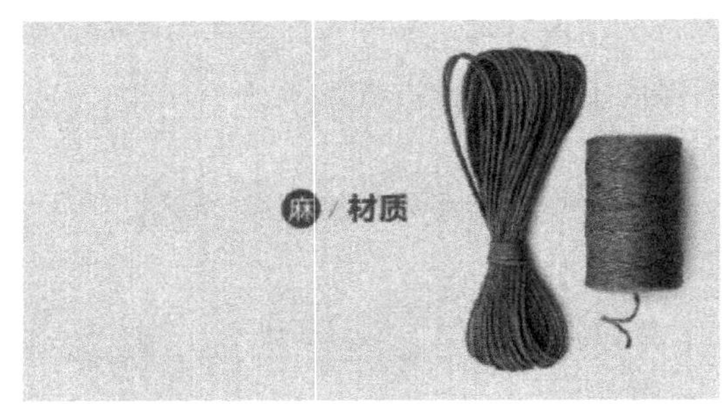

案例点评：通过与用户的互动，最终大朴网找到切合这样一个群体的需求点：安全、高品质。正好大朴网一直都注重安全健康。后续的营销策略他们也是围绕年轻妈妈展开的，根据最新定位，直接引爆。

在电子商务中，针对社群的不同行为及心理思考范式，可以有区别地对待各类消费者。

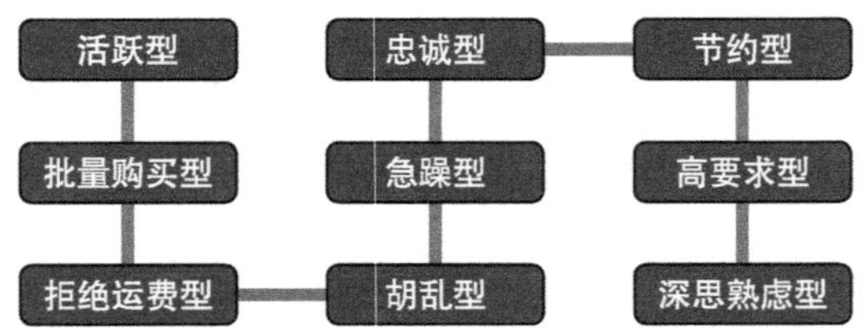

1. 活跃型的消费者

活跃型的消费者喜欢网购，不会特别留意折扣优惠，但是若喜欢的东西刚好打折，他们通常都会马上买。

消费特征：这类消费者享受在各大购物网站上浏览的快感，但不一定会买很多东西。

应对措施：要让他们下定决心，可以尝试不同的促销手段，如秘密降价、每日特价、限时抢购等，也可以根据他已经买的东西推荐相关产品。

2. 批量采购型的消费者

批量采购型的消费者会先把喜欢的产品加入购物车再慢慢考虑。

消费特征：喜欢先将所有喜欢的东西加到购物车里，然后等待价格下降或者等待节假日促销一起支付。例如笔者经常将喜欢的书放入“心愿单”，不想一本一本买，等聚集到一定的程度集中采购。

应对措施：每日特价、限时抢购、秘密降价等对他们都有用，根据他们购物车的商品推荐补充商品也不失为好办法。

3. 拒付运费型的消费者

拒付运费型的消费者偏爱免运费的网店。

消费特征：最不喜欢运费。

应对措施：免运费能让他们的消费转化率大大提高。

4. 忠诚型的消费者

忠诚型的消费者购物前会考虑有没有积分奖赏计划，如何获得更多积分。

消费特征：喜欢参加商家的忠诚顾客计划、追求积分奖励，但在无形中要比别的消费者花费更多。

应对措施：通过不断提醒他们购买指定商品可以获得的积分来实现促销。

5. 急躁型的消费者

急躁型的消费者希望马上买到想要买的东西，不然就换一个卖家。

消费特征：不喜欢花太长时间在网上比较，购买目的直接。

应对措施：优化的网站体验，可以推送一些大胆的促销来吸引眼球，针对其在网站上的搜索行为，快速精准地给予最优推荐。

6. 胡乱型的消费者

胡乱型的消费者常常下单，但因为各种原因没有完成购买。

消费特征：购物时往往手头上有别的事情在忙，更易被暂停。

应对措施：通过优惠承诺来刺激他们完成当前的订购，或通过广告提醒他们再次查看以前没有买下的东西。

7. 节约型的消费者

节约型的消费者不只关注价格，更要性价比高。

消费特征：更看重省了多少钱而不是东西有多需要，他们不在意商品的微小瑕疵或折旧。

应对措施：让他们更容易看到那些便宜的商品，以及清仓甩卖的优惠信息，核心秘密是给他们一个说服自己购买的理由。如果没有这样的理由，应尽力挖掘。

8. 高要求型的消费者

高要求型的消费者追逐高科技、新款式、大品牌的产品。

消费特征：这类消费者倾向于购买最好的，特立独行。

应对措施：投其所好，让他们一眼就看到最新产品，并有类似“总订单达到 ××× 金额后优惠”的承诺来提高他们的消费金额。

9. 深思熟虑型的消费者

深思熟虑型的消费者会货比三家，看看价格是否有下降空间。

消费特征：这类消费者总是三思而后行，尤其当购买的产品需要花费大额预算时。

应对措施：在其购物过程中给予正面的强化，比如通过展示客户评价来说服他们这是值得购买的产品。

在电子商务的运营中，如果从社群分类的角度来区别对待消费者，将能更好地为他们服务。这一做法的挑战是如何快速摸清消费者的类型并为之提供对应的服务。

实践点拨

如果想针对不同社群购买习惯各个击破，除了上面的应对策略，还有必要梳理消费者购买产品或者服务的理由。

- ❑ 为解决问题。
- ❑ 为改变心情。
- ❑ 需要它。
- ❑ 为加强关系。
- ❑ 认为自己需要它。
- ❑ 有人介绍。
- ❑ 为获得竞争优势。
- ❑ 这东西听起来太好了。
- ❑ 为省钱或提高效率。
- ❑ 为防止错误。
- ❑ 因为买卖划算（或感觉良好，他们觉得划算）。
- ❑ 为炫耀卖弄。

第 7 节　巧妙构建目标客户社群

要么构建社群，要么利用社群，说到底都需要社群。网络社群的一个显著特色是大家都可以参与到社群活动中，不然就会显得被动。企业可以从网络社群中了解用户的真实想法、产品情况，更好地和用户交流，建立一种基于企业或者品牌的情感纽带。品牌的说服力、可信度建立的基础是品牌长期投入的情感纽带和用户感觉，平时不维护、不参与到社群中去，临时抱佛脚，不是品牌运营的明智之举。例如在互联网医疗领域，慢性病的网络社群商业价值明显，构建这样的社群关系，只有医生、患者之间不间断地互动和沟通，对关系和情感进行培育。

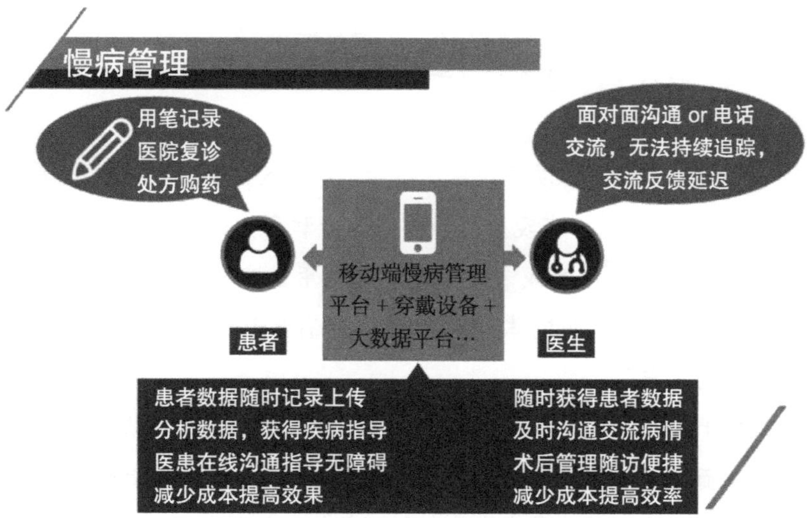

泛社交思路不适合企业

如果你曾经上过网易、盛大的游戏社区，就会发现他们的产品在产品形态上跟人人网、QQ 这种社交网站并无差异。事实证明，用户在社群中的交流很少。对于社群的塑造，一方面在于官方网站的引导，另一方面则是用户自身的维护（其实就是上传的内容）。其实前者的作用效果远不如后者，如果用户自身没有驱动力，社群引导再多也无用。

艾泽拉斯国家地理论坛作为魔兽世界最大的中文论坛站点，其被 wow 玩家当作最有效的资料查询、问题搜索和互动的社群空间。相当一部分的玩家会不定期登录该站点，进行游戏相关的讨论。其与公会论坛最大的区别是其论坛成员群体囊括了中国绝大多数 wow 玩家，讨论主题与游戏内容紧密相关。

比如在“魔法圣堂”（法师职业专区）版块中，网友们集中讨论法师天赋、装备搭配乃至身为一个法师应有的“精神”等各类相关问题，在这里，“法师”似乎已经真的成为现实当中存在的某一职业。

“麦迪文之塔”“艾泽拉斯议事厅”等专区则是玩家们与游戏之间的“互动”，具体表现为对于游戏背景和历史的挖掘、根据游戏背景改写的某部故事或者漫画，或是利用游戏画面自制的音频与视频片段……可以说它体现的是 wow 迷们对于游戏“主动、热烈、狂热式的参与”。

对于玩家而言，参与此类讨论是一种获取游戏相关信息的重要手段，而公会论坛中情感与个人的交流在此较少出现；对于广告商来说，此类论坛因其明确的受众和超高点击率成为商业广告的又一个绝佳载体。

案例点评：论坛是社群有效聚集的平台。我们看到《魔兽世界》

里的玩家在论坛社区中查询资料、搜索问题以及进行网络空间的互动，这群玩家极具商业价值，因为他们人物画像及兴趣相近。

虽然同一网站下信息的组织形态不尽相同，但在论坛中会依据版块来聚合信息，这样一来在同等用户数量、同等时间的情况下，论坛版块中信息数量发挥的效用就会超过社交网络。显然，同样的信息在论坛中的受众会更多一些。在论坛中即便信息量少，但也是将有限的信息集中呈现给了用户。你可能会说既然这样，可以把社交网络中的内容提取出来集中推荐给用户。这不失为一个不错的办法，但是怎么把毫无规矩的用户内容提取出来却是一个很有难度的问题。同时，如果这样做的话，论坛和社交网络就会变成同一目的地的两个不同路径，一个是用户主动贡献并分类信息，另一个是网站自行提取。既然用户有意愿自行分类信息，我们为什么不接受呢？前者自然是最好的选择？

当然，这不是说游戏无社交，只是谈企业不能按照人人网那种泛社交网络的思路去做。对于游戏社区，需要给玩家过多的引导，这种引导的目的在于给用户提供一个互动交流的起点。这样游戏社区就成为一个强运营的产品。我们应该清楚认识到，在整个社区中，很难依赖用户自身的行为达到系统自身循环的目的。

成功企业社群举例

陌陌团队在运营中坚持认为：一个社群的活跃取决于女性用户的活跃，女性用户的活跃取决于她在这里是否得到想要的社交需求。他们通过规避一些冒犯、骚扰，给女性安全感。他们安排了一个 8 个人的团队，每天处理举报信息（每天处理超过 2 万个投诉）。陌陌在推的新版本的主要功能点就是增加基于地理位置的社群。不活跃的社群系统会淘汰掉，他们加入了群组管理员的概念，陌陌想做的是基于地理位置的关系沉淀。例如基于小区的业主群组，业主都能加进来，方便联系，一起聊子女、物业、生活的问题。以前业主有 QQ 群，但那些群拉人进来很不方便，有 LBS 就不需要了。通过陌陌群组就可以找到自己的邻居，这种网上的邻里关系再慢慢转化成熟人关系，从而慢慢恢复城市的社区文化，最终改变一些人的生活。

宝洁的Beinggirl.com社群构建实践

让我们来聊一聊卫生巾吧！

你会聊下去吗？应该是难以启齿的，那么我们在推广卫生巾的时候就需要换个角度。女性护理产品是有鲜明特色的，一旦消费者喜欢上某个品牌，很可能很长一段时间都会认准它。品牌宣传若只在电视上对着一群无关紧要的人进行狂轰滥炸，那么他们就很难与精准的用户群（目标女性）形成对话。那么在微博上，企业对产品的宣传也不能直接探讨月经等问题，因为话题过于敏感，很难让消费者畅所欲言。

挑战如何解决？

Beinggirl.com 不是有关卫生巾的社群，而是选择与年轻女孩要解决的所有问题相关的。常见话题有：女孩健康、女孩约会、第一次性生活、月经烦恼等。许多女孩子对家人难以启齿的，在互联网上匿名发言会让她们放松。

比如有人问："第一次来的时候，如何是好？"这个时候就会有许多女孩过来帮忙：亲爱的莉莉，我想你应该庆祝一下，这是你一生中重要的“成年礼”。你应该告诉你妈妈……

社区让这群用户有抱团的温暖，这将化解许多女孩的麻烦。同样这样的社区也会出现许多可爱的问题和有趣的话术。例如，“经期如果我在大海里游泳，鲨鱼会不会咬我?”“你还是小心点为好，戴上卫生巾的话，我看成”。你可以在社区看到许多有意思的回答，欢笑之余无形中传达了品牌及产品的功能。

案例点评：通过Beinggirl.com，宝洁很快占领了社群的制高点，顺利地将卫生巾产品输送给目标用户。构建用户的社群无形中建立了竞争的壁垒，等竞争对手想追赶时，留给对手的空间很小。

企业社群的根据地可以从主动性、被动性、内部性、外部性等角度来划分。微信、微博、人人网等企业平台上的官方账户运营方式属于被动的外部社区建设的范畴。其优点是企业可以快速借用大的平台，省去开发费用及相关工作。不足之处在于平台是别人的，话语权及众多资源控制在平台手里，企业很难驾驭社区发展。企业可以自己搭建社区，形式有自身的BBS、独立的社交网络。这样做的优点是企业可以充分获得平台及用户的资源，拥有话语权。其不足在于需要花费较大的预算来管理、运维，在实际的工作中，社区运营往往需要专业人士和专业技能。

企业社群只有将消费者拉进来，才是一个优秀的商业模式。在社会化媒体时代消费者不仅可以发出声音，还可以奉献他们的力量，帮助企业开发新产品、推销产品，甚至充当用户服务的角色。

丹麦的乐高积木是个典型的案例：他们的目标用户不仅仅是儿

童，更多的是成年人。他们活跃在社会化媒体平台上，讲述他们和乐高的故事。LEGO Creator 网站鼓励消费者提交自己设计的模型，乐高从这些设计中挑选出优秀的作品作为积木套装的备选方案，然后让消费者投票选出最好的方案，获奖者能从销量中分享到 5% 的利润。沿着这个思路下去，乐高根本不知道下一代的套装产品是什么样的，一切由乐高的用户说了算，他们将支配权交给了消费者。这样不仅节约了设计成本，避免了设计产品不受市场欢迎的风险，而且从本质上调动了消费者的创造力，让他们奉献力量。从心理学上讲：当消费者参与创造，奉献了力量，他们就会卖力去推销这套产品，因为这个产品有他们一份努力，他们要让这个产品流行，不然就丢面子了。

强生公司的BabyCenter策略选择

强生公司运营着一个非常成功的在线社群 BabyCenter。其厉害之处在于：在美国使用网络的准妈妈和有着 2 岁以下宝宝的妈妈中，78% 都是这个社群的成员。每月来 BabyCenter 的美国妈妈，要比每年出生的美国宝宝还要多。BabyCenter 在提供价值上有自己独特、坚持的方向。网站根据孩子的年龄来区分专家建议、科学研究等文章。更为重要的是，妈妈社群的建立，让妈妈们有了分享照片、交朋友、写博客、探讨评论、传递经验的地方。相对于其他全人员覆盖的社交网络，BabyCenter 只专注面向妈妈群体。下图是 BabyCenter 全球网站的中文版。

我们可以看到许多妈妈一有空闲就会写日记来记录她们怀孕的经历、孩子成长的过程，甚至分享育儿经验。这些具有相同目的的妈妈们聚合在一起，经过时间的积累，最终形成独特的部落。

BabyCenter创建之初就提供与10岁以下，甚至未出生儿童相关的各类工具、信息和经验。排卵期计算器、宝宝起名工具、与儿童成长各阶段相关的成长信息和文章，这些构成了妈妈用户定期回到这个网站的理由。

BabyCenter在移动互联网时代，推出许多实用的应用，其中典型的代表是Booty Call。该应用可以定期给处在排卵期的用户发送受孕率警报，还会发送一些提示和信息让用户考虑排卵期的事情。

案例点评： 强生运营着汇聚全球妈妈的社群，对于强生公司来说，这不仅仅是拥有和用户交流的平台，也是其很好的销售平台。该社群在新产品的推出、产品研发、用户服务等方面都将产生不可预估的力量。

90% 的企业社群站点都死了的原因

许多企业都想构建自己品牌的网上社区（社群居住地）或者 BBS，但是常常遇到如下悲剧性经历：

（1）领导拍板做社群。

（2）找一个软件开发公司来开发社群产品。

（3）市场部、IT 部联手负责运营一段时间。

（4）成为鸡肋。

（5）最后领导拍板关闭。

从笔者服务过的众多企业的社群经验来看，导致上述悲剧的关键原因有：

（1）社群搭建之前，企业没有战略规划，一套完整的方案没有想透彻；低估了社群运营的挑战，忽视了社群生态系统构建的重要性。

（2）社群工具开发有问题，让普通的软件公司开发品牌社群。笔者之前服务过一个金融用户，当他们的社群运营不下去才找到笔者。后经过查看，发现原来软件公司是在开发 BBS 的架构上给他们开发了个品牌社群，从而导致用户体验糟糕、品牌社群架构可拓展性差、软件功能模块缺失等问题。最终的解决方案只能将品牌社群推倒，重新开发。这就是没有想清楚，简单上马的害处。

（3）社群运营缺乏战略规划。社群关键在运营，许多企业并没有看到关键问题，忽视运营。在笔者服务过程中，非常注重运营的规划、资源投入、人力投入、活动策划、社群氛围、社群温度、社群发展节奏。

例如，给笔者某个用户的品牌社群制定的执行方案是：2 年规划，前 8 个月为社群养成期，配备 30 名专职员工运营社群；养成期的战略投资是 300 万元，主要用于活动策划、品牌合作、用户告知，让既有用户、目标用户加入社群。中间 8 个月为社群发展期，主要工作是制造话题、活动来积聚人气，开展线上线下活动，让社群关系得以沉淀。最后 8 个月是社群稳定期，主要任务是发展用户忠诚度，构建销售平台。

作为百度之前社群的顾问，笔者受高管邀请针对百度的搜索引擎营销（SEM）为企业及其操刀者构建互联网社群提供策略规划。项目的背景是：在互联网上，没有搜索引擎营销执行及反馈讨论的社区，作为国内最大的搜索引擎，有责任构建社群平台。当时散落在互联网上零星的讨论，均跑到竞争对手阿里巴巴的中国供应商 BBS 社区里，这让百度的高管相当难为情。项目从开始到立项再到初步执行，前后经历复杂，后来碍于团队人员变化、领导对社群价值的感知和追求快回报等因素草草收尾。笔者到今天仍然惋惜。下面就项目的思考与大家进行交流。

面对竞争日趋激烈的生存环境，百度何以确立长期的稳定用户价值，跨越未来的不确定性障碍，超越竞争对手，建立企业的可持续发展的基业？和用户一起成长才是立足之本。

为了使百度英才在线社区运营更符合自身规律，将其真正转化为组织战略成长的行为，必须前期规划好英才在线社区的建设，与各项具体的运维工作对接，形成强有力的执行规划与保障机制，按整体战略目标的要求行事。

百度英才在线社区具有可行性，经过初步调研、沟通发现：

（1）企业有意愿通过互联网进行学习，沟通。

（2）企业迫切希望在互联网有一个专门讨论搜索引擎营销（SEM）的地方。

（3）百度拥有的用户足以支撑英才在线社区。

项目的推进

项目的开展——在充分了解客户需求的基础上，对全球2B在线社区经验总结前提下，快速有战略地推进英才在线社区建设。

※ 梳理出全球企业尤其是2B企业社区建设及运营情况

从阿里巴巴网商社区、SAP企业社区、Oracle、Google等企业社区的梳理；

定位
功能模块
人群
社区运营情况
经验

※ 对潜在参与者的调研，在此基础上形成我们的实施框架及落实的具体策略。

在线搜索引擎社区的价值如下：

（1）服务既有的百度用户。

（2）是互联网讨论搜索引擎营销、数字营销最集中、专业的社区。

（3）获得销售机会，刺激销售。

（4）打造忠诚用户文化壁垒，超越竞争对手，建立企业可持续发展的基业。是在线社区用户聚集的广场和获得话语权的平台。

通过讨论评估问答社区、BBS论坛、FB或Twitter类的SNS社区等模式，初步认为BBS论坛的知识门户方式，是百度英才在线社区可行的方向。

百度英才在线社区是**面向企业**的专业社区，未来也是面向用户C端、知识的社交门户。

项目的推进

- 项目的策略——在现实的基础上，如何更加有效地推荐社区发展，其中包括用户数、社区氛围、社区文化的构建等方面。

※ 英才在线社区用户运营策略

搜索引擎社区的人员组成及潜在行为模式；

B端企业的人员导入，及自然分类；

社区用户成长轨迹图谱；

产业链资源导入，构建生态；

※ 对社区参与者的不同需求，在此基础上形成社区运营实施框架及应对策略。

社区的构建涉及方方面面，典型的包括网络社区发展计划、社区氛围和文化的塑造、线上线下资源的导入、团队工作及流程的养成等。

社群发展策略

项目的策略——在现实的基础上，如何更加有效地推进社区发展，其中包括用户数、社区氛围、社区文化的构建等方面。

※ 社区发展策略及节点：

网络社区人数的发展计划；

互联网上资源的整合；

线上线下的联通；

激发与维护计划；

团队及工作策略；

※ 对社区发展不同阶段，给出社区运营实施框架及应对策略。

构建高黏性和高参与度社群的 8 个策略

构建高黏性和高参与度的社群确实不易，如果没有解决的决心、资源支持、合理的社区策略、KPI、优秀的团队等综合因素是不可能实现的。结合笔者多年的经验，简单梳理出下面 8 个框架，仅供参考。

（1）**了解目标用户群、熟悉信息的集中反馈区、深谙用户交流热点话题。**梳理信息，建立清晰的社群领域，将用户吸引到这些区域中来。信息的集中对于用户来说更具吸引力，他们可以找到共同的爱好、话题进行交流。例如，铁血网经过长时间的积累和专业编辑的努力，被打造成优秀的内容和热点问题互动的集中区，获得很高人气。

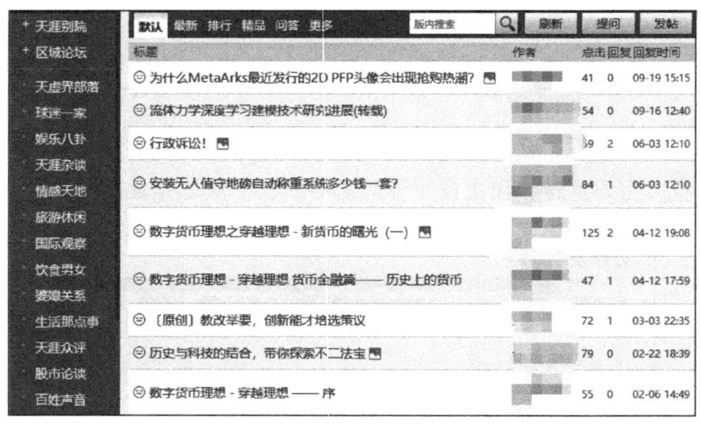

“找到理由让用户经常回社群看看”这一点很重要。品牌社群如果不能形成持续的访问，终究只是昙花一现。Visa 搭建了商务社交网络，目的是让 5 万多个小型企业主互相联系、共同寻找用户，以及和其他企业交流想法、信息和商机。旅行者不仅能结识志趣相投者，也能认识其他购买相同旅行服务的人。用户可以阅读各自以博文、攻略、图片或视频方式记录的旅行经历，也可以向专家咨询与旅游相关的问题。其还为用户提供了到澳大利亚、欧洲、日本等目的地的阅读旅游奖励，订阅整理社会化媒体平台、互联网上最低廉航班的信息，为消费者提供一站式服务。

（2）**让用户自由讲话，在正常状况下，不干预、不删除用户的信息。**企业已经通过电视、广播、报纸、DM、户外等多种形式占领着用户，为此不必再用过多的软文、宣传信息来填埋网络社群，而应给网络社群创建一个和谐的生态环境。

一个成功的网络社群能让社群里的人持续互动，并从中创造出一种相互信赖与了解的伙伴关系。信任者与被信任者双方对于重要信息和看法能频繁地沟通与互动，较容易建立信任关系。社区运营方如何做到获得信任？坚持正确的导向，争取不偏不倚。例如社群的参与度的增强，可通过共同选择、顺从和协作，再到共同学习、集体行动这一完整过程实现，基础就是社群信任培养和关系的加深。

消费者信任会对信息的交流产生影响，而消费者对组织 / 企业的信任有利于信息的交流。消费者对网络供应商的信任可以致使消费者愿意和供应商分享个人信息。在信任的环境中，由于这些信息的可靠性取决于信息提供者的诚实度以及他们愿意帮助别人的倾向程度，所以信任的善意和正直维度将增强消费者获得信息的意愿。

（3）**社区文化的呵护者**。将社群的信息反馈交给用户，企业要做的是保驾护航，让品牌的网络社群可持续发展。可以通过品牌优惠、信息公布、资源共享等手段来聚集人气，协调社群中方方面面的关系，适度表彰意见领袖和社群活跃分子。例如下图是小米社区中有关评论和打分的机制，可有效刺激用户参与。

说说你的看法　发表

已有18人评分	经验	理由
技术、顶点	+5	赞一个!
成泰夏	+8	技术贴 总结贴
香山2999	+8	ok
一切随风TM	+5	很给力!
magicp	+1	不错可以看看哈
感恩一路有你	+8	因为你是小米，所以我会支持
小米热狗	+8	非常不错的刷机贴。
jing888	+1	不错不错不错
QQ89567652	+8	实用
北方苍狼80	+8	好牛！！！
费解的小米	+5	谢谢分享

为了使社群成员确信他们的认同是有意义的，他们的行动是有价值的，彰显社群的力量和效能是十分重要的环节。那么社群的力

量和行动的有效性究竟从何而来呢？来自于个体与集体的共同努力。一旦个体将自己归属到社群这样的集体后，当他看到个体的行动成为集体行动效能的重要元素时，将反过来强化个体的社群共识，使其更加强烈地依据群体规范进行讨论和行动。

（4）**企业真诚地参与。**企业在品牌的网络社群中，需要谨慎使用官方或品牌身份。当代表品牌发言时，不必太做作、太正式，可结合自身品牌的特色定位，以适度口语化、人性化的语言参与到网络社群活动中。

（5）**抓住社区的“死硬分子”。**必须找到社群的死硬分子即品牌的忠诚粉丝，品牌社群能不能做成功，关键节点是有没有用好死硬分子们。我们需要抓住他们，刺激他们，奖励他们，让他们成为我们兵团中的一员。

积极的网络参与行为是网民成为意见领袖的前提条件。只有积极参与行为，网民才能扩大个人的社交范围，提高自己的曝光度。只要有人聚集在一起，都会本能地让自己处在领袖的统治之下。就社群而言，意见领袖的作用相当重要，他们的意见往往影响群体意见，社群中的大部分居民就像温顺的羊群，没了意见领袖就不知所措。

（6）**社区运营节奏与完善计划。**刚刚启动品牌社群时，什么都是空空的，没人，没内容。团队必须制定一个完善的运营计划，比如开展 SEO、搜索引擎引导、活动策划、官网的流量导入等。

挖财是最近几年理财垂直领域的小明星，有别于同类型企业，他们的竞争优势是有一个鲜活的理财社区，在这里不只可以聆听用户的声音，有效促销，还可以拉近用户情感，构建信任。刚开始，挖财社区上没有帖子和内容，团队就积极全网收罗优秀的内容，进行编辑分类、分布。团队在没有社区用户时，积极模仿用户提问，控制话题走向。团队坚信的一句话是：社群经营就是经营话题。通过持续地完善，最终社区可以自动运营。

戴尔在构建品牌社群的初期，有一个 30 人的“社群和对话团队”，专门打理论坛，并向网友提供帮助或解答。经过 2 年的养成期，最终在戴尔论坛上减至 5 人来负责管理。百思买也曾动用几百名雇员组成 Twelpforce（Twitter help force），专门即时回答用户的问题，回复建议，向粉丝发布促销信息。

（7）**设立一套等级排名系统，构建激励机制，让参与者感觉有趣**。让参与者有荣誉感很重要，不要简简单单地弄一个积分制度，稍作变通，比如等级排名制也许更好。可以说社群的等级排名制度是品牌社群最精妙的关键点。只有满足居民的 G 点，让他们不那么容易达到，也不让他们失去兴趣，才是一个精妙的系统。简单拷贝别的论坛的方法是非常不理智的行为。

以传统网络社群来看，成员的发帖数量和论坛级别等信息在某种意义上反映了其参与行为的积极程度。持续发帖的行为不但能够提高写作者在论坛的曝光度，发帖数量也会累积成该成员的积分，积分越多意味着成员的上网时间越长，参与度越高，代表其在社群网络的经验越丰富，这种资历因素在某种程度上会提高参与者在群体中的信任度。

社群成员作为一个集体与他人进行交往时，会使成员对社群形成更强归属感。当社群用户知道自己归属于某一虚拟社群时，将引发一个虚拟社群身份的类化过程，激活他 / 她的群体身份，形成该社群的集体意识。企业需要做的是维护和促进这个社群健康成长。

传播方式在不断变化，企业需要不断了解、应用新的营销手段，其中唯一不变的是，要铭记用户为上帝，用诚心和用户相处，品牌才可以持续经营。

（8）**积极聆听不可多得的负面评价。**沟通是满足用户期望的一项基本能力，一个很重要的方面是，你要让用户有机会把正面和负面的评价都告诉你。

我们发现 80% ～ 90% 的用户在遇到不尽如人意的体验时，不会向产品或服务提供商透露这类消息，包括网络订购、与销售员会面、售后服务等。企业在面对消费者的过程中，出现错误是不可避免的，你需要经常鼓励用户，让他们在遇到问题时一定要通知你。为此可以采取如下行为：

- 提供多种方便联系的渠道：即时通信软件（QQ）、微信、电话、手机等。
- 在公司网站上提供信息反馈表。
- 经常进行用户和员工的调查和访谈。
- 定期进行流程（购买、售后、客服等）评估监督工作。
- 定期通过电话、邮件、微信等渠道询问用户对所提供服务的评价。
- 对纠错的用户、员工提供物质和精神的奖励。
- 对所有员工进行培训，要求全员面向消费者，服务消费者。

在品牌社群中，我们也需时刻关注用户的评价，积极应对负面的评论以获得用户的谅解和社群用户的支持。如果一个社群看过去全是歌功颂德，可想而知这样的生态系统是不真实的。

第 8 节　高频和低频社群构建策略

依据用户和企业互动的频次，可以将产品分为高频和低频两种。

- 高频产品：用户获得产品或者服务时，往往意味着企业和用户互动、连接的开始。
- 低频产品：用户在获得产品或者服务后，意味着企业与用户的关系即将走向无感。

高频打败低频

互联网思维中广泛流行着一句话：高频、刚需、痛点。只有清晰指明创业方向，牢牢抓住用户的高频需求，才能做成独角兽型的企业。同样，成为互联网入口的前提是高频，例如：

- Uber 能成为入口，占据的是打车这个城市人高频的需求。
- 外卖能成为入口，占据的是上班族时间紧且要求高品质食物这个高频的需求。
- 大众点评和美团能成为入口，是因为餐饮是个高频需求。
- 微信能成入口，源于用户使用的高频。

在分析移动互联网 App 商业生态时，不应该仅仅盯住行业的市场规模、潜在商业量级，还需要关注用户打开 App 的频次。如果打开的频次低于每周一次，这种类型的产品就很难以 App 形式长期存在于用户的手机上。微信、支付宝，通过打通合作伙伴，推动支付的多使用场景，培养用户使用频次和移动支付习惯，正走在成为平台的征途上。

大型超市的生鲜类产品的价格为什么会便宜？背后的逻辑就是通过高频产品吸引用户，导入人流。在顾客购买生鲜类产品的过程中可顺带销售一些低频但高利润的东西，如金饰、大家电等，这样可以提升整体的利润率。低频产品集中的卖场，类似大家电卖场，如果在价格、品牌、售后服务上比不过京东、苏宁，那么生存的机会将不复存在。

低频产品的困境

海尔集团邀请笔者作为其社群战略顾问。笔者和海尔冰箱、厨卫、洗衣机等产品线高管商讨社群战略时，一直绕不开的话题是：我们产品的属性是低频，如何构建社群战略呢？

海尔的张瑞敏先生积极引导海尔社群战略，为此整个集团非常重视，全方位融入社群商业。其中典型案例是雷神笔记本的研发、营销过程中对社群战略的应用。

雷神在研发、生产、营销、用户交互方面已经搭建了完整的、良性循环的生态圈。雷神团队首先通过寻找用户痛点并归类整理，同时寻找上游资源，以此为基础开始进行软硬件产品的创意、工程样机软件版本测试。在第一轮公测中，广泛收集用户反馈，然后对软硬件进行优化，最后开始进行互联网平台预售，通过服务收集下一次产品的反馈，形成交互平台社群战略的闭环。

在开发第一代产品时，雷神的团队在京东平台上搜集了 3 万条有关笔记本电脑的中差评，并把这 3 万条中的差评归结为 13 项问题，包括屏幕上有亮点、分辨率低等，随后基于这些痛点开始设计产品。雷神出的每一代产品都不是研发人员或者是负责产品的人拍脑袋想出来的，而是回归到社群需求，就是用户需要什么，雷神就想办法去做什么。

在产品研发阶段，团队通过社交平台和社群进行沟通和交流。可以说，关键点就在于重视用户的体验，并以拥抱互联网的开放态度打磨硬件，同时通过完善的粉丝交互平台，积极吸纳粉丝意见，让玩家、发烧友深度参与到产品的开发迭代中。

案例点评：雷神笔记本在研发、营销等过程中深入使用社群战略，通过聆听社群的声音洞察产品研发重点、挖掘产品痛点，通过社群平台引爆，使其收获了丰厚的商业回报。

看到集团有明星级社群案例，海尔的同事们在战略研讨会上给笔者提出一个刁钻的问题：类似油烟机、热水器、洗衣机、空调等低频的产品如何玩转社群呢？

高频产品的社群，我们可以邀请明星用户参与到产品的研发中，将用户拉到微信群、QQ群里，在线上线下（O2O）开展粉丝活动，时不时与客户发生互动……

低频产品做社群，刚开始，许多小伙伴也模仿高频产品的思路，将用户拉到微信群、QQ群，构建BBS、话题引导、线上线下活动等，但是社群的运营结果往往是冷冷清清。究其原因，社群运营团队犯了一个大错误，就是自以为是，一厢情愿。

笔者经常试探性地问低频产品团队：将心比心，如果是你，你会不会加入一家卖床企业的微信群，时不时聊聊床的质量如何？一厢情愿的社群蛮干行为，从一开始就注定是悲剧，社群意愿不成立。更有甚者拿出预算来勾引或者引诱用户沉淀在这类互联网社群中，其结果是等到钱烧完后，游戏也就结束了。

低频产品的社群商业如何玩？笔者给出的建议是：不必抓住每个用户，让他们高频次讨论。**企业不妨改为抓住社群的场景，如维修、售后、服务、更新等方面。这些场景不是卡位某一个用户，而**

是卡位社群的批量要求。低频企业社群战略思考的角度是，在社群需要的时候，提供服务。

戴尔之前是通过隔三差五地将资料投递给消费者，以求抓住消费者有意购买电脑的多个时刻。现在戴尔已经改变了思路，将以顾客为中心的商业模式不再局限于购买的流程上，而是发扬光大。例如戴尔的头脑风暴（Ideastorm）社区，消费者在这个地方给戴尔出点子来帮助完善整个商业模式，社区中已经有 8 000 多个点子、50 多万条回复。如果你需要技术支持的话，戴尔的技术支持论坛上有 100 多万个相关的帖子和成千上万的用户在线上进行交流。

例如，用户问："安装系统出现错误 302，如何是好？"这个时候在线的其他用户会帮助解决，当然，提问的用户也通过检索论坛之前的帖子来获得帮助。每一次用户回复的解决，其实都为戴尔省去 10 美金左右的客户服务费。据统计，这样下来一年有 30 000 个问题会得到解决，无形中节省了 300 000 万美金，也就相当于戴尔获得了 300 000 美金利润。这种商业模式的发动机一直在转动，企业只需花费很少的维护成本，这是一个很棒的买卖。

社群中什么样的人都会出现，他们不比我们的客户服务人员工作时间短。例如在戴尔的网上社区中有一个名叫杰夫用户，他从注册论坛以来，在线时间超过 473 000 分钟，发表帖子近 2 万次，这些帖子被浏览次数超过 200 万。试问戴尔的一个客户服务人员的工作量是怎么样的？这么可爱的用户，你准备发多少钱给他？答案是 0 元即可。

案例点评：低频社群的商业模式，可以从利用网民的认知盈余开始。其中我们需要做的仅仅是推动整个风潮，也就是了解社群，抓住低频的场景，构建合理的刺激机制。对于杰夫这样的死硬分子，他们更看重的是精神奖励，包括利他主义的感受、自我肯定、社会归属感。如何将这些人调动起来，构建低频社群必将取得巨大成功。

低频魔咒：扩充高频品类

常见的高频、低频冲突的商业战争时刻在上演，其中笔者尝试整理出以下 3 个比较有代表性的频率之战。

（1）用高频去发展低频需求，或入侵低频地盘。例如，微信通过其强悍的高频，侵占友商的游戏、通信、购物等项目。某公司做完打车后再做拼车和专车。

（2）找到产业链中最高频的那一个价值点，整合行业上下游。例如小米通过社群聚集用户，牢牢抓住用户，通过高频的安卓系统软件更新，整合上游制造商。

（3）采用快速迭代、小步快跑的高频策略企业，在产品、市场、售后服务中凸显优势。传统企业碍于组织、流程、文化等惯性，很难高频化，导致被击败。

对于电商而言，低频确实是致命的。我们看到京东正大力推动高频产品频道的建设，如图书、生鲜，其背后的潜台词也是扩充高频的品类。通过高频产品可以为网站导入更多的流量，在此过程中也可促进低频产品线的销售机会。

珍品网刚开始主打箱包、配饰，创业初期考虑的出发点是品类相对标准，用户选定后退货率较低。对于珍品网如何扩充高频品类？珍品网第一步探索是加入服装。可服装却是个非标产品，品类众多，尺码繁复，退货率很高。同时作为奢侈品，价值高到无法压货，极其考验买手的素质。

最后团队找到服装类的“标品”——POLO 衫。POLO 衫款式简单，只要选对号码，基本不存在退货。POLO 衫的成功让珍品网摸索出一条寻找“标品”的路径，他们不断在奢侈品里做标品尝试，如男装衬衫、牛仔裤等，用一些刚需品让客户回流。在实际经营中，很多网站因生存压力，会把自身的定位下调，拓展低端的品牌数量。长此以往，早期忠实的用户会一去不返。珍品网通过高频战略积极抓住回头客和转介客。例如，网站每天都有特卖活动，用价格来培养用户。比如爆款围巾，每一条不挣钱甚至亏钱，只为让低频的网站可以获得大家高频的注视。

案例点评：我们看到珍品网通过高频的产品为网站导入源源不断的流量，过程中也可促进低频产品线的销售机会。当年京东扩充品类尤其是图书项目的意图也有类似的考虑，通过高频的产品为低频产品引流，当然扩充品类也有资本及上市规模方面的压力。

第 9 节　微信社群运营和构建

笔者曾多次问过相关企业，询问他们是如何看待官方微博、微信的公众平台的。他们的说法多种多样，或是广告的平台，或是客户服务的平台，或是销售平台。在笔者看来，这些回答都有些偏颇，微博、微信官方账户，其实是在构建企业的社群，是用户在互联网上虚拟部落化的体现。

社群商业本质上就是构建社群，以消费者为中心，思考各种可能的切入点，布局连接的路径，打造沟通的可能。我们不仅要经营粉丝团，更要关注社群经营。

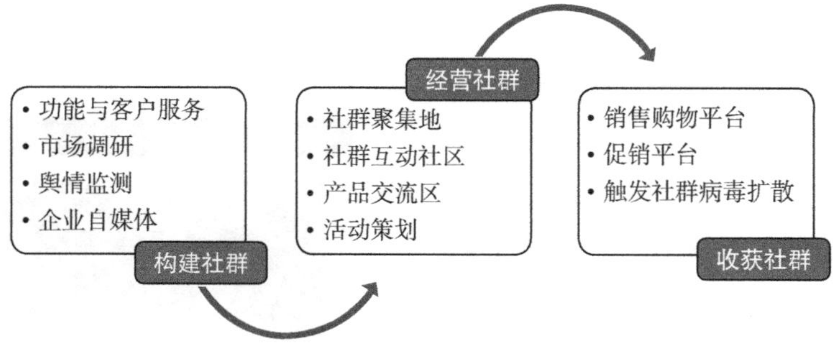

在微信、微博上，笔者看到许多大账号通过构建社群获得商业价值。类似于“石榴婆的报告”，通过持续运营，成为风尚搭配垂直领域有影响力的账号。微信公众账号通过内容及活动策划，将相同或者相近属性的人集中起来，收获丰厚现金回报。微信公众账号、自媒体，本质上就是社群商业，就是垂直领域拥有广大读者群的一本杂志。企业或者产品团队如果想在微信、微博上搞市场促销、活动策划等，自己没有构建社群，若想更好地影响消费者，就需要借助其大 V、自媒体账户来完成。

“金属加工”微信大账号崛起的小秘密

笔者在与机械工业出版社的副社长、华章图书策划团队的前总经理周中华吃饭时聊到社里微信大账号“金属加工”。“金属加工”已经坐稳所属垂直领域第一大号，具有粉丝质量高、行业属性接近的特点。“金属加工”已初步构建了稳定社群商业，从一定的商业合作到社群电子商务的尝试，获得丰厚的商业回报。

笔者是“金属加工”微信账户的运营顾问。《金属加工》是本老刊，创办于1950年，服务于金属加工垂直领域。刚开始“金属加工”团队运营微信公众账号找不到抓手，后来笔者和其团队一起将“引爆社群”方法论导入其微信运营流程中来，当时通过10个月的努力就成为江湖第一的位置。

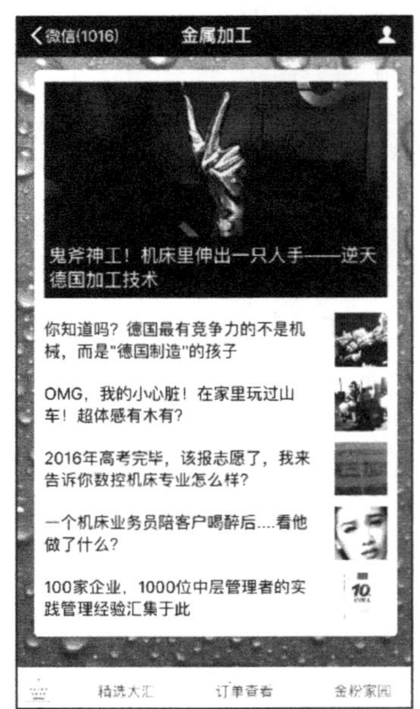

“金属加工”微信运营团队执行负责人王文平是典型的山东人，认定了就踏实执行。王文平抓住社群聚集的场景——全国金属加工类的博览会，在现场拿着麦克风喊了3天扫描二维码送杂志，以最后嗓子发炎为收尾。我们先不考虑其吸引社群粉丝的方法是否可以改进，但是这种精神让笔者深深佩服。文平跟笔者说：唐老师，3天的努力，前后获得3000种子用户。

事后，笔者给文平分析这3天

吸引社群的商业价值，得出的结论是超过300万元人民币。

（1）垂直领域每个粉丝个体的终身价值初步测算是1000元，这1000元除去广告主投放价值、展会的价值、购买专业设备的价值外，还包括粉丝们转发公众号内容的传播价值等。当然不同行业的微信粉丝价值也是不同的，快消类会相对低一些。粉丝的价值可以简单测算为3000×1000=30 0000元。

（2）3000个种子用户全部是行业粉丝，更为重要的是他们分布在960万平方公里内。这些粉丝因为奠定了良好的社群结构，后续的微信公众账号内容可以沿着3000人的朋友圈迅速引爆全国垂直领域的社群。

当然持续不断提供优秀的内容是必不可少的工作，王文平及其团队正在以合乎社群成长的节奏深耕中。

案例点评：“金属加工”这样一个垂直领域的账号，如何构建社群？笔者想，许多小伙伴都会有自己的一些思路，不过我们看到王文平及其团队的着力点有3个：（1）抓住微信公众号的种子用户，构建合理的粉丝结构；（2）通过高质量的内容源源不断地吸引行业粉丝；（3）通过众多的活动策划激活社群关系。

微信平台也提供社群管理的一些工具，通过这些工具可以将用户分组、按照地理位置来推送信息，也可以将在不同活动策划时间段抓来的客户进行归类，以便于有针对性地宣传。下图是笔者个人微信公众平台的后台，由图可知，笔者针对特定的粉丝进行了分类管理。

在考虑社群时，在不同的场景下可以针对不同客群进行特定的“歼灭”。笔者多年前曾为飞亚达腕表做过一个针对 11 月 11 日的微博活动，年轻人在微博上都津津乐道谈论“光棍节”，许多人会选择在 11 月 11 日当天脱掉单身标签。我们在策划活动时考虑到人群中有一批人坚持“一个人的精彩”，为此我们转而讨论坚持做自己的快乐，不是一窝蜂式地做类似情人见面一类的活动。活动效果非常不错，以几乎零预算获得超万次的转发，超过几十个加 V 用户的转发参与，用户反应积极。究其原因，是在于特定场景下，引发特定人群的认同，进而引爆风潮。

很多公司都在微信、微博的投资回报率（ROI）这个问题上争论不休。我们需要更深入地探讨，因为它不只是一个投资回报的问题（财务名词），转而要思考的是：社群对商业的影响是什么？它不只是一个确切的量化数字，因为社群最厉害的地方是在“关系”链。而“关系”却是个软性的量度（metric）。所以真正的问题是如何用量度、硬数据来测量“关系”的深度，如何用社群来把“关系”的深度往前推进，这才是社群的主要工作。

许多企业只是简单把用户拉到微信群，凑人数，不去经营话题，不去管理社群，只是惦记着发广告。初心决定了后续的种种行为，所以笔者在做微信运营顾问时，第一步就是和企业重塑微信群的观点，扶正发愿和初心。笔者认为的初心应该是真诚、真心想帮助用户，和大家做朋友，且有能力运营好。

对于微信群的规模问题，建议不要过大，控制在 200 人以内为宜。依据邓巴数的规律，一般群在超过 150 人后就会持续出现分化。群大了后，我们很难让群友之间的联系、连接获得高频次，当我们的群是低频次的、弱连接时，用户在选择群参与时就处于弱势。

微信群运营过程就是打磨、构建群友的仪式感、参与感、归属感，只有理解并应用好这 3 个方面，才可以称得上成功的微信群。

（1）**仪式感**。内容涉及入群审批机制、群友邀请机制、入群后行为规则、新人红包或者老群友欢迎机制等。例如，笔者辅导的全国高端市场公关人群，他们通过组织和构建跨地区、跨行业众多细分的微信，为后续的社群商业奠定基础。

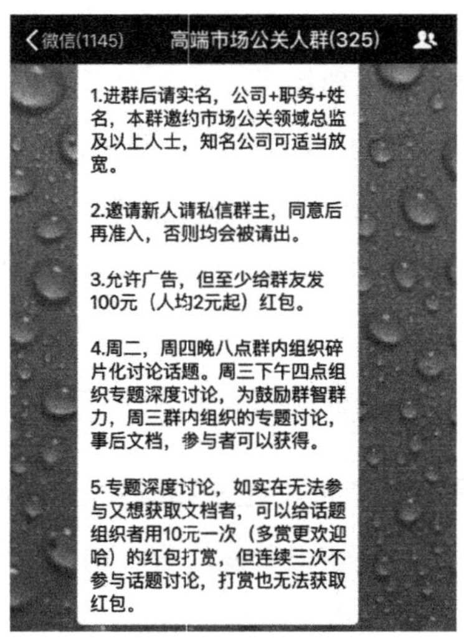

（2）**参与感**。参与感对应的是微信活跃度，你会发现之前加入

的微信群 80% 已经死亡或濒临死亡。群死亡的典型特征是，群里每天互动聊天的人只有固定的那几个（往往在 8 个以内），群里只剩下广告或者自媒体人自己的文章，且均没有人搭理。有一次笔者在清华大学讲课时学员问笔者针对这样的群怎么办。笔者给出的方法有两个：直接关闭；从群里筛选或者转移部分人，然后还是关闭。

那么如何能够增加参与感呢？笔者的建议是：

①**有组织地开展讨论或者话题分享**。记住一句话：经营微信群就是经营话题。没有话题的群，就没有存在的价值。群的经营者需要在话题规划、选择、引导等方面努力。例如，笔者在指导微信群建设时，一般会让群运营人群在前 60 天内做好群的文化、话题规划和指导，通过初期养成的习惯，后期就可以让群友自发组织。

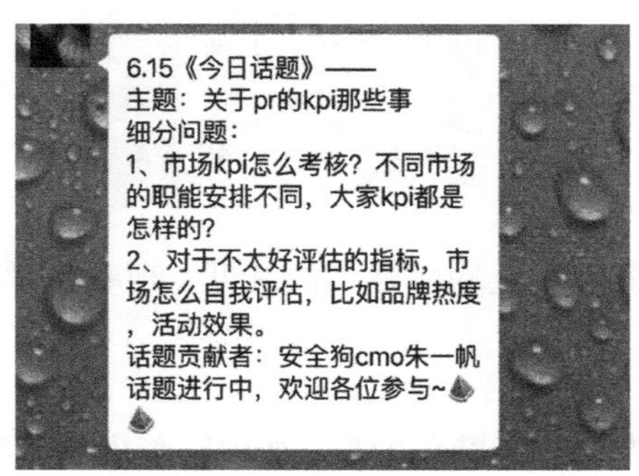

②时不时“打扫卫生”，把发广告的请出去或者纠正群里的聊天方向。

③线上线下结合，让虚拟空间的情感在线下得以加强。线下关系的加强也可促进线上互动的参与感。笔者发现许多死群往往也会死在这个策略上，群友没有任何关系可言，即使有关系，也是在进

入微信群之前私下的。

（3）**归属感**。归属感是属于高段位的群运营方法。其落脚点是如何构建群友之间的情感连接，激发大家的战斗力。笔者的经验是：**抓住场景，开展群友募捐、线下公益活动，但是不可以流于形式，应尽可能调动参与感，将活动做得有味道**。不妨赋予群友一种身份、一种理念、一种价值观、一种使命感，或选择优秀的群对手，通过示弱或协作来保证社群凝聚力。例如，笔者的朋友邀约群友参加她构建的社群时，她不多说社群名字，也不讲群的格调，直接赋予群友一个身份——首席。

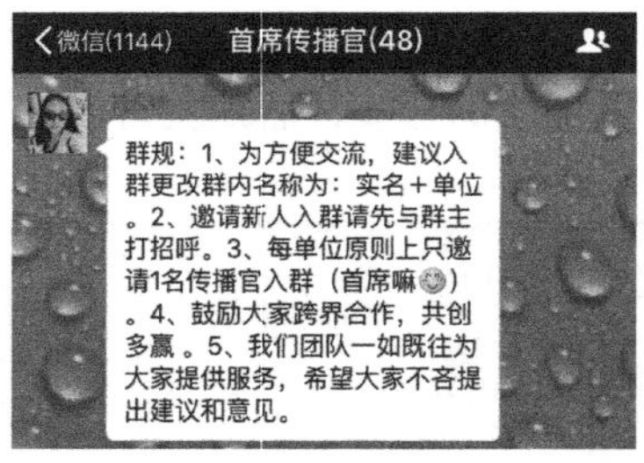

结合咨询实践和互联网好友的意见，现整理微信社群构建的 14 个建议。

（1）运营专业或者特色的群（如中医养生、股票投资等），召集的人要有一定资质。

（2）保证成员的身份和素质接近，若群友身份相差较大，则群友的参与感将受到影响。

（3）微信群运营过程，通过时间把本来不熟悉的关系转化为熟人或者半熟关系。

（4）设置群主或管理员很有必要。笔者参与的一个跑步群，通过定期换群主让群友策划和激发大家跑步，激活了群员参与感。

（5）分享话题。可以定期邀请相关专业人士来分享。定期把在网上看到的和群主题有关的干货文章丢到群里，引发大家观看和讨论。

（6）监测微信群聊天方向和动态，把发广告的请出去或者引导群里的聊天方向。

（7）留住社群意见领袖及关键人物。

（8）引入灵魂人物。群里如果能够有些会活跃气氛的人，这个群的气氛就会不一样。

（9）关注潜水群友，可以策划类似群活动投票等功能，让大家参与和决定群方向。这样的互动应尽量简单，不宜复杂。

（10）可以不定期对潜水者小窗私聊，咨询对群的看法或者倾听对方的建议，适度激活潜水者的参与。

（11）发福利。可以在群里不定期地给用户发送福利，如 3 斤猕猴桃、免费电影票等。至于礼物来源可以拉赞助或者自行购买。

（12）运营中需要抓住节日场景，如春节、情人节、儿童节等，通过策划有意思、有参与感的活动，让用户来分享自己的故事，群友一起欢乐。

（13）相互尊重和遵守规则，避免社群过度商业化或陷入无组织的争端。

（14）每个群都有其生命周期，相聚是缘，当褪去价值那天可主动解散群组织，为大家再次相聚留有念想。

第10节 理解和应对来自社群的负面声音

每一个负面、抱怨的声音，背后都是一颗有待安慰的心。社群抱怨中蕴藏着巨大的商业价值和重构社群关系的机会点。我们需要积极理解社群的抱怨，通过一定的社会化媒体监测工具，聆听这美丽的声音，从而更好地服务社群，创造价值。

如何理解和对待来自社群的负面声音

不停抱怨的用户是企业潜在的资产。用户同企业连接基于3种冲动：

- 为了获得信息而采取的互动行为。
- 提出建议或投诉而采取的行为。
- 为了获得产品或者服务而采取的行动。互联网科技赋予用户权力和连接的便利性，同时企业层面也降低了与用户互动的成本和便捷性。

我们可以努力把抱怨的用户转化为有积极价值的用户。每一个抱怨的背后，都拥有一颗真挚的心。如果不是对产品或者企业有意，用户往往直接取消产品，拉黑名单，不搭理你。下面是知乎上一位某品牌手机用户的投诉，用户用心敲打近千字的过程描述，难道看不出来那颗被伤害的心吗？

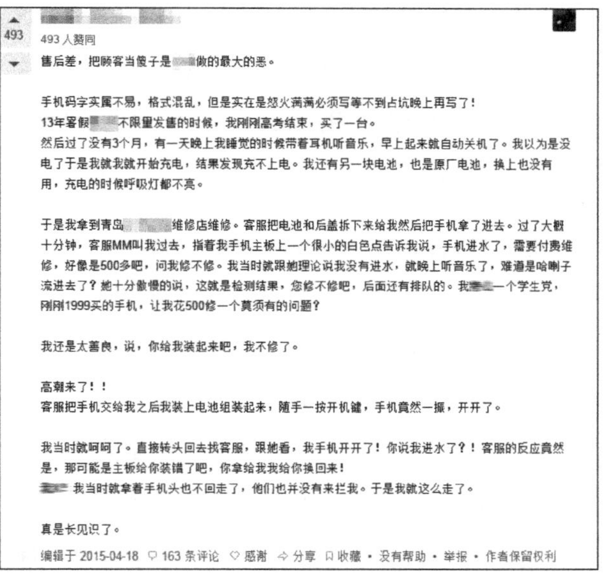
493

493 人赞同

售后差，把顾客当傻子是做的最大的恶。

手机码字实属不易，格式混乱，但是实在是怒火满满必须写等不到占坑晚上再写了！
13年暑假不限量发售的时候，我刚刚高考结束，买了一台。
然后过了没有3个月，有一天晚上我睡觉的时候带着耳机听音乐，早上起来就自动关机了。我以为是没电了于是我就我就开始充电，结果发现充不上电。我还有另一块电池，也是原厂电池，换上也没有用，充电的时候呼吸灯都不亮。

于是我拿到青岛维修店维修。客服把电池和后盖拆下来给我然后把手机拿了进去。过了大概十分钟，客服MM叫我过去，指着我手机主板上一个很小的白色点告诉我说，手机进水了，需要付费维修，好像是500多吧，问我修不修。我当时就跟她理论说我没有进水，就晚上听音乐了，难道是哈喇子流进去了？她十分傲慢的说，这就是检测结果，您修不修吧，后面还有排队的。我一个学生党，刚刚1999买的手机，让我花500修一个莫须有的问题？

我还是太善良，说，你给我装起来吧，我不修了。

高潮来了！！
客服把手机交给我之后我装上电池组装起来，随手一按开机键，手机竟然一振，开开了。

我当时就呵呵了。直接转头回去找客服，跟她看，我手机开开了！你说我进水了？！客服的反应竟然是，那可能是主板给你装错了吧，你拿给我我给你换回来！
我当时就拿着手机头也不回走了，他们也并没有来拦我。于是我就这么走了。

真是长见识了。

编辑于 2015-04-18 163 条评论 感谢 分享 收藏 • 没有帮助 • 举报 • 作者保留权利

一个抱怨、投诉的用户，表面看确实是“负面”价值的用户，但换个角度看又是个机会。我们如何看待投诉及用户抱怨？

- **投诉及抱怨是调整关系的机会点。**通过用户的投诉及抱怨，我们可以清晰知晓用户的痛点或者遇到的问题，企业可以清晰找到改进的方向，通过解决问题来调整与用户的关系。
- **投诉及抱怨可以扩大企业对用户了解的范围。**倾听用户的抱怨，其实是非常美妙和舒服的，怀着敬畏的心、同理心去感知用户，从用户的需求出发更新迭代我们的产品。
- **在大数据时代，投诉及抱怨成为我们的数据采集点。**过程中可以采集用户使用地域、使用问题及用户背景资料，以此为企业的运营战略提供有效、细致、全面的数据支撑。

换个心态及策略来应对用户投诉和抱怨是明智的选择。**最忠诚**

的用户往往是那些从一开始就花费时间来抱怨公司或投诉的人。投诉及抱怨过且通过与企业互动解决问题并获得满意的用户，与那些从来没有互动或者连接过的用户相比，对企业的价值往往要大得多。用户与企业的连接、对话是企业必须珍惜的资产。

戴尔电脑通过邮件、社交网络、直邮、销售代表等方式与用户发生连接，以此来保持与用户的关系。比如捷蓝航空，一直孜孜不倦追求服务质量，其秘密武器是公司战略高层亲手推动用户和公司的亲密互动，围绕用户的场景流程来进行企业运营变革。通过在线预订、票务处理、行李追踪、售后服务及保险票务等方面的互动优化，赢得了用户的喜爱。再比如百思买，积极采用聆听的工具，在Twitter 上全员参与问题的解答和用户互动，帮助用户解决难题和抱怨，实现企业的业绩增长。

用户的抱怨和不便就是机会，下面看看 Twitter 是如何抓住指数级增长的。

Twitter 最早参与的一次活动是每年都在德州奥斯丁举行的 SXSW 大会。联合创始人 Evan Williams 是极客，发现每次进入会场之前大家都会百无聊赖地在走廊里等着。因此，他为这个大会特别做了一些功能，使得参加会议的人都可以上网在 Twitter 上关注"Twitter 大使"得到关于大会的新闻和信息。

他还直接租来了一个超大的等离子屏幕，并把屏幕放在大会的走廊里，直播参会人在现场发出的帖子。他与当地的电信服务商合作，为大会创建了一个独特的频道（当时还没有 # 关键词一说），让用户发短信"join swsx"到一个定制的号码。这样，一旦有人成功发出短信，他的留言就直接显示到了大屏幕上。在那个移动互联网及无线网络还未普及的年代，Twitter使用了最简单的办法完成了用户与网站的互动。

参会的极客、意见领袖因此都开始用Twitter来评论会议内容及产品，各个参与展会的人也在Twitter上发布自己产品的新闻。在大会上演讲的人也一再提到这个网站，接下来直接引爆参加会议的知名科技博客。

通过引爆社群的尝试，Twitter直接触发第一次流量的高峰，推文从每天2万条迅速增长到每天6万条。

案例点评：Twitter团队从社群的抱怨和不便之处下手（发现进入会场之前大家都会百无聊赖地在走廊里等着，另外遇到糟糕讲演者，下面听众无事可做），抓住社群聚集的场景问题，轻松触发流行。

社会化媒体监测与用户聆听工具

许多企业咨询笔者："国内哪个工具可用来聆听品牌、口碑、社会化媒体、新营销效果？"每次我都会告诉他们："从观察和使用的角度，国内还没有完善的聆听工具或社会化媒体监测工具。"中国的网络品牌监测工具存在以下问题点：

（1）中文的语义匹配处理技术还不成熟，程序无法直接判断来自BBS、SNS、微博、微信上的留言是正面、负面，还是中立。相比较来说，英文的语义匹配处理更容易些。

（2）商业推动力不足。国内众多的二线聆听工具，走的是半卖半送的路线，商业价值无法凸显，导致没有企业专心做这份事业。而行业的内幕是：找两个程序员，更有甚者连搜索引擎蜘蛛方面的工程师都没有，就敢宣传是舆情监测 NO1。在国内，懂程序开发，又深谙互联网广告、社会化媒体的产品开发人员，真是凤毛麟角。

在 Web 2.0 环境下，用户开始疯狂生产内容（UGC），基于兴趣爱好的群组快速组建，大众协助推动商业发展。监测和聆听可以让企业快速了解市场、网民的反馈，获取网民对现实问题的表达。监测仅仅是工具，接下来需要做的是和网民进行对话，解决问题。

1. 需要关注的几个方面

（1）**影响力**（Influence）：通过监测，我们发现网民中有一批无冕的意见领袖，他们对行业有深刻的解读，或拥有众多的人脉、粉丝。我们必须对意见领袖进行细致研究：

- ❑ 意见领袖演讲、聚会的频率如何？
- ❑ 意见领袖的微信粉丝有多少？
- ❑ 意见领袖的专栏、博客等浏览量是多少？
- ❑ 意见领袖的微信公众账号留言、评价有多少？
- ❑ 意见领袖微博平均被转发多少次？

我们在进行数据分析时，可从微信文章的阅读量、点赞数、留言数及留言被点赞的次数综合解析文章及传播的质量。

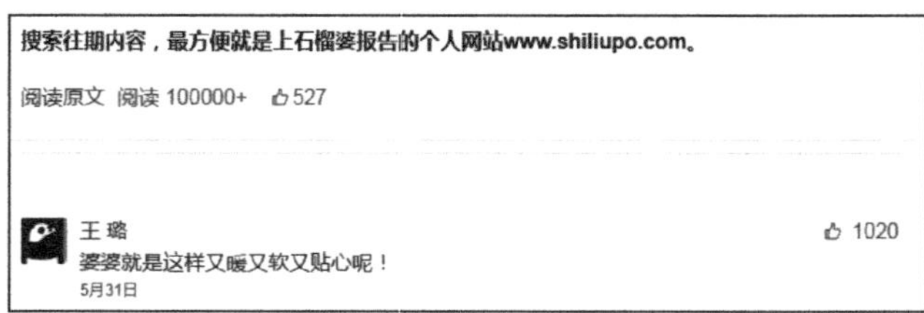

（2）**态度、意见**（sentiment）：网上文章的回复是正面还是负面的？我们需要监测工具进行自动判别，特殊情况可加以人工判别。笔者也见到一些不成熟的检测工具、软件判断出来的结果和本身的语境大相径庭。这在中文处理匹配中尤其明显。从国外的经验来看，判别的准确率平均达到 70% 以上。中文的检测工具语义自动匹配准确度还没人统计过，笔者认为将会低于 60%。

（3）**数量、体积**（Volume）：简单说就是信息的数量统计。一般来说，品牌监测工具针对不同的关键词（keyword），可绘制不同的曲线、趋势图。我们可以根据不同市场活动（marketing campaign）涉及的关键词（keyword）来衡量市场营销的效果反馈，或者产品在社交网络的影响力变化趋势。通过将网民的评论分为正面、中立、负面等三类，可以绘制不同的变化趋势图、数据统计分析报表等，这是相当有意义的。

2. 监测工具简析

在国内的微信、微博、知乎中，可以通过相关关键词利用本身的平台或者搜索引擎工具（搜狗）等来聆听和监测用户的声音。

海外社会化媒体监测工具中最典型的是 Radian 6。Radian 6 是一款非常酷的产品，可以监测来自社交网络、博客、微博、新闻、视频等众多社会化媒体平台的数据，可以将相关的数据进行切片处理，整合分析 Workflow、Alerts、Sentiment、Volume 等。我们发现 Radian 6 分析中有其自身的逻辑设想，其将多个维度的数据进行关联，给出分析结果。这也是为什么它收费昂贵，但许多客户仍会选择的理由。

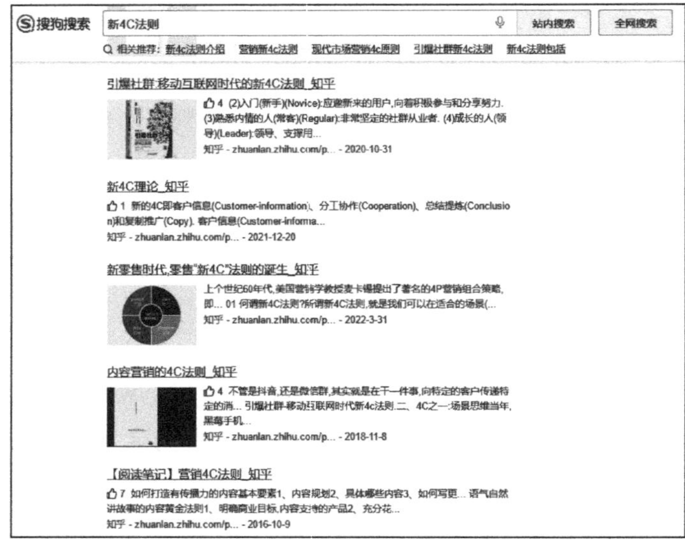

不同的社会化媒体监测软件有不同的侧重点，应针对市场营销活动的需求进行挑选。

第 11 节　小米如何点燃社群

小米手机是近来智能终端领域的一匹黑马，其引发的行业讨论和思考一直没有停止。以下内容的素材及资料来自小米手机总裁雷军、副总裁黎万强解读小米的产品及营销的报道。小米核心产品是小米手机、小米电视、小米盒子。他们有两个销售渠道产品，一个是小米官网，第二个是运营商的渠道。其中自有的小米官网权重是 70%，通信运营商渠道是 30%，这刚好跟很多传统的厂商是相反的。

为粉丝搭建社群

在新营销领域，小米团队更关注社群。社群到底是什么呢？社群的渠道阵地不少，有论坛、微博、微信，还有 QQ 空间等，选择合适阵地非常重要。小米第一个成熟产品是手机的操作系统，就是 MIUI。小米选择运营的第一个社群产品不是微博，而是论坛。为什么？因为它是跟小米的产品特征息息相关的。MIUI 是一个很重的产品，它需要刷机、需要解锁 Rom 权限，存在着不小的门槛。其中的很多知识很难通过微博完整地传播、沉淀。所以小米最初的 50 万核心用户是在论坛传播中获取的。

小米对不同互联网社群渠道保持着鲜明的功能化分工，“微博拉新、论坛沉淀、微信客服”。微博的强传播性适合在大范围人群中做快速感染、传播，获取新的用户；论坛适合沉淀，适合持续维护式内容运营，保持已有用户的活跃度；而微信小米则把它当作一个超级客服平台。

小米的论坛目前注册用户已经将近 1000 万，每天有 100 万用户在里面讨论。100 万日活用户对很多垂直网站而言已经是非常惊人的数字了。而且小米论坛不是媒体，而是自有品牌的产品论坛；

小米手机的微博账号已经有 200 多万粉丝的规模；小米的微信账号订阅数是 256 万，每天微信上的用户互动信息有 3 万多条。小米新近进入的 QQ 空间也造就了很了不起的社群品牌，小米认证账号的粉丝数超过了 1 000 万。小米在 QQ 空间做活动时，往往很容易就有几万转发。

目前小米论坛的日发帖量有 20 多万，小米团队关注的核心指标还有百度指数。小米用户最常搜的关键词是小米官网、小米手机、小米这三个。2013 年 9 月 5 日，小米年度发布会当天，“小米官网”的百度指数是 50 多万，“小米”百度指数是 40 多万，几项关键词总的百度指数是 150 多万。10 月 15 日，小米手机 3 首次开放购买，当天的百度指数也过了百万。

小米社区流量与同类厂商社区对比

	日发帖	总帖	总用户数	alexa	上线日期
小米社区	25 万	1.3 亿	970 万	3000	2011.8
魅族社区	2 万	未分布	400 万	4699	2006
OPPO 社区	2 万	800 万	未公布	10 万	2005
华为花粉社区	约 3000	未公布	16 万	11000	2011.9
联想乐社区	2000	71 万	47 万	41949	2011.7
步步高社区	1.8 万	1208 万	580 万	20600	2008.3

百度指数是一个量化的检测工具。从它的变化中，小米能够看到各种社群平台，包括论坛、微博、微信、QQ 空间等运营所积累起的品牌势能。

点燃社群话题与活动，激发社群互动

用户社群的参与感通过什么形式产生？小米的方法主要有两

种——话题和活动。话题营销和活动营销本身并不是新东西，很多企业都尝试借此跟用户互动，但参与感是不是就只是互动呢？小米团队曾策划“150 克青春”，这个话题来源于小米在 2013 年时发布的一款名叫小米手机青春版的产品，该产品在微博上做了线上的首发，因为那个时候小米手机的重量是 150 克。

在产品发布前大概 1.5 月，团队就在微博预热了一系列的插画，这些插画描绘的是人们读大学时的一些经典场景。小米团队没有说发售什么，只是放出了“150 克青春”主题，一直持续发酵到了产品的微博首发。

那个时候还有一些海报，海报里的元素非常多，有与男生相关的游戏机、照相机、臭球鞋，还有女生感兴趣的化妆品、体重计，甚至还有减肥茶……总之是能够让人一眼就看到青春的感觉。他们的包装盒整体是走青春、文艺的调调。

小米公司的 7 位合伙人，还默默地向《那些年我们一起追过的女生》致敬了一把。他们制作了一张应景的海报，后来还到一所大学的宿舍里面拍了一个恶搞的视频，对于每一个上过大学和正在上大学的年轻人来讲，那种亲切感非常强烈。在小米手机青春版发布会当天，转发创下了微博当年最高的转发数，有 200 多万转发，100 多万的评论。

小米每次为发布会做宣传时都没有明星，也没有名模，只有他们自己的产品，只有社群用户，这是小米做事的特点。互动只是手段，借助这些设计，他们可以非常认真地让用户找到属于他们自己的参与感。

小米在微博上做的第一个活动是“我是手机控”，那个活动在很短的时间内就有 100 万用户参与了，且没有花一分钱。这个活动的本质是什么呢？调动社群来炫耀我至今玩过哪些手机，以及检视自己的成长经历。大家会看到，很多在网上做得很好的互动活动大体都如此。比如百度魔图这款产品，它能告诉用户自拍照跟哪个明星最像，让用户把自己的脸和明星放在一起，参与感非常强，满足用户的炫耀需求和存在感。小米社群的“智勇大冲关”活动，有 100 万人参与了，它的活动形式是大家比拼谁更了解小米手机的一些参数，优胜者可以获得小米社群的勋章、积分等奖励。在论坛中，用户最在乎的是荣誉和成就。

社群思维融入日常文化才可怕

当社群的文化深入用户的内心之后，用户主动参与和小米相关的活动就成为一种自然，这种自然甚至不需要小米主动运营。

小米至关重要的创新是把 MIUI 系统的发布做成了持续性的活

动。MIUI 开发版每周五发布，被戏称为“橙色星期五”，因为小米的品牌基调色彩是橙色。这个活动已经持续了多年，它直接深刻影响、左右着小米产品的设计和完善。

每周开发版发布，MIUI 社群的点击数都是几十万上百万的。团队整个开发的节奏都是在每周发布前一周或者两周，产品经理、团队会跟用户一起在论坛上聊，到底想要什么功能，到底这个功能做得好不好。他们会发起用户投票，用户认可以后，才会放到版本中。在周五更新后，他们会在下周二让用户提交四格报告，看看上周哪些功能是他们认为最开心、最喜欢的，哪些是觉得很糟糕的。

每次更新内容的用户意见征集，都会有 10 万左右的用户参与，周二团队看上周发布的哪些功能有问题，哪些功能做得非常好。小米在内部设置爆米花奖，根据用户对新功能的投票产生上周做得最好的项目，然后给员工奖励。

在小米内部真正完整地建立了一套依靠社群的反馈来改进产品的系统。在这样的迭代开发过程中，很大程度上已无须小米不断主动引导。很多核心用户能够很清楚地知道手机的电话功能是哪位工程师做的，短信功能是谁做的，原来做得好的时候说他真牛，做得不好的时候就会让其离开。在实际发生之前，很多人可能很难想象用户参与 MIUI 开发工作会到这种紧密的程度，在这么强烈的社群参与感驱动下，用户们参与论坛讨论、投票、转发，都成为自然而然的选择。

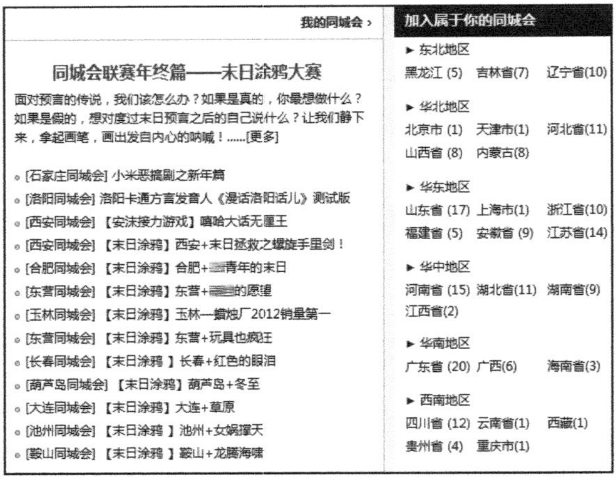

小米官方论坛“小米社群”的“爆米花”活动也是其中的经典案例。每年小米都会在各个城市举办十几二十场“爆米花”活动，这是一个邀请米粉来参加的同城会活动，跟各类车友会颇为相像。参加用户同城会的米粉，同样买了小米手机，同样在用小米手机，他们走在一起，相互交流，一起去玩、去做公益活动。这个活动设计起来很简单，就是和用户一起做游戏，小米基本也不宣讲产品。小米团队没有举办爆米花活动的时候，或者没有举办爆米花的城市，当地米粉会自发地组织各种形式的同城聚会。小米同城聚会全国各地加起来，每年有三四百场。社群用户通过互联网及线下的机会深深地感觉到小米和他们的距离，不是简单的卖和买的关系，每一个社群用户都能够深深地参与到小米这个品牌所代表的生活当中。

社群思维的灵魂是企业如何塑造一种友爱的互动，让你的员工、用户发自内心地热爱你的品牌，发自内心地推荐你的产品，并通过原生的、充分考虑用户参与的设计思路提供机制保障。小米主动邀请用户参与到他们工作的每一个部分当中，用户也会主动参与到小米品牌所代表的生活当中。

第 12 节　引爆社群 4C 体系中的社群

大众传播时代已基本结束，未来将走入社群传播时代。引爆社群的新 4C 法则的本质就是围绕社群开展的，不研究透社群，根本没有办法去谈引爆社群。社群是新 4C 法则的轴心，选择场景的标准是围绕社群的生活或者商业情形展开。内容的构建目标也是要对社群有效果。与社群发生连接及信息在社群关系链条中的传播都离不开社群文化、社群结构。

而互联网公司做产品，更容易跳出传统卖货的思维，转而思考的问题是：围绕社群来构建自己的商业模型。例如，移动医疗领域最近非常火，那么如何获得创业和创新的机会点，回归本源，从社群的需求下手来寻找爆点？

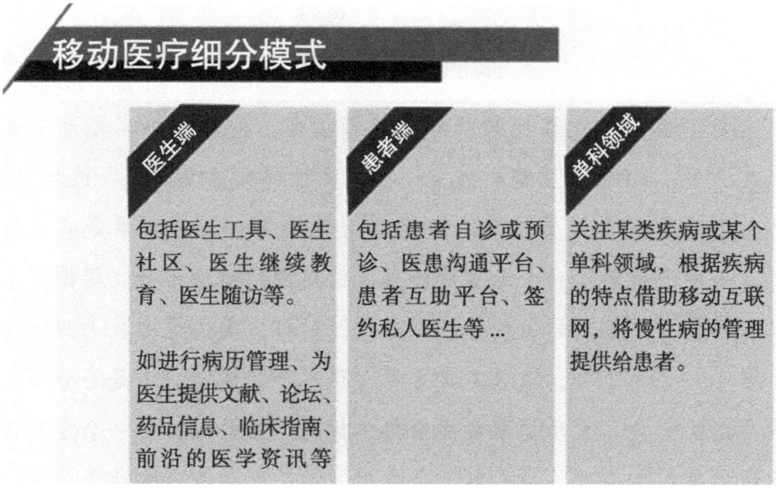

移动医疗细分模式

医生端

包括医生工具、医生社区、医生继续教育、医生随访等。

如进行病历管理、为医生提供文献、论坛、药品信息、临床指南、前沿的医学资讯等

患者端

包括患者自诊或预诊、医患沟通平台、患者互助平台、签约私人医生等 ...

单科领域

关注某类疾病或某个单科领域，根据疾病的特点借助移动互联网，将慢性病的管理提供给患者。

结合社群分类的思路，对你的客户进行群体划分，列出他们的共同点、差别点，给出引爆沟通解决方案。

美丽说初期抓住 QQ 空间和微博红利期，不断输出内容。为了摸索用户偏好，美丽说做了许多尝试，比如他们通过数据分析和用户反馈，发现内容输出型微博的价值远高于其他类型微博。最终美丽说的微博采用的输出形式是“一个九宫图 + 一段导购文案 + 一个商品链接”，并逐步将其规模化，网站流量瞬间升至原来的 30 倍。美丽说服务的社群是爱美的女孩，她们特别喜欢做测试，团队就在各个大号中发测试游戏，经过几轮测试，当时微博里的女孩基本都被覆盖到了。然后再通过美丽说内容的影响力，这批用户就直接转化了。

美丽说团队在寻找社群部落的过程中，发现用户早期都是聚集在天涯、BBS 及豆瓣小组上，但这些社群部落没有统一的场景，因此美丽说团队认为构建一个针对女性服饰搭配的场景是有胜算的。美丽说提供了一个专业的场景，针对图片体验不好、群体不聚焦、不易分享等问题做优化，充分沉淀社群。美丽说团队为此特意开发了一个小工具，这款工具主要实现三个功能：一个是为分享的商品附上链接，主动抓取商品价格、标题、图片等；另一个是对信息进行整理并合理呈现；第三个是加入满足互动需要的点赞功能。

案例点评：通过上述案例我们看到，美丽说团队通过聚焦社群，先后从天涯、BBS 到豆瓣小组，再到后来的微博、微信等社群平台，通过内容以及对社群的理解，将人气导入自己的平台并获取商业价值。

结合社群的行为、社群的文化以及商业竞争环境，我们可以通过爆款产品引爆社群商业。

三只松鼠洞悉社群消费升级，爆款产品撬动社群商业

三只松鼠定位在“85后”年轻女性群体，面对这个群体的调性，整个三只松鼠的调性突出在为“主人”服务上，让用户有主人的感受。为了有效地区别于其他休闲类坚果食品，三只松鼠在产品设计上重点聚焦社群的痛点，塑造爆款来引爆社群。

团队对社群坚果产品进行筛选后，选择碧根果作为爆品。三只松鼠发现使用传统生产工艺加工的碧根果，最大的痛点在于果壳不好剥，为此很多厂家不惜成本，随产品赠送一个特定的铁钳子，让用户来将果壳夹碎，方便食用。但大多数用户在使用过程中往往会出现：一个是夹得太碎，成了粉末状，食用不便；另外一个是四处飞溅，不卫生。为了解决此问题，三只松鼠利用热胀冷缩的原理在加工环节重新调整了生产工艺，使得流水线上生产出来的产品膨化度大大提升，冷却后自然剥离，消费者只需轻轻一剥，果壳当即脱落。很多用户将其称为“手剥核桃”。

除了上述痛点外，用户在碧根果方面还存在如下痛点。

痛点1：碧根果在食用过程中容易将手弄脏弄黑。三只松鼠在每个包装袋中增加了湿纸巾，用户吃完后，不用起身去洗手，只需要抽出湿纸巾即可。

痛点2：一袋碧根果每次往往吃不完，密封不好下次会导致产品受潮。为了解决此问题，三只松鼠采用条形夹和扣嵌式封装袋。

痛点3：碧根果的果壳处理问题。女性群体在吃的过程中，大多会垫一张纸，但起身时可能会因不小心而带动垫的纸，使果壳散向四周。早期三只松鼠采用的是附赠航空垃圾袋的方法，但航空垃圾袋最大的问题是使用过程中不方便，放置麻烦，还不如直接扔到垃圾桶里方便。后来他们又采用硬卡纸（纸叠起来就是一张卡片，展开后就成了一个“水立方”体），使得每次吃完的果壳可以轻松放到“水立方”垃圾小纸盒中，最后一起倒掉。

案例点评：三只松鼠针对社群设计爆款产品以获得商业成功，其背后代表的深刻含义是：企业在设计产品场景时，不可单纯以产品为核心构思，而应重新回归到人的角度来思考和设计，即以社群场景为中心，以社群痛点为导向，重构产品在社群场景的关键要素，使得用户在使用这个产品过程中，可留下深刻印象并大加赞赏。产品本身并非静态，而是会说话的。会说话的产品可以和懂它们的社群进行无声的交流，从而获得情感层面、态度层面的忠诚。

第13节　本章实践思考题

- 画出企业目标客户在互联网上的活动平台和聚集区（如BBS论坛、贴吧、博客、微博、微信等）。只有具备完备的社群地图，作战才能有章可依。

- ❑ 结合社群分类的思路，对你的客户进行群体划分，列出他们的共同点、差异点，给出针对性沟通解决方案
- ❑ 寻找网络社群中的意见领袖及节点，制订和他们相处的体系规划
- ❑ 寻找一个微信群、QQ 群或者论坛，解构社群中的角色、结构，并尝试思考其对社群活跃度、黏性的影响
- ❑ 列出目标社群或者客户最近一阶段关注的 5 个热门话题、常用的 5 个互联网流行词。
- ❑ 在高频产品中，调查社群经营或营销做得最好的 5 个企业是哪几个。
- ❑ 在低频产品中，调查社群经营和营销做得最好的 5 个企业是哪几个。
- ❑ 分析你自己加入的微信群，找出那些运营不错的，然后分析其小诀窍有哪些。
- ❑ 用一天的时间，尝试用不同的关键词、跨越不同平台检索自身品牌消费者的抱怨或投诉
- ❑ 用一天的时间，尝试用不同的关键词、跨越不同平台检索友商品牌消费者的抱怨或投诉
- ❑ 用一天的时间，泡在小米论坛、小米微博、小米公众号等平台，分析小米社群演化和发展的趋势

第 4 章

有传播力的内容

现在人们不喜欢广告，其实并不是广告本身的问题，而是部分广告作品过度使用华而不实的文案。与其将心思花在炮制巧妙的句子上，不如努力写出有销售力的内容。

——罗伯特·布莱

第 1 节 理解内容，理解互联网

1900 年，米其林公司推出《米其林指南》，该指南共 400 页，封面颜色为其标志性的红色。该指南初版免费发行了 35 000 册。本意是协助驾驶员正确保养车辆以及寻找舒适住所，经过多年的发展，现在其成为美食点评领域的瑰宝。这个案例非常好地诠释了内容及其价值的演变。

笔者一直认为，优秀的内容才是互联网的根本。许多做传统媒体的朋友都认为：在人人都可以生产内容（也称用户自生产内容，UGC）的 Web 2.0 时代，杂志、报纸等传统媒体的竞争优势就是自己的编辑团队。不可否认，这是传统媒体剩下的为数不多的资本。用户自生产内容（UGC）呈现的业态是：

（1）**碎片化，零碎化**。许多内容需要结合上下文方能理解，更有甚者，只有用户自己才能明白，对于这类内容网友戏称其为“火星文”。

（2）**自由度过大**。很少有用户会严格编辑自己的内容，UGC 的内容缺少系统性、连贯性，形式杂乱。

（3）**专业性不足**。用户通过互联网来表达自己对事物的认识，这些内容与传统媒体相比，缺乏专业性。也许这就是 Web 2.0 的精髓——基于情感纽带的自我表达。

用户可以随意提供碎片化的内容，但是作为企业，则需要用心花时间来制作有价值的内容。例如，一个网站，如果拥有优秀的内容，那么用户迟早有一天会来到这里，并最终停留下来；反之，如果网站上的内容很糟糕，甚至是简单地拼凑，用户就会流失。因此，优秀的内容值得我们花时间去制作。例如，译言通过提供优秀的翻译文章，满足许多英语不大好的用户对国外资讯的需求，获得用户的认可。

社交网络平台仅靠关系、朋友圈是不能持续的，社交网络平台能够持续运营的关键是提供优秀的内容，满足用户的需求。在互联网广告圈，大家也认识到内容的重要性，故纷纷邀请高水平的专家开设专栏。我们也看到类似数字广告公司在提供优秀的内容，例如他们最近正在整理社交网络的一些资讯，供用户免费下载。

传统的营销者将 60% 的预算花在“付费媒体”上，20% 以下花在内容创建上，其余的花在员工和代理机构上。数字渠道有着自身的社会属性，颠覆了传统营销者的经济规则，它主要关注参与人群中数量较少的一个核心层，他们能够向广泛的受众散布正面的印象或分享信息。积极的数字营销商倾向于将营销预算的 30% 用于付费媒体，而 50% 用于创建内容。客户要决定看些什么，如何使用所看到的内容，并将其转发到与自己相关的在线社区，营销者“棘手的工作”更多地由客户代劳了。我们发现，进行正确的投资，积极的数字营销商花费在营销上的资金占销售额的比例可以大幅度降低，且对业绩的负面影响极小或者根本没有。

之前笔者在给某银行总行培训时，对他们的市场部提出了批评，笔者问他们：“你们支行的宣传彩页是写给谁看的？客户能看懂吗？”他们思考了一会儿后告诉笔者：“线下支行的宣传彩页是写给专业人士看的，银监会也会看的。”大家认为这样靠谱吗？虽然金融宣传需要规范，但是规范要求不是让你写文言文来介绍金融产品。我们可以从内容传播的效果上下手，在合规的情况下，尽量让更多的用户能够明白，否则不如不印刷。笔者喜欢观察，每次去银行支行，都会收集一下，看看是不是有变化，因为笔者的金融知识薄弱，尝试过很多次，到目前为止还没有看明白过。如果到银行去的人大部分都看不懂宣传彩页，那银行摆出来的只是一堆垃圾。

笔者在给企业做咨询的过程中发现了这样一个误区：企业提供或制造非常流行的内容，以为这样传播得足够广，内容营销（Content Marketing）的目的就达到了。其实“流行并不意味着有效”，归根结底是内容能不能支撑企业的商业战略，企业做内容需要从策略层面把握。

内容营销给了品牌一个与消费者、粉丝对话的机会，因其摆脱了传统广告“兜售”“推销”的形象，更容易被消费者接受，也因此越来越得到营销人的青睐。在VR、AR等技术以及大数据和社交网络等各种力量的综合作用下，2016年，内容营销成为更有力的营销武器，是营销人最为看中的营销方式之一，在许多品牌营销预算中所占的比重也越来越大。

Clickz的一份调查报告显示，24%的受访者认为，内容营销是他们所在公司创新营销最大的趋势。Sticky Content的一项调查与之不谋而合，30%的受访人表示，公司将内容视作商业的关键，公司有全职负责内容规划、创作、传播以及管理的人员。许多营销人也都表示，2017年，将会通过更多的形式创造更多的内容。

内容营销被品牌商广泛接受的背后，是消费者对内容的接受。

AOL 主题为“连接的点金术”（The Alchemy of Connection）的报告指出，61% 的消费者认为，只要内容好，他们不介意这是否是品牌付费的内容。毋庸置疑，好的内容营销始于好的内容。到现在，好的内容已经不再局限于在博客上写下文字优美的文章、在社交网络上发发段子或者视频等，在这个内容充裕、内容的供需关系已经是“供大于求”的时代，营销人达成的共识是：内容越来越难以引起消费者的关注。内容的精准性与消费者的相关度，都决定了其能否在内容的汪洋中引起用户的关注并产生互动。这就促使内容营销从创作数量提升到内容质量的新高度。谷歌近来对其核心算法——熊猫算法和企鹅算法（谷歌据此开展搜索引擎排名）进行了权重调整。其中调整的关键点在：内容在搜索引擎结果中的排序。这也从侧面说明谷歌越来越重视内容的分享。同时说明未来互联网上的生意，如果没有成熟的内容营销策略，休想获得搜索引擎的青睐，休想获得商机流量的导入。

讲一个汽车行业客户的案例。该汽车零配件企业因为在国内拥有领先的技术和专利壁垒，笔者给企业梳理的内容营销的战略和方案，最终确立了：放弃走自吹自擂的内容提供路线，走专业的、优秀内容提供路线。通过众多的平台，企业展示自身的优势和科研成果，一方面让整车厂商、科研机构可以寻找过来，另一方面可以加强企业在行业领域的地位。最终到了良好的效果，多家汽车厂商找到该企业，希望尝试使用他们的产品作为标配；行业内的企业也知道了这种产品，为此该企业获得许多潜在的商业机会。

内容营销是一把利器，越磨越锋利。企业在内容上需要做好长期投入的准备，夯实互联网传播内容的基本功，也只有这样，品牌才可以通过互联网来影响用户的购买、消费行为。

内容创业：连接社群的内容

在微信公众号内容运营及社群商业方面，石榴婆报告是典型代表。2013 年 3 月 22 日，程艳在老公张玮的鼓励下，发布了第一条微信推送，用两个字开启石榴婆报告的序章。

程艳将原本更新在新浪博客和个人网站的内容转移到公众号中。公众号取名“八婆加上八婆”，谐音石榴婆，寓意娱乐八卦，也是该公众号的内容定位。默默耕耘三年的新浪博客为其微信公众号带来了第一批粉丝。

多年从事国际新闻记者工作，程艳习惯于外语语境下的信息搜索方式，这让她能在海量的国外网站中找到最感兴趣的内容。而好莱坞明星的动态是程艳最感兴趣的内容之一，这就决定了石榴婆报告在初期，素材对象非常聚焦——以好莱坞明星为主体，关注他们的日常八卦。接下来围绕明星们的穿搭进行总结性评论，最终演化成为以穿搭分享为主题的内容框架。穿搭建议通过实用性的产品推荐变得更具价值，粉丝可直接通过推荐搜索购买，且并非是商业推广。

石榴婆报告内容积极迭代，正往系统化的方向走。石榴婆报告内容仅仅围绕四个角度：

（1）纯粹的消息搬运，给读者获得信息的愉悦。

（2）提炼海量信息的精华，引发读者思考。

（3）靠近商业，用品牌、穿搭等诱发读者的购买欲望。

（4）建立类似品牌的口碑效应，让读者产生信任。

随着消费升级，一批簇拥生活方式的新消费者社群诞生，他们拥有购买力、判断力和忠实度，他们与以输出生活方式为价值观导向的自媒体一起，引领消费方式迭代。

案例点评：石榴婆报告通过其独特的内容定位，连接对海外时尚、风尚搭配有兴趣的社群，再通过适当的社群商品推荐、广告植入获得商业价值。

第 2 节　从音视频到 UGC、PGC、OGC，看内容

在 Web 1.0 时代，以新浪、网易、搜狐、腾讯为代表的四大门户，其核心就是将散落在互联网上的内容通过超链接进行集合。百度做的是获取和检索互联网信息。阿里巴巴（全球、中国供应商）网站做的是展示企业黄页的互联网。当年流行的天涯、新浪博客，挖掘出了那些文字功底不错的写手。我们可以从上面的案例进一步看出，以前你要混迹互联网，传播思想，文字功底是基本功。

从音视频、漫画看内容

互联网正在走入图像、音视频时代。这个时代的游戏规则、玩

法、参与者的技能都将有颠覆性的变化。

图片、音视频的处理技能将成为企业和个人标配！互联网进入下一站，企业和个人都需要加强学习图片、音视频的处理技术。全球新闻传播界，正在掀起学习视觉传播的技术，关注视觉新闻表达的热潮。视觉新闻，即运用形象化的手法来表现事物，取得视觉效果的新闻。它的立足点是先具有消息的特征，其次再运用特写的表现手法，最终突出的特点是强现场感，使读者如临其境、如见其人、如闻其声，克服枯燥和概念化。国外的品牌企业越来越重视图片、音视频在互联网传播中的应用，纷纷设立独立的图片、音视频处理的独立岗位以应对这个时代的到来。

荔枝电台、喜马拉雅等工具也将助推自媒体的发展。大众媒体是工业时代的一个缩影，当年流行的出发点在于大工业化的数量、效率、速度。随着碎片化阅读和传播时代的来临，批量的印刷媒体将逐步退出主流市场，取而代之的是垂直化、小批量的信息传播。在这样的背景下，自媒体的玩法正在逐步崛起。自媒体第一波的玩家，靠的是笔杆，未来自媒体进化的方向也是图片、音视频。未来文字自媒体的玩家，必将受到冲击，因为观众获取信息的口味、方式改变了。如果我们不去改变，未来也就和我们没有什么关系了。

笔者多年前就隐约预感这个时代的来临，携小伙伴翻译出版《视觉营销》一书。其系统诠释了国外视觉营销的理论和策略，也用 Youtube、Instragam、Pinterst、Tumblr、Google+ 等平台的营销传播案例对视觉营销进行了诠释，有兴趣的小伙伴可以读读。

直播中用户对内容的视觉焦点不一样，从而导致用户互动程度也不一样，从而导致用户参与方式也会有结构性的变化。例如，直播业用户参与程度：秀场直播＞游戏直播＞体育直播＞异步视频，即映客＞斗鱼 TV ＞章鱼 TV ＞优酷土豆。

（1）秀场直播：主播就是内容本身，用户的焦点就是主播本身，这样用户的参与度被最大化了。而且直播门槛最低，可以实现 24 小时的 UGC。

（2）游戏直播：主播操作游戏画面，用户的焦点是游戏画面和声音，故用户参与度较秀场而言弱一些。直播门槛次低，可以实现

24 小时的 UGC。

（3）体育直播：主播不可改变视频画面，只是配角地位，用户焦点是赛况而非解说，所以用户参与度较游戏直播要弱一些。体育直播门槛高，频度依赖于赛事的档期。

（4）异步视频：不可改变内容本身，用户焦点是内容本身，互动评论只是附加（比如弹幕），无即时性维度，用户参与度最弱。

内容用户参与度是直播最核心的要素，会直接决定商业模式和运营模式。用户互动参与度越强，意味着获得用户直接付费的可能性越强；秀场用户参与度带来增值服务模式，运营的核心是发掘和推广主播；游戏直播是秀场加赛事的过渡和杂合模式；体育直播属于内容分发渠道的广告模式，运营核心是 IP 和版权。

从 UGC、PGC、OGC 角度看内容

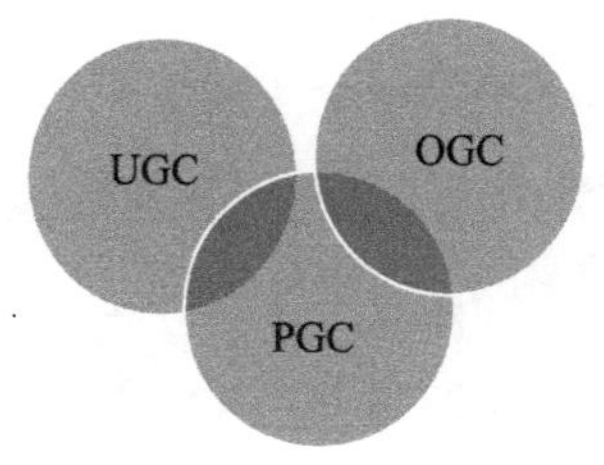

随着互联网的发展，圈内常将互联网上的内容形式划为 UGC、PGC、OGC 等三种。UGC（User-generated Content，用户生产内容），又称 UCC（User-created Content），例如每天微信、微博、映客、Facebook、Twitter、Instagram 等平台上都有大量用户自己生产的内容。其典型特征是：碎片化、零碎化；随性、自由度过大，

UGC 的内容缺少系统性、连贯性，形式杂乱；专业性不足。

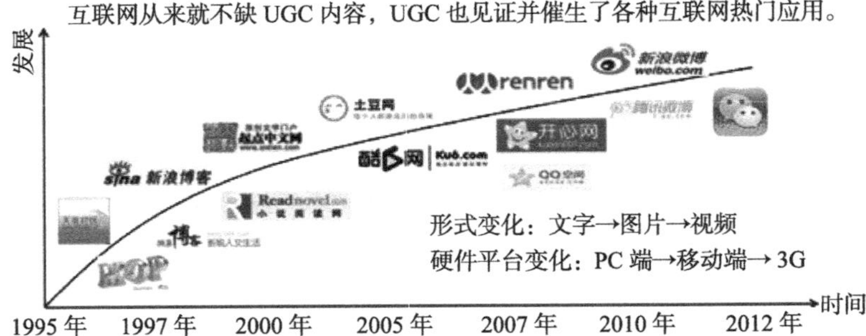

用户通过互联网来表达自己对事物的认识，更多是态度和记录，缺乏专业性。也许这就是 Web 2.0 的精髓，基于情感纽带的自我表达。UGC 和 PGC 的区别更多集中在有无专业的学识、资质，分享者在所属领域是否具有一定的专业背景和资历。

豆瓣UGC及内容机制

豆瓣早期的定位十分明确：打造以书籍、音乐、电影为纽带的年轻人聚居地。豆瓣早期的种子用户大多也都是为此而来，因此用户本身就具有非常大的共性；豆瓣的产品架构也天生就是为打造“同类圈子”而生的。

豆瓣通过 UGC 内容、小组功能、tag、豆邮，以及算法来为用户精准推送其感兴趣的内容以及圈子。通过层层筛选和过滤功能，用户非常容易就能在豆瓣上找到与自己兴趣和癖好都相投的社群和内容源头，这也使得豆瓣社群从形成之时就“简单纯粹”：无关名利，只是纯粹因为兴趣和爱好。豆瓣从始至终贯彻的去中心化是培养优质内容的土壤。豆瓣倡导的是找到与自己志趣相投的人（话题及内容），更加突出用户的位置，注重用户个人的体验以及用户与用户之间的互动。豆瓣为用户创造了一个极致属性的纯粹之地，这也是早期豆瓣用户不断产出优质 UGC 的重要动力。

案例点评：豆瓣的内容展现机制充分基于用户与其所感兴趣的内容之间的联系，用户通过内容所具有的标签、其他用户对这一内容的评论等来判断是否是其想要的内容，这与豆瓣“一切以兴趣为基础”的原则十分契合。豆瓣良好的内容产生和传播促进了长尾内容的聚集与分发，迎合了“个性化”的内容需求。

PGC（Professionally-generated Content，专业生产内容，也称 PPC，即 Professionally-produced Content）是指平台（网站）专业内容生产者和提供者输出的内容。PGC 的典型特点是分享的内容具备一定的专业性和权威性，相对于下面要讲的 OGC，PGC 与平台不存在包养和雇佣关系。例如微信公众平台的内容、微博意见领袖输出的专业内容，博客专栏推出的内容。PGC 和 OGC 也常有交集，专业内容生产者既有专业身份（资质、专业），也可通过提供相应内容谋生。例如，网站的编辑既有新闻的专业背景，也以提供稿件获得报酬。我们看到 PGC 能分享专业、高质量的内容，而平台运营方无须付给报酬，因此互联网平台无不在想方设法吸引 PGC 留下来。

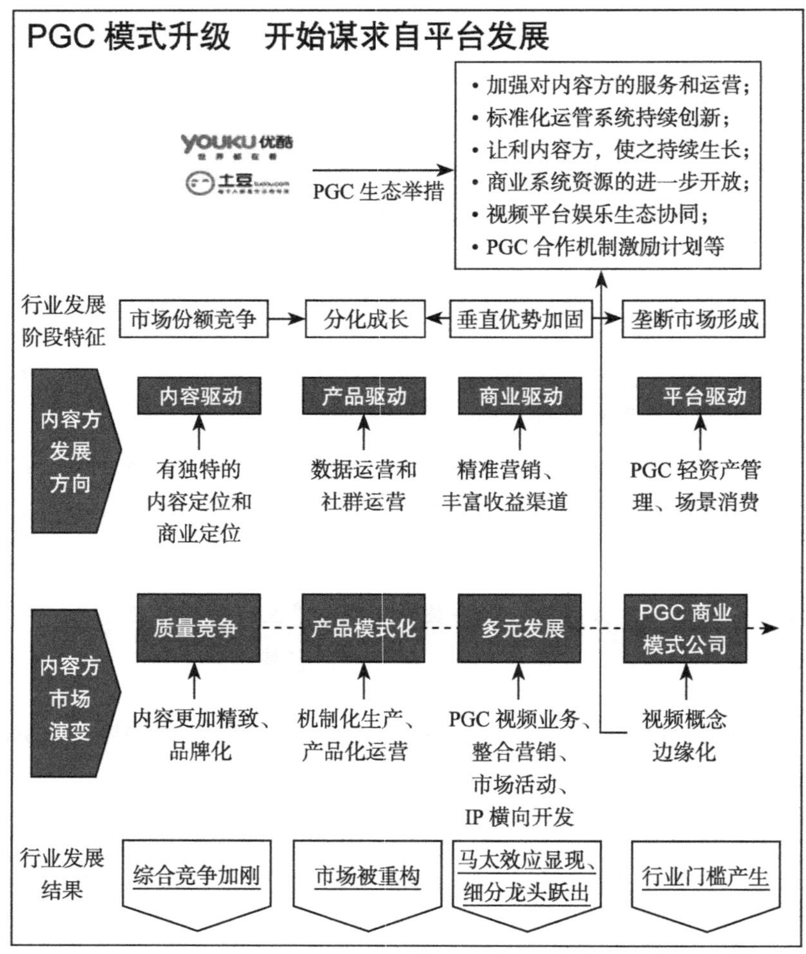

OGC（Occupationally-generated Content，职业生产内容）是指自行创造或者花钱采购来的内容，如视频网站、新闻站点。PGC 往往是出于“爱好”，偏于义务贡献内容；而 OGC 是以雇佣为前提，其创作内容属于职务行为。

总体而言：UGC 是用户自行表达的各自小世界里的碎片内容，

不关乎价值，更在意心情、情感。从大的范畴来说 PGC 是 UGC 中的一部分，只是 PGC 的内容偏价值感、专业性而已。其实可以直接简单划分为 UGC 和 OGC，说白了是有没有花钱、是否存在雇佣的区别。

第 3 节　详尽的内容策划与规划很重要

互联网成为企业和品牌展示其专业知识和思想的工具，通过互联网可减少与客户的摩擦和信息的不对称。内容营销可通过分享、协同、给予客户答案的方式来向消费者传递信息，而传统的营销更多是打断用户思考、视觉、听觉来硬性传递产品信息的。

微信上传送的是内容，视频中放的是内容，广告传递的是内容，网站上充斥的是内容，公关关系传递的是内容……企业在互联网上创建和应用的内容，涉及视频、图片、文字、行业白皮书、电子书等。可以说：**广告是奢侈品，内容却是必需品。**

企业创建内容的核心是将浏览者转变为购买者，让购买者成为回头客或企业狂热的追随者及倡导者。通过互联网上内容及信息的传递加深企业与客户的关系。企业通过持续不断地创造消费者关注的内容，激励消费者和企业进行互动，最终获得商业价值。

内容在商业中的价值体现在：

- ❑ 提高搜索引擎页面收录数。
- ❑ 增加被搜索到的机会。

- ❑ 有效增加及带来网络流量。
- ❑ 吸引更多对内容感兴趣的网友。
- ❑ 减少购买阻力，帮助消费者进行购买决策。
- ❑ 树立企业在行业内的江湖地位及威望。
- ❑ 将企业、品牌、消费者的故事讲给大家听。
- ❑ 通过特定的内容，形成稳定的粉丝群，构建网络社区。
- ❑ 形成新的产品销售渠道。

相对其他营销方式来说，内容营销是效果持续时间较长的推广方式。企业投资在内容营销上的每一分钱所产生的效果都不会立刻消失，而是会在较长的一段时间内发挥作用。

内容聚合不会生成独特的内容，在网上随手可得的东西不用也罢。为了能够真正地在网上塑造与众不同的企业形象，**企业提供的内容必须真实且明确体现你的品牌。内容的语气、主题都必须有企业独有的特色**。创建高质量的内容绝非易事，不要采用 RSS、搜索引擎抓取来的内容来填充企业自身的内容，那样得不到持续的内容战略支撑。下图是笔者给企业做微信公众账户、官方微博代运营时，结合企业的特性做的内容规划。笔者将内容的 40% 规划为知识分享，让粉丝受益；而将广告及新闻信息压缩到 10%。内容规划的合理性和参照性需要依据行业特性、粉丝的口味等因素综合考虑。

常见的符合商业价值的内容策略有：

（1）**热点性内容**。热点性内容即某段时间内信息检索指数提高迅速，人气关注度不断攀升的内容。合理利用热门事件能够迅速传递企业的内容。对于热门事件，营销者可以借助平台通过数据进行分析（百度指数、微博排行榜、微信阅读榜）得到。但要注意，不是所有的热点性内容都可借用，要寻找符合企业自身属性的主题。

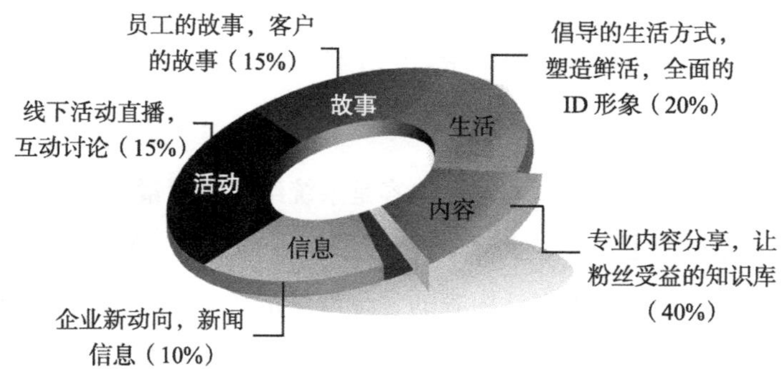

（2）**即时性内容**。即时性内容是指充分展现当下所发生的物和事的内容。即时性内容策略要做到及时有效，需要在第一时间完成内容创作。就搜索引擎而言，即时性内容也会优先获得排名。例如，Uber 和滴滴合并的消息发布后，大家的注意力却被杜蕾斯即时的内容吸引了。

（3）**持续性内容**。持续性内容是指质量不受时间变化而变化，无论在哪个时间段，都保持稳定风格的内容。持续性内容作为内容策略中的中流砥柱，不得不引起高度重视。持续性内容就如一本杂志，其内容的格调和高度应该每期都是可预期的，而不是过山车式的。持续性内容的保证机制是，一个稳定的内容团队和一套稳定的内容筛选机制。

（4）**方案性内容**。方案性内容是系统给出营销素材的内容。想写出好的方案性内容，需要综合考虑企业的定位、商业目标、主题、预期效果等。方案性内容的含金量非常高，用户能够从中学习经验，充实自我，提升自身综合竞争力。缺点是方案性内容的写作需要花费大量时间，需要经验丰富的专业人士才进行把握。互联网上的方案性内容较少，因此获得的关注更多。例如，下面这份解决方案，被阅读了 185 273 次，下载了 62 408 次，可以想象其影响力有多么大。更为重要的是，不需要花钱，仅将内容分享到百度文库即可。

（5）**促销性内容**。促销性内容即在特定时间内进行促销活动产

生的营销内容。促销性内容主要是利用人们的需求心理而制定的方案内容，内容中能够充分体现优惠活动，利用爱贪便宜的心理做好促销活动。促销性内容往往可迅速获得销售业绩，拓展市场份额。

富国银行的内容实践

美国富国银行（Wells Fargo）派出内容策划人员参与所有的网站及营销推广项目。内容策略团队要开展的工作之一就是推动“内容传播计划”。该计划需要对富国银行的互联网传播内容进行持续评估。富国银行用清晰简洁的设计传达了三项内容营销宗旨：

- 帮助我们的客户迈向成功。
- 协助我们的团队茁壮成长。
- 每一天都实现个人价值。

Wells Fargo Stories 整个网站设计精美，远远超越了富国银行的官方新闻博客（持续更新公司商业新闻的博客集锦）。在“Stories”中，富国银行报道了一系列客户的成功故事，例如，他们与 Urban Outfitters（美国品牌）公司的合作。

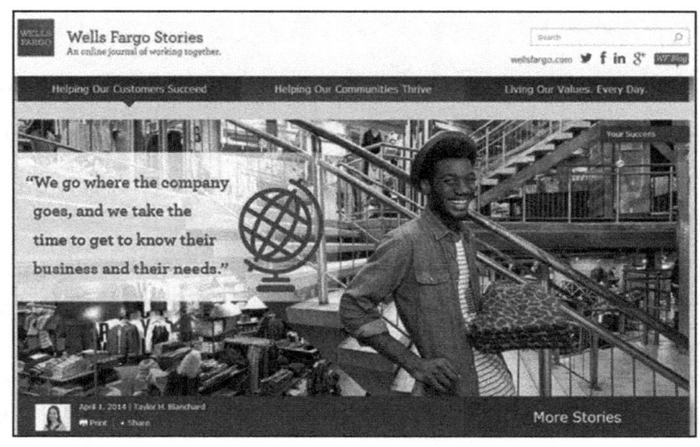

“Guided by History”在联系顾客与品牌长期资产方面的优势，就如同“beyond today blog”在提供关于退休的有用资讯方面的优势一样。在内容方面，所有一切的核心在于两种类型的内容：一种是有用的内容，即对利益相关者有帮助的信息（如退休指南）；另一种是品牌内容，这类内容阐述公司的特点（如公司员工志愿者服务）。当需要选择金融合作伙伴时，这些内容都会帮助客户和投资者回答这样一个问题：“为什么选择富国银行？”

网站将商业和服务置于首要的地位，但是出色的故事却是客户选择品牌的有力依据。

案例点评：富国银行通过提供对客户有价值的内容来获得用户认可。我们看到，只有真心为客户着想，不是急切堆砌产品内容，往往起到的效果会很好。互联网内容传播，不妨放弃一味推销广告内容的思路，转而思考如何做对客户有价值的信息。

除了富国银行，其实还有很多公司非常重视内容，并设置了专门的岗位。比如，REI 公司（户外用品零售商）由自己的内容策划、编辑和文案相关人员来定期为网站的“专家建议”版块提供内容，主要包含一些教人们如何享受户外生活的文章和视频。内容营销的职责还拓展到监督管理供应商在其他平台上的内容传播。IBM.com 也设有一位总编，他的职责就是制定内容标准，参与众多网站内容的管理，推动和监督内容传播的执行，同时和企业其他部门（市场部、研发部）讨论并制定相关的内容计划。

那么到底该如何产出好内容呢？笔者认为，**制定高效内容的策略可分为如下几部分：**

（1）**深刻理解目标用户**。不建议采取人口统计概述，内容策略应建立在坚实的用户洞察的基础上。只有深刻明白目标用户的需求，接下来的内容策略才有价值。

（2）**评估需求**。核心问题是找出用户在乎什么，需要什么内容。例如，B2B 类型的用户是集团采购型用户，他们具有购买周期长、决策复杂等特点，企业应针对他们的特点给出对应的内容（解决方案）。用户往往在意的是解决方案和案例。

《英雄联盟》游戏推广团队为了拓展玩家数量，让新手更容易上手，积极编辑发布了《新手视频教程》。这个教程的目的是让从来没有接触过《英雄联盟》的玩家在非常短的时间内熟悉游戏，并激发对游戏的兴趣。《新手视频教程》目标清晰，就是帮助刚刚进入游戏的“菜鸟”，让他们能够先熟悉游戏规则和游戏模式，给他们一个成长的时间和支持，使其更好地适应游戏的节奏。该视频一经发布，即赢得了众多新手的盛赞，带来了一大批玩家。

（3）**确定商业目的**。明确的商业目标是一切策略的前提。在创建内容策略时，应兼顾用户需求和商业目的。例如创业初期，企业缺乏知名度、信任度，内容商业目的可以直接定义为提升知名度、信任度。如果品牌已呈老龄化，内容商业目的则可定为提高互动，此时你的内容需要思考如何和用户有情感共鸣，获得积极互动。

（4）**创造并编辑内容（原创内容，伪原创内容）**。在确定了目标用户、需求和商业目的后，就需要创造特定的内容来支撑商业诉求。

（5）**针对平台发布内容**。不同的传播平台和渠道，内容也应有所不同。例如，微博上的内容体现的是快、简短；微信上的内容应简短，且要适合移动端阅读；博客的内容可以深入一些。

（6）**衡量、分析和评估效果**。依靠数据洞察，可以评估你的内容是否成功地达到了你的目标。如果一则内容的目标是提高认知传播，则需要考虑内容的阅读量，没有达到效果的话，则需要分析原因。例如，微信公众平台上提供的文章的阅读量、转发量、收藏量等从不同的层面可以解析内容的质量和特点。

详细数据

时间	图文页阅读		原文页阅读		分享转发		微信收藏人数
	人数	次数	人数	次数	人数	次数	
2015-03-09	47,133	63,141	0	0	1,321	5,161	31
2015-03-08	64,351	84,762	0	0	1,518	7,193	30
2015-03-07	125,190	165,080	0	0	1,809	14,113	29
2015-03-06	230,186	307,690	0	0	1,988	27,010	34
2015-03-05	445,295	592,481	0	0	2,176	52,936	36
2015-03-04	586,878	788,775	0	0	2,299	74,366	19
2015-03-03	179,601	241,514	0	0	1,855	24,059	23
2015-03-02	10,097	13,051	0	0	341	1,041	4

内容规划及发布流程如下图所示。

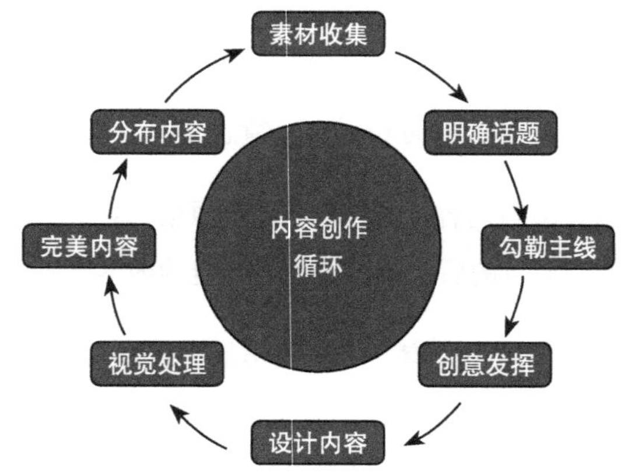

结合上图及我国的实际情况，笔者对内容规划及发布的流程梳理如下：

（1）**每天干的。**

- 每天发布微博，向客户提供有价值的内容。
- 将你在别处看到的、和你的核心内容相关的新消息发给社会化媒体的粉丝（微信公众账号、粉丝社区），可以通过Google Alert、微博订阅、微信订阅号等方式获得新消息。
- 每天抽出时间回复用户的评论，或与之互动（微信订阅号的回复、微博评论回复、BBS 回复、博客回复）。

（2）**每周干的。**

- 至少推出一篇新博客，如果时间充足，2 ～ 3 篇也可以。
- 发布一篇关于“怎么做”的文章。
- 在相关的论坛、社区参与讨论。
- 更新企业主网站的内容。
- 生成一个简短视频，内容以价值为导向。

（3）**每月干的。**

- ❑ 根据深入的研究成果，或者是针对热门话题写一篇内容丰富的文章、帖子，强调的是丰富性及影响力。
- ❑ 发布一次案例研讨或一则客户成功的故事。
- ❑ 制作一个 PowerPoint 幻灯片，将其发布到百度文库、豆丁网、道客巴巴等分享网站上。
- ❑ 创建和邮递电子邮件新闻简报。
- ❑ 可制作一则公司高管在大会上讲话的视频（对专业领域的话题或观点进行编辑整理）。
- ❑ 制作一则音频博客（可以发布到懒人听书、喜马拉雅听这样的平台）。
- ❑ 组织和推介一次咖啡座谈会、鸡尾酒聚会或类似的社交聚会。
- ❑ 整理访客或用户的文章、帖子，向其他的平台或出版物投稿。

（4）**每季度干的。**

- ❑ 发布一份基于研究的行业白皮书。
- ❑ 制作案例研究的集锦，并以 PDF 格式来传播。
- ❑ 创建一本电子书，并以 PDF 格式来传播，内容以干货、聚焦领域为佳。
- ❑ 制作一个视频的系列，解读本季度行业的热点及趋势。
- ❑ 举办一次行业研讨会或沙龙，并将相关的视频、讲义分享出去。

企业自建内容策略与规划

这里列举几个案例进行说明。

陶氏化学亚太区数字营销负责人栗建，系数字营销领域非常专业的从业者，也是笔者多年的朋友。其在《再见了，4A广告公司》一文中深入解读企业如何放弃4A广告公司，通过自建内容中心等方式来迎接挑战。

万豪酒店集团挖来了有好莱坞背景的David Beebe。David Beebe曾经在迪士尼、Showtime以及DirectTV等媒体供职。David Beebe为万豪酒店集团组建了万豪酒店内容工作室（Marriott Content Studio），并着眼于提升用户的体验和忠诚度。工作室拥有100人左右的团队，管理着万豪酒店在Youtube、Snapchat、Instagram以及Medium四个社交媒体上的官方平台，并策划和执行活动。

相比万豪酒店集团从无到有另起炉灶，豪车品牌捷豹路虎选择的是"共建"。Steve Woolford在2011年与捷豹品牌共同创建了数字创意和营销公司Spark44。2015年，Spark44的服务延伸到了路虎品牌，逐渐接管了Young & Rubicam代理的创意业务、奥美代理的体验和设计业务以及Wunderman代理的CRM业务。Spark44总裁Simon Binns用"更好（Better）、更快（Faster）、更（Cheaper）"形容"共建"带来的改变。这一模式让财务和流程更加透明，与捷豹、路虎高层的直接对话加速了决策流程并减少了沟通成本。

无论是自建还是共建，企业内容中心都被认为是"花钱的部分"，是成本中心而非利润中心。这种传统的想法正在改变中。百事公司相信自己的内容制作中心"创造者联盟（Creators

League)”能够通过向媒体出售内容获得资金甚至产生盈利。百事公司通过用销售大量非品牌赞助内容赚钱来贴补那些为推动产品销售而制作的广告创意内容。百事内容中心将制作并在电视、在线视频（如 Amazon Prime）上发行各种系列剧、电影、音乐唱片、真人秀节目及其他内容。

百事公司饮料业务全球总裁 Brad Jakeman 相信百事集团旗下的众多品牌，无论是多力多滋（墨西哥玉米片），还是佳得乐（功能饮料），都有着远远超出单纯食物或饮品的商业价值，而他领导的内容中心团队将使这些价值得到变现。

内容中心通过利用品牌本身巨大的能量及内容资产，为它们的市场营销提供充足的资金。而从品牌资产到营销资金的转化，来自百事内容中心这个未来的“小金库”。“我们是否能够达成目标？也许还要花些时间。我们是否在朝这个方向前进？这个绝对肯定。”

案例点评：内容策略和规划已经不可简单地用市场营销费用来采购，一次性搞定。内容策略和规划是一个持续的、源源不断的企业经营行为。不论是自建内容团队还是共建，或者说是外包给第三方公司，内容策略和规划都是企业互联网战略中不可或缺的一步。

第 4 节　让人头疼的是：做什么内容？内容从哪来

大家都开始意识到内容的价值。许多企业也想开展内容策略和运营，不过类似“做什么内容”“我们公司根本没有什么内容可以传播的”等话题经常被提起。如何源源不断地做出目标客户想要的内容，是我们迫切需要解决的问题。

通过 5 个问题确定目标客户想要的内容

目标客户偏好是决定内容及写作风格的标准。在执行过程中，通过以下 5 个问题，可以帮你梳理出客户想要的内容。

1. 你想和谁接触

请回答：你心目中理想的客户是谁？他们年龄特征怎么样？他们在哪里生活？他们从事什么职业？这些问题回答得越清晰，接下来的内容营销开展将越顺利。请不要给出类似“任何用户我都想影响”的答案，因为这就等于没有目标客户。

> 这是一则芝华士的广告。
> 假如你还需要看瓶子，
> 那你显然不在恰当的社
> 交圈里活动。
> 假如你还需要品尝它的
> 味道，那你就没有经验
> 去鉴赏过它。
> 假如你还需要知道它的
> 价格，翻过这一页吧，
> 年轻人。
>
> **Neil French** 作品

2. 他们上网都看些什么

如果能够拿到每个目标客户的互联网轨迹，做内容营销和互联网广告投放，那将是最理想的状态。现实情况是，我们不可能拿到，但是可以通过在线调研、电子邮件调查等手段来收集相关客户访问网站的情况。

客户经常访问的 5 个网站是哪些？他们是否经常使用社会化媒

体？直播、微信、微博等平台中他们偏爱哪几个？了解客户的网络浏览行为，将有助于决定提供哪些类型的内容。

3. 他们偏爱什么内容

目标客户是想要娱乐新闻、实用信息，还是文化知识？或者是三个都想要？他们是否有时间完整看完你的内容，还是只随意浏览一下即离开？更喜欢文字风格的内容，还是视频风格的内容？

传播力文字 + 吸睛的图像 + 动人的音视频 = 精彩的内容

杜蕾斯的粉丝，他们偏爱的是什么内容？当你发现他们在娱乐、情趣类话题方面转发数、评论数比知识类的要高时，就需要针对他们的口味下手了。

金融类企业的粉丝偏爱什么内容？理财知识，还是金融信息？目标人群粉丝的浏览行为是怎么样的？是快速扫描，还是偏爱视频？通过前期的活动及粉丝的表现，企业做出判断，接下来的内容制造风格就可以确定。

当你的粉丝喜欢阅读白皮书或文字信息，而你却把更多的时间花在视频上时，那就是瞎忙。

4. 你希望客户做什么

企业内容营销都具有很强的目的性，也正是这样目的性将在一定程度上决定企业内容的呈现。

你是想通过内容让用户获得哪些信息（产品信息、行业信息）？

希望用户直接购买产品或者服务？希望他们订阅你的邮件列表？访问你的网站？还是给你去个电话？

不同的行业、不同的阶段，你希望获得的反馈或目的也将影响你在互联网上投放的内容。

相较于咕咚运动、乐动力等细分领域的移动应用软件，Keep 起步较晚。2015 年上线后不久，通过低成本内容传播，撬动并引爆用户，轻松突破 600 万。Keep 健身引爆的方法是通过激发用户在朋友圈签到、打卡、传播等行为席卷用户群实现的。Keep 健身打卡一度成为朋友圈的一个现象。创始人王宁认为，社交网络的分享回流是个很好的用户获取方式，和早期的打车红包一样。营销最核心的部分一定是产品本身，此外产品要有能够传播的内容点，可以让用户回流。运动本身传递积极正面的生活理念，只要适当地激发，用户就会乐于在朋友圈传播。

重视内容建设和用户互动，Keep 坚持每天生产原创内容，通过优质内容来获取新的用户。通过把握细节，准备充分内容，规划好用户反馈的点，Keep 在低成本的情况下获得良好传播效果。

5. 你有什么现成的内容

企业在内容营销上的投入，不仅涉及发布的费用，更多的是收集、整理内容的投入。在开展内容营销规划之前，企业需要反问自己：我有什么现成的内容？我拥有的内容资源有哪些？

从传统的宣传小册子、印刷的资料、网络简报、新闻消息、客户反馈资料等，到一些特别的案例，都是我们前期拥有的资源。我们需要将这些内容进行归类，确定哪些是需要用来完善的，哪些是可以直接使用的。

创作内容也需考虑投入产出，已经拥有的内容资源需开发利用好。

内容五大来源，支撑内容可持续运营

我们在做内容传播时，除去编辑、影响力等方面的话题，有关内容来源的问题也是绕不开的。既然内容作为移动互联网时代的新战略及策略，每个企业都应结合自己的优势找出内容来源。但是一般企业能够拿出来传播的内容少之又少，为此笔者在给企业做顾问的时候，往往要解决内容来源这个系统性的问题。

下面简单梳理企业内容来源。

- 企业现有的材料，如产品介绍、公司介绍、公司内部文稿等。
- 一线员工日常发生的小故事或者工作中的亮点。
- 上下游供应商、产业链上的内容采集。
- 征集用户的故事案例及内容。
- 伪原创，整理编辑行业及用户相关联的内容。

企业只有在这几个方向上系统、稳定地采集和处理内容，才能保证内容策略是成体系的，而不是零星、碎片化的。我们发现企业在上述前四点上往往下的苦功夫不够，可能是因为态度不端正，或者内容的流程不够完善。企业内容策略执行人员权力弱小，无法系统构建内容来源体系和调动其他部门参与，而更多集中在简单拷贝互联网上的内容，这样的内容连伪原创都算不上。

笔者曾经服务过一家品牌企业，该企业当时并没有储备好适合互联网传播的内容（大部分的企业都如此）。解决方案必须从策略和体系上着手，为此笔者结合企业的 20 周年庆，策划了一个征文活动，征集用户这 20 年来与企业发生的故事和产品使用体验等。通过这个活动，一方面让用户重温那段与品牌邂逅的岁月，另一方面为接下来的内容营销奠定了足够的内容基础，巨大的内容库可以满足企业在内容营销方面的需求。

天地彩钢，过亿销售订单源自内容

据天地彩钢团队的反馈，公司能够在濒临破产的时候起死回生，其秘诀就是用内容吸引客户。公司负责人俞方伟写了 5000 多个客户故事，他将这些故事放在网络上的各种平台，如官网、新闻媒体及社区、博客、微博、微信等自媒体来招揽客户。其中典型的案例是在 2013 年，天地彩钢一个近亿的订单销售线索竟然来自分布的内容案例，俞方伟及其团队瞬间明白内容策略的价值！

俞方伟积极构建内容策略，让一些鲜活的故事深入人心。天地彩钢运营积极围绕内容策略，集团也高度重视内容收集，为此他们成立 5 个人的内容执行团队，分别负责文字、视频、美工和编辑等工作，其中 3 个人负责内容采集、编辑，1 个人负责图片 PS 及效果，1 个人负责音视频。这个团队前前后后写了接近一万个业内故事及公司运营案例，做了 800 个视频。他们在内容产出方面已经形成稳定的流程。下图是天地彩钢官网上的内容，其不是简单地展示服务过的经典案例，而是写成易读的故事。

» **经典案例**

» 穿过一整个西太平洋去拥抱你——帕劳活动房项目
» 在清真之国，炼铮铮铁骨，润天地万物——巴基斯坦活动房项目
» 随处安放的光与影——海亮地产售楼处建设项目
» 集装箱里的水上乐园——四方游泳室建设项目
» 栖息在厦门的“大胃箱”——特种设备箱项目
» 在寒山寺边上，窝在星级集装箱公寓里，过着有诗和远方的日子
» 野茫茫，风吹草低见集装箱——五洲国际售楼处建设项目
» 担得起一“箱”情愿，也挨得住愿赌服输
» 青山脚下的“白宫”——天地彩钢巴拿马集装箱项目
» “房事”了解好，媳妇娶得早
» 天地智造组合集成房屋：工地办公用房也轻奢
» 冬天，别闹，我捻土为“箱”呢
» 比冷还寒冷的西藏，不想变硬，就快进房
» 北京遇上西雅图，我们遇上临时建筑
» 驻足在孟加拉平原上的“交钥匙工程”——天地智造孟加拉活动房项目
» 迷你集装箱，小空间大能量
» 给每一座房子，取一个坚强的名字，挂一个温暖的牌子
» 比大还大，比多还多，18个集装箱竟然组合出350个平方的办公空间

天地彩钢的内容策略：

第一，发现，汇聚碎片信息凝聚大能量。用扎克伯格的话讲，你发现家门口有一只濒死的松鼠，你记录下这样一个故事，它可能会比非洲多少濒死的贫民的故事更能引起你朋友圈里人的兴趣。在企业经营中，一个订单、一次见面、一句留言、一场纠纷、一个饭局、一个电话，甚至是一个小提示、一个小窍门、一个小建议都是内容采集的萌芽。

第二，真实，内容来自生活。总结各种选题范式，线上和线下都做，根据主题类型分类入库，随时调用。例如，团队将日常内容归类为创业故事、愿景型故事、成就故事、犯错改错故事、员工故

事、历史故事、传播型故事、沟通型故事、风格故事、客户故事、服务故事等。

第三，视角，同一主题换视角就有了内容及故事，经常头脑风暴，创新视角。比如从产品角度思考：新产品为什么产生？怎么研制？生产过程如何？工艺和专利情况如何？制造标准是什么？收到怎样的市场反馈？怎么销售？被什么样的客户购买？获得什么样的好评？未来的预期……

第四，多样化，创新故事形式，包括但不限于文字、图片、漫画、视频、图片剧、微笑电影等。

第五，细节，从编剧理论吸收智慧，突出鲜明的主题、个性化的人物、丰富且有冲突的情节、感同身受的细节。通过有代入感的内容，让客户、听众产生共鸣。

第六，靠谱，要有稳定靠谱的执行团队，讲好故事，做好故事传播，扎实落地，做到极致。

案例点评：天地彩钢在自己特定垂直行业深度耕耘内容，并通过接近免费的方式传播出去，收获源源不断的商机。更加难能可贵的是，其团队在尝到甜头后，迅速跟进，通过一段时间的打磨使内容产出形成稳定的流程，这也成为他们获得竞争力的秘密武器。

伪原创的能力是必不可少的

做内容，更多企业还没有形成稳定的团队，内容的产出过程也不成体系。每天原创的内容或者采编企业的内容，确实不是那么容易，因此，更多企业往往会选择伪原创。伪原创就是依据用户的口味，为其定制、整理或者编辑内容。之所以称为伪原创，主要是因为其内容素材非原创，而是对互联网上的内容进行再加工。伪原创做得好，可能价值并不比原创小。

伪原创不是简单拷贝别人的内容，而是围绕自己的用户，做符合他们口味或者有价值的内容。例如春节，很多人会担心回家爸妈会责问还没有对象，网上有很多热门话题都是讨论怎么应付。百度曾经做了一个视频，写了几句文案："你在买房的时候，他们已经攒很多年钱为你买房；你在想晚点要孩子，他们在想能不能抱动孩子；他们把心思都放在你身上，想进入你的世界，你却还要抵触他们；你回家只有七天，父母要等待一年。"这段视频一上线就引爆了网络，春节七天播放超过 2000 万次。然而视频的素材都是影视资料的混剪，没有自行拍摄，却把所有人都感动了。这就是好的内容案例。

针对伪原创的情况，可将其分为以下 4 级：

（1）初级（三品）：仅修改标题，处理文中的错别字。

（2）中级（二品）：修改文章标题，重排版式，替换同义词。

（3）高级（一品）：修改文章标题，重排版式，加入其他稿件的信息，丰富稿件内容。

（4）终极：在高级的基础上加入营销及内容信息，聚焦一定的商业价值。

伪原创的作用，本质还是在一定的现实经济投入下，为用户提供价值和内容，获得商业利益，让用户一直记得企业的存在。我们知道，搜索引擎喜欢原创性的内容，对于重复的内容，它会认为没有收录的价值。如果网站上大量的内容都是转载的，搜索引擎就会觉得整个网站没有价值，从而降低网站权重，网站排名自然也不会很高，所以，若是条件允许的话，还应加大原创比重。

实践点拨

快速找到优质的素材源可加快伪原创的传播速度和增加实际效果。对于素材收集，现在推荐下面 3 个工具。

（1）搜狗有个微信内容检索的入口，通过关键词等可获得相关微信文章。缺点是没有权重及热门排序。

（2）微指数：按照行业及关键词排序的方式提供微信账号热文榜单，可以用来寻找内容方向。

（3）清博指数：提供按照阅读量、点赞数进行特定领域或关键词的排序，可快速找到优质的内容源。

第 5 节　打通企业内容运营内部体系

在内容制作这个步骤，企业遇到的最大问题是：到底应该是由内部生产内容，还是请外部专家帮忙？很多品牌都选择了内部生产。例如 IBM，他们一直非常重视培养内部员工的专业知识，也善于调动内部员工生产与工作相关的内容。Ford 有关汽车设计、环境保护的专业内容都是由内部专家生产的。内部员工、专家生产内容的一个最大好处是，他们对于企业文化、产品、服务以及受众非常了解，往往能生产出最适合企业的内容，更容易和消费者建立有效沟通。但是，用企业内部专家和员工来制造内容也有以下难题：

（1）很多企业的专家和员工都对自己的业务非常精通，但是不一定能够用简单的语言写出来；即使能表达出来，也不能自己制作视频等多种内容形式；即使能制作，也不擅长。做这些内容要耗费很长的时间，每个员工专家都有自己的工作，不可能在这方面无限投入。

（2）很多行业专家对微信、微博，以及行业论坛等工具存在天然抵触情绪，不知道怎么合理应用。

尽管有以上种种问题，但是笔者在和企业制订有关内容产出实施方案时，发现一些方法还是非常有效的：

（1）**每个部分找一个最合适的人选，与该人选的直接领导者沟通，稍微更改其工作内容，给他时间和空间为企业制作内容**。找这样的人是不容易的！我们需要与不同部门充分沟通，充分了解各个部门同事的兴趣爱好，以及对于平台工具的熟悉程度。找到这些人后，公司的领导和笔者一起与这些“内容先行者”进行沟通，听取他们的意见，给他们鼓励并修改其工作内容，给他们多一些时间做内容创作。公司领导可设计特别鼓励机制，让这些人成为公司内部的“明星”。别小看这些努力，它是非常有利于鼓励员工积极性的，更重要的是让上层领导和其他同事看到内容营销带来的变化，领导会积极想办法更多地改进员工的工作职责；员工也会更积极地想参与其中，成为公司的内容生产者。

（2）**设计合理有效的内容生产培训体系**。没有写过微博、博客，没有做过网络社区或者社会化媒体平台管理的人可能不会了解这些操作的技巧和经验，且实际操作比听起来难多了。企业在筛选了第一批“内容先行者”后，需要设计不同的培训模型，如 30 分钟的微信文章写作训练、30 分钟的用 iPhone 拍摄并修改图片的课程、建立案例午餐学习小组等等。基本的技能培训得差不多后，企业可以再设计更高级的课程，让“内容先行者”掌握更加高级的技能，如视频编辑、设计软件应用等。企业内容传播的数据需要时刻监控，为内容更新、调整提供依据。

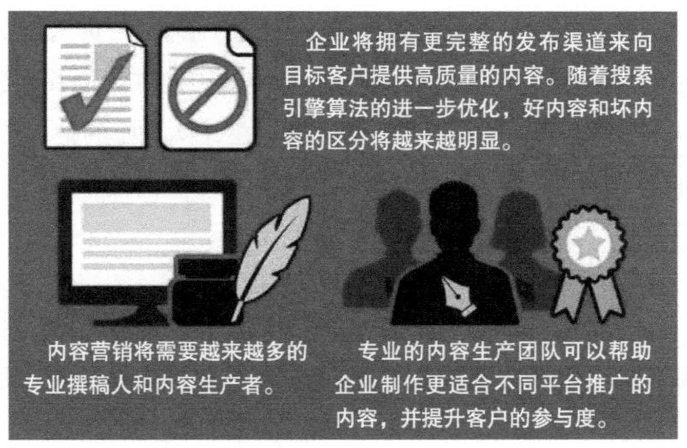

（3）**建立官方的奖励机制**。推进一段日子，企业一般都会看到“内容先行者”给公司带来的变化，企业需要适时推出内部的奖励机制。因为如果这些“内容先行者”和他们的直接领导的努力不被公开认可，前进的动力就会大打折扣，适时推出有效奖励机制是保证公司从内向外做内容营销的关键步骤。写工作博客、微信、微博、监测行业论坛和社会化媒体，成了小组正式工作的一部分。为了内部鼓励，企业可制定内部内容生产者得分表，用于评估生产了哪些内容、取得了哪些成绩、内容数据表现等等，这样有利于形成内部竞争机制。企业根据得分表对员工进行鼓励和奖励。

招商银行通过奖励的方式来发挥员工的力量。员工可以向内容营销小组投稿，一旦被采用，将获得金钱上的奖励。为了激励员工将自己的智慧贡献出来，企业还可以根据内容受欢迎程度评选出内容奉献之星。我们也看到，许多企业通过开放式的内容征集，获得了良好的传播效果。这些工作的前提条件是：你需要一个具有实力的内容营销与管理团队。

（4）**聘请一个专业的编辑来指导工作**。当内部的员工和专家都已经习惯并善于生产内容后，若想把内容营销推向新高峰就需要请专业人士来指导工作。专业人士可以是在媒体工作的记者或者编辑，他们可以在企业内部的内容编辑方向、专业的操作手法上给予辅导。

北京大学第三医院风湿免疫科的内容生产流程

破局源自当年门诊人少，江湖地位弱，找寻出路。北京大学第三医院风湿免疫科建科之初，全科的每日门诊量仅40人次，如果这样，科室三个人就够用了。通过互联网内容策略，其每年门诊量递增20%左右，到2015年，就诊总数达68 407人次。

制定有序的内容流程，持续做出好内容，奠定网络空间影响力。实用的才是好内容。内容是关键，一定要贴近临床，解决具体实际问题，真正让读者有收获。医院微信发表的很多文章立意来自患者的提问。如曾经有一位女性狼疮患者提问：她要做试管婴儿，需用雌激素促排卵，是否会诱发病情的复发？团队就专门针对这个问题，写出了文章。内容要前沿，发布的是最新文献，风湿免疫科领导刘湘源要求科室所有人员，包括研究生和进修大夫，每个月通过阅读文献资料，把自己认为最实用和最前沿的2篇以上英文文献摘要翻译为中文，直接发给编辑部，并在筛选和评估合格后，给予发表，写得不好的就直接发回本人重新弄。另外科室要求所有参加国内和国际会议的科室人员写听课笔记，开会前，及时通知科室人员，分配任务，分工协作，并要求每人带上录音笔和照相机，回家后进行写作整理，合格的会发表。很多进修大夫开始觉得有点不习惯，但后来发现，这样真能学到知识，以前参会要么开小差，要么记不住，白白浪费时间，现在他们参加会议时，主动要求写听课笔记了。

案例点评：传统三甲医院不缺患者，但是其在患者营销传播方面确实存在不足。从美国等西方国家的发展趋势来看，国内医院科室层面的互联网社群管理是未来科室运营必备的，通过互联网等新工具可和患者构建连接、沟通感情、追踪医疗效果。科室的社群构建努力方向有：（1）将每日到科室就诊的患者，通过微信或者其他方式沉淀下来；（2）通过有价值、有传播力的内容，吸引潜在患者；（3）通过朋友圈等社交平台，形成良性的医患交流。

随着内容营销的不断发展演进，一些新的命题和趋势正在出现，其中以内部的流程和管理对内容的规划、编辑和分布影响最大，比如企业高层或者股东对内容创作的干预。很多公司都存在外行的领导，这些人对互联网内容的策略、创作和传播的干预，往往会直接导致方向偏离。

随着技术和数据越来越多地介入内容营销领域，IT 部门与营销部门的合作也越来越多，需要能够在技术和内容之间起到“桥连”作用的人才。尽管许多公司已经开始内容策略，但大部分还停留在实验观望的阶段，并没有把内容作为一种能够促进成长的策略资产。这些企业认为，内容营销只是一场营销传播活动，而不是一种长期的策略。只有打通内部流程，形成良好的内容全链条，我们才认为内容已经很好融入其商业模式，当然也必将收获优厚的商业回报。

埃森哲最近的一份针对全球17个国家14个行业的1 000多位高级市场营销经理的调查显示，90%的受访者认为内容营销的策略和执行应该由公司而非乙方公司主导。和乙方相比，品牌自建的内容中心更加了解如何生产“有价值的服务”。

在高盛，刚刚成立的内容制作中心的主要任务不是生产创意广告，而是创造连接公司与客户的纽带。华尔街投行饱受质疑和声誉危机时，高盛不仅任命了一位主管数字营销和社交媒体策略的副总裁，而且懂得“有料”比“装酷”更让人待见。高盛内容中心推出的高盛视点（Exchanges at Goldman Sachs）和高盛简报（Briefings），利用YouTube等平台带来高盛专家的有料有趣的干货分享。

在联合利华，新成立的内容中心U-Studio负责能够满足消费者所需的“实用内容（Needs Content）”。这些内容包括有关产品使用和体验的视频、信息图、用户评测以及其他内容。联合利华另外一个内容中心U-Entertainment则负责“激情内容（Passions Content）”，这些内容包括自创的电视节目、网剧、音乐以及更符合“90后”和“00”后的内容。

随着数据成为未来最基本的生产资料和价值金矿，越是深入布局自建内容及营销体系的企业，就越能有选择和应变的能力。通用汽车2014年开始自己打理社交媒体，Kellogg和Kimberly-Clark

自建了媒介购买中心和用户数据中心来保证数据的安全和控制，以应对程序化购买和个性化内容成为用户体验核心的新趋势。

案例点评：内容营销需要在战略高度上给予重视！内容不是简单的一场营销传播活动，而是一种长期的策略。只有打通内部流程，形成良好的内容流程，才能收获优厚的商业回报。

第 6 节　内容编辑与内容优化

内容能不能有效引爆社群，其中一个关键点是内容的影响力和优化。做社群成员喜欢阅读且有影响力的内容需要综合考虑内容呈现形式、内容风格、内容语气、内容标题等。内容影响力与优化是个需要不断精益迭代，基于数据及用户反馈进行修正的过程。

影响力是内容努力的一个重要方向

互联网并没有改变人性，正如霍普金斯在《科学的广告》中所说："人类的本质是不会变的，现代人和古代人没什么两样，所以基本的心理学原则依然牢靠，因此你不需要将学过的心理学原则全部打破、重新建立。"人性没有变，但是用户的阅读习惯和行文因为信息传播渠道的变化而发生了变化。

（1）**注意力变得稀缺。**移动互联网兴起的碎片化阅读让消费者的专注力下降，"精简"显得更为重要了。为了证明 iPhone 6 拍照效果好，苹果公司把 iPhone 6 拍出来的照片喷成了巨大的广告牌。广告牌上的照片很简洁、唯美，而且体现了照片的分辨率很大，侧面证明 iPhone 6 的摄像头很专业。苹果甚至没花钱请专业摄影师来干这件事，而是从全球征集了一百多张照片，取得授权之后完成内容传播。

（2）**内容紧扣特定用户口味与需要。**我们现在处于信息大爆炸时代，四面八方都是信息。这就需要挖空心思让我们的内容与消费者切身相关，了解他们关心的是什么，然后将他们的需求、渴望或担忧表现在内容中。

（3）**消费者变得老练，粗暴、简单的内容会直接吓跑他们。**如何提供有价值的内容，帮助用户解决问题、辅助做出购买决策的信息也是内容中的必备项。

依据用户阅读行为及竞争环境的变化，以下内容将是用户想要的：

（1）**内容清晰，引人注目：**简单直接讲述用户能够理解并且容易产生共鸣的内容。

（2）**高质量：**制作精良，有一定的趣味性，言之有物。

（3）**有真情实感：**用心在写，让人们能够感受到内容制作者的心意。

（4）**内容聚焦，垂直：**内容对于特定的用户有较大的相关性和特殊价值。

（5）**内容呈现多样性：**以漫画、音视频、图片、文字等多种形式友好呈现。

如果你负责移动支付产品的推广，会如何向消费者宣传呢？如果直白地告诉用户，乘坐公交可以用手机刷卡，这样的内容起不到很好的传播效果。我们可以从消费者喜闻乐见的方面下手，以一种欢快的方式诠释什么是移动支付，效果可能会明显不一样。企业可以拍摄这样一段微视频：场景是在一个城市里，一位性感高挑的美女，从超市出来之后手上提着许多东西，她上公交车的时候，胸前挂着一部手机，她将手机往刷卡机上一贴，就上去了。紧接着上来一位男士，他看到前面的女孩用胸部往前一贴就刷卡了，可以不要钱，他也用胸部对着刷卡机并来回摇。这时司机发火了："你摇什么摇？人家用的是 ××× 的移动支付"。这样的内容，传播力可想而知，用户看到后会很开心，而且乐于分享和传播。可以说，做好内容是最划算的营销投入，如果不懂得内容的魅力，只通过渠道来推那些不知所云的广告，往往收效甚微。

实践点拨

创造有影响力的内容的小诀窍：构建相应的场景，增加内容的可读性、趣味性、画面感和代入感。可努力方向如下。

（1）内容叙述语气：最好用第一人称，过程中引入对比和空间感。

（2）少用形容词：形容词使用越频繁，读者越懵。"你的形容词≠我的形容词"，用词要精炼、准确，思考如何产生共鸣。

（3）只有细节才入心：对细节和特征要着重描写，宏大的商业战略目的往往通过细节体现。

（4）尝试通过文字构图：模拟摄影师拍摄时的构图，借鉴电影的光影、剪辑等手法，让文字构建画面。

（5）想唤起消费者鲜活的回忆，可选取那些带着愉悦印记的，然后将这种过去回忆中的画面形象和未来可能出现的商品联系起来。少主观评论，少抽象，多用具象名词，把能够作为符号的画面，构建场景获得代入感。一句话总结就是：**影响力源自设身处地。**

案例一：枯藤老树昏鸦，小桥流水人家，古道西风瘦马。夕阳西下，断肠人在天涯。

案例二：大漠孤烟直、长河落日圆。

案例三：我记得鱼尾巴砰砰地拍打着，船上的座板给打断了，还有棍子打鱼的声音。我记得你把我朝船头猛推，那儿搁着湿漉漉的钓索卷儿，我感到整条船在颤抖，听到你啪啪地用棍子打鱼的声音，像有人砍一棵树，还记得我浑身上下都是甜丝丝的血腥味儿。

上面摘选自海明威《老人与海》，“砰砰拍打”“棍子打鱼的声音”“猛推”“湿漉漉的”“颤抖”“打鱼的声音，像砍一棵树”“甜丝丝的血腥味儿”，精确的动作描写＋感官描写＋带有叙述性的比喻。

案例四：如果通过构建场景及画面代入感来描述汽车具体的优点（动力强劲、引擎运行流畅、舒适座驾、装饰优雅），内容可以选择：消费者和他的家人在星期天的早上去乡下踏青，然后在树荫里享受野餐；也可以描绘这辆车能如何体现消费者富裕的生活状态等。

案例五：“看看这些丝绸腰带吧，有适合少女的玫红色；有适合已婚妇女的触感柔软的浅紫色；也有适合老妇人的温暖的象牙色。内容构建的画面能让人产生亲切感，正如画着巧克力等精巧点心的图像会让人产生愉悦感，吵闹的动物和爬行昆虫却容易让人产生厌恶感……消费者脑中的场景画面，合理地使用场景化内容会增加销售转化率及说服力。

不只是影响用户，更需要说服

社会资本中最核心的关键词是信任。个人、群体通过努力构建的社会资本，最终体现就是大家信任你。目前，电子商务网站“广告—流量—转化销售”的模式已沿袭多年，以大量购买流量和投放广告来吸引用户，以低价战略来争夺用户，是电子商务最为常见的游戏规则。这个行业的平均转化率低于 3%，即 100 个访问客户，只有不到 3 个人会当场下单，付款完成交易。许多从业者本末倒置，没有好好优化转化率，而是徒于奔命到处找流量。

在互联网上，信任是对企业整体的感觉，例如企业官网的色彩搭配、企业官网给人的感觉、企业描述、产品描述、购物流程的体验、互联网上的口碑等都在帮助消费者进行决策。例如，笔者在官方网站设计（功能设计、颜色搭配）方面经常会推荐万豪酒店，不只其功能突出，整个网站的搭配也从另外一个角度传递可信的内容。

信任是影响用户的基础，如何构建信任以获得影响力？在这个领域，海外有众多学者都尝试从不同视角进行研究，主流的观点有以下 4 个。

1. 来源的可信度

一般来说，销售人员的可信度低于专家的可信度。但是有证据表明，经过一定时间之后，很大程度上听众只会记得信息本身，而忘记来源于何处，最终表现是信息来源何处权重变弱，如果再次提醒听众来源，则可信度会提升。

爱德曼公关之前发布信任度指标调查结果显示，在形成对某个公司的看法时，人们会更加依赖多种信息渠道。有意思的是，大部分 25 ～ 34 岁的美国被调查者认为，维基百科是值得信任的企业信息来源。那么哪些信息来源会更具实效？建议考虑：

- 行业杂志和行业协会；
- 分析报告、白皮书；
- 网上的留言板和论坛；
- 微信、博客、社会化媒体等站点；
- 知名的专家及形象代言人；
- 朋友和家人；
- 新闻媒体报道和商业杂志等。

2. 说服的方式

不同的说服方式，会带来对象不同的反应。例如，反毒品广告其实同时在传播两件事情：一件是说毒品是有害的，但这其中隐藏了另一件事，即人们在看广告的同时，也会看到有很多人都在大量地吸食毒品（这类画面在此类广告中很常见）。此时人们看到的吸毒行为实际上为他们做出了“榜样”。当人们看到嗑药的人原来如此之多时，他们会认嗑药只是一件平常之事，没什么大不了的。所以不严谨的反毒品广告传播反而会激发观众去尝试嗑药。说服的方式是不是站在对方的角度来晓之以理？是不是有理有据？是不是有典型客户的成功案例？给用户紧迫感未尝不是明智之举。下面的文案是淘宝卖家对促销的解析：

由于本款宝贝顾客购买后反馈非常好，曾几度被抢到断货，随着产品面料和成本的持续上涨，库存已经严重告急！价格即将会上涨到 49 元，最后的机会！数量有限！赔钱冲人气，手慢的抢不到就只能哭了，速度抢购吧。手快抢到的亲们，一定记得给我们 5 分好评哦，当作给我们的鼓励！错过了的亲请不要来为难我们亲爱的客服 MM 咯！

读这样的内容，购买者会因紧迫感迅速掏钱。这里还通过晓之以理和人性化的语言将话说圆了，效果更好。

3. 说服的对象

社会心理学者提出了用参与程度来评估内容对于要说服的对象所起的作用。参与程度是指出听众对信息的反应。如果听众感觉信息与自身的利益相关，参与程度会变高。如果信息与听众的利益无关，听众就无参与兴趣。为此在描述内容时，最好针对要说服的对象的特性改写，不论是从标题，还是从案例故事，都尽量和客户发生关系，这样说服效果才够好。

征人，行程凶险！酬劳低微，工作环境苦寒，须累月处全然黑暗中，危险横生，安返机会渺茫。事成则功成名就。——Ernest Shackle ton

上述广告在 1900 年刊登后，回应如雪片般飞向 Ernest Shackle ton。根据常识，这样的内容不应该有这样的结果，因为其“承诺”全都是负面的。这类广告常规会被写成**“刺激旅程寻人待优，环境佳，保证收益，立即回复”**。但是我们要知道，上述广告是寻找创业探险者，若发布这样的内容，吸引来的人根本不会与 ES 同甘共苦，因为他们看重的是钱。ES 需要寻找的是那些勇于挑战自我的人，而不是看利益与回报的人，我们很高兴看到其通过特定的内容，触动特定人群的内心，获得创业路上的同路人。

如果你想获得某地区 35 岁以上（拥有微信号）女性的注意力，那么你在朋友圈写的内容就需要围绕目标女性社群关注的话题（美容、孩子教育、情感问题等）。文章类似《杭州城 100 家美容院彻底大点评》《35 岁以上杭城女人，这个夏天进补的 10 个小妙方》。

4. 信息的本身

不同的行业及产品，消费者对信息的需求不同。只有熟悉用户的购买行为，才可以写出具有影响力的内容。农夫山泉《我们不生产水，只是大自然的搬运工》，紧扣用户痛点——食品、饮品安全问题。农夫山泉传播内容并不是“纯天然”等字样，而是给了大家一个感性的画面，把纯天然的水搬运给用户，没有任何添加剂，安全！

也可以通过 Kadient 缩短销售周期的案例对此进行诠释：Kadient 是家卖企业销售管理软件的公司，其业务依赖销售人员进行线下销售。市场部门通常制作了内容，扔给销售员，但这些宣传的内容及材料并不是销售想要的内容。与许多 B2B 公司一样，Kadient 苦于应对很长的销售周期，即将潜在的客户培育到最后成交，常规这样的一个销售过程需要耗费半年到三年。Kadient 制作出在销售周期中每一个阶段都能帮到购买者的内容，将内容解读清楚，以便在整个销售过程中与客户进行交互。

企业针对性制作电子书、行业白皮书和视频来聚焦那些想了解 Kadient 的潜在客户及将 Kadient 纳入选择范畴的客户。

构建内容矩阵，制作的每个部分的内容都有其特定的目的。例如，Kadient 制作了视觉上具有冲击力、可读性强的电子书，如《深入研究你的销售标准—发现营销背后宝藏的四种方法》帮助客户理解销售过程。Kadient 的行业白皮书着眼宽广、着重解决购买者重点关注的问题。其中一份白皮书名字就叫“销售不管用吗?”，该白皮书通过回答“探讨销售过程中存在一些固有的错误，是否需要进行改革了？如果进行改革，如何开展”这一核心问题，吸引了那些忙不过来的销售副总裁们。Kadient 也通过制作个性化、带有幽默感的视频来传递企业价值，例如，《一个销售副总裁的忏悔》描述一个销售副总裁在牧师前忏悔：“主呀，我做过的最坏的事情就是当老板要我告诉他各个渠道的商业情报都有些什么内容时候，我居然编造了一些内容来骗他。视频背后的潜台词是‘销售团队常常犯错误，但 Kadient 可以解决这些问题。’”

增强内容说服力的具体方法和要点：

（1）**知己知彼，设身处地。**不仅要考虑清楚自己的想法与行动，也要通过各种方式了解对方的情况，以便慎重思考应对的说服策略。

“曾经有太多的人从公园偷木化石，导致化石林国家公园的自然生态圈被严重破坏。”这样的内容变相地向人们提供了别人偷木化石的社会证明，这不仅没有起到希望其带来的保护效果，反而会减轻人们偷木化石的负罪感，因为有好多人在偷。为此内容努力方向是突出强调人们应该做的事情，这样才是更加有效的传播。公园更换后的标语是：“为了保证化石林森林公园的生态平衡，请不要拖走公园里的木化石。”简单明了，有效阻止了偷盗行为。这个标语通过将人们的注意力集中在偷木化石带来的消极效应，而不是让人们看到其他人所做的不良行为，最终降低了木化石的被盗数量。

（2）**沟通中最好要站在对方的角度，考虑好消费者可能提的问题。**事先预想你的沟通对象会对你的说服做出何种反应。准备可选择的多种方案，以应付可能的提问。

（3）**步步为营，分阶段实施。**将需要与他人沟通的问题分解为几个部分，根据不同的时间和对象，化整为零，然后依次按不同的阶段实施说服。

（4）**清晰地表达，运用具体情节和事例。**如果你不能向一个五年级的学生解释清楚你的概念或观点，那就说明它们太复杂了。说服的艺术就在于抓住核心、化繁为简，谈论对方真正关心的东西。在表述观点时，如果能找到具体数字或者能估算粗略的数字，则尽量不要用模糊的数字。

（5）**间接说服效力大。**通过职位和声望更高的人，或者说服对象的朋友来进行说服。从说服对象的角度来帮助分析利弊，这样其比较容易接受。也可以通过环境给说服对象以压力，从而产生间接的影响，以促使他采取行动。

在借第三方的观点来佐证自己提出的论点时，第三方的名称如果能够检索到，则一定要披露，这样会显得比较客观。若能找到行业权威人士的观点，那么就更有说服力了。

在互联网上展示已经获得的证书、第三方认证等信息，都可以大大提升说服力。

（6）**说出真相效果往往惊人。**有时，说服别人最有效的方法是说出别人不容易听到的真相。直面严酷的真相是我们生活中最惊心动魄、最有意义的事情。将真相告诉对方，但不要议论，你往往会发现对方的反应十分惊人。

友善对话的内容风格正流行

用客户的语言来描述内容。我们经常看到企业的内容用生硬的术语来表述，很少顾及用户使用什么样的语言来获取信息。有的企业甚至直接将自己的产品讨论会的纪要或内部行话写出来，这样内容的效果对终端客户的影响可想而知。

写出的内容应该像讲话那样，对话式的语调在当下显得越发重要。假如你写出的内容容易阅读，那么你就更容易成为阅读者的朋友，使之认同你。在实际操作中，专业领域的营销人员容易犯的错误是卖弄辞藻和专业术语，大多数阅读者都会排斥这样的风格，他们写出的内容自然不具备影响力。

那么，具体该如何做呢？你可以采取：

（1）**写作时放松些，表达尽量自然、直接。**

（2）**采用交流式，写内容就如给朋友写信、唠家常。**

（3）在非必须情况下，**尽量使用口语，即可以随意表达，**这样会显得妙趣横生，用户能读下去。但在白皮书、行业分析等深刻、需要严谨的文案中，需要正式一点，因为你的内容有可能会被媒体采用或引用。

（4）**不说教，多讲故事。**在阐明你的产品或服务是怎么样融入客户的生活中时，可通过故事来解读员工是如何对待客户的。美国有一家做防弹玻璃的企业，该企业的董事长亲自给产品做传播。他们采用视频的方式为客户讲了一个故事：该企业的董事长距离枪口不到 5 米远的地方站定，并用一块自己产的防弹玻璃挡在面前，该玻璃只有大概 2 英寸厚。持枪的员工隔着玻璃对老板开枪。三声枪响过后，玻璃上出现了三个弹孔，但无一打穿玻璃。该视频迅速走红网络，从此这家企业再也不用解释自己的防弹玻璃有多牢固了。

（5）**制作的内容要与你的品牌风格保持一致。**个性是每个品牌背后的重要因素，在发布内容时，或与用户互动时，或设计产品包装时都需要拿捏品牌的个性要素。如果你要面向几个特定的受众群，在不同的渠道、网站上需要考虑更换你的内容风格。个性化的内容不是一直追踪最时髦的语言，这些都是表面的工夫，核心是你的风格要保持真诚。

戈萨德公司发起了一场涉及 11 种不同国家女性杂志的成功广告营销。他们知道这 11 种杂志针对不同的群体，广告内容和形式需要采用 11 种与杂志相匹配的不同风格。因为这些杂志的风格无法用简单的数字描述，团队采访了每种杂志的编辑，让他们描述杂志针对的不同女性群体的特征，然后产品文案撰写者会紧扣杂志的不同编辑方针和读者群体写出不同的内容。

（6）如果可能，尽量采用第一人称的口吻来写，少用行话、修饰语、被动语态，避免过长的描述和过度的表达；少用尴尬的、含糊的或者夸张的语言。例如，你会看到许多企业经常使用“解决方案”一词，用户其实不懂什么是解决方案，也不知道解决方案含有什么，这无形中就增加了不必要的沟通成本。

前面介绍过，笔者给银行培训时，多次批评他们：“为什么你们把宣传的内容写得那么生硬？彩页宣传内容写给谁看的？”后来一问才知道，是写给金融专业人士看的，这明显偏离了内容宣传的受众。虽说金融产品的宣传有银监会等机构督查，但并不是非要写得文绉绉的。

如果我们探讨的是专业问题，一味地说教，用户会疲惫，不如让用户参与进来，因为只有思想碰撞才会产生火花。例如针对新能源汽车，尤其是发动机、电池、传动系统等方面的交流，企业不如通过话题研讨的方式，让研发工程师、采购工程师等决策人员和用户一起进行讨论。这样一方面话题的内容将更深入、有趣，另一方面经过亲身讨论用户的记忆更深刻，也更加信赖企业的专业精神。

实践点拨

努力小窍门：

（1）优先使用代名词，如我、我们、你、你们，而不是专业名词。

（2）口语化表达，让情感融入内容，比如没问题、好东西、很牛气。

（3）简称读着更舒服，比如采用奥委会、美联储等简化专业名词。

（4）用词尽力简单、平实。

（5）优先选择自然的语气来表达。

标题的创作和编辑，值得用心打磨

无论内容多么有说服力，或产品多么优秀，如果无法获得消费者的注意力，那就无法获得成功。正如大卫·奥格威说的，你所写的标题影响整个广告预算的 80%，如果标题没写好，那么已经浪费了 80% 的预算。一般来说读标题的人比读内容的人多出 4 倍。

最为出色的标题，能够关注消费者的自身利益或提供新消息。标题可以做到：

- **吸引注意：**例如“免费”“最后机会”“如何”“为什么”“快速”“保证”等词语的使用可以快速抓住用户注意力。也可以通过讲故事来获得注意力，比如“我坐在钢琴前时，他们还在笑；然而当我开始弹……”。
- **筛选客户：**通过内容及相关敏感信息可过滤非目标客户。之所以需要筛选客户，是因为没必要吸引不相关的客户，不然会徒增不必要的咨询麻烦。例如“征集童书作者”“孕妇请进”“写给 80 后的信”这样的标题就可以起到筛选目标客户的作用。
- **传达完整信息：**许多用户只看标题，不看内容。如果你的标题将内容表述清楚，就能针对只看标题的用户进行宣传。例如“麻将里的万、饼、条，各自代表什么意思”“早期发现，× × 能挽救癌症”“为你省下一半房贷的方法”“现在起，只买海外代购”等标题就会有类似的效果。
- **引导继续阅读下去：**要想做到这一点，需要激发读者的好奇心，可以采用吊胃口、猜谜、提供奖赏、有用信息吸引等方式。比如“高温、辐射、真空都杀不死？它的基因组让科学家目瞪口呆”“今天你对我爱搭不理，明天我让你高攀不起”等标题就会有类似的效果。

1. 拟定标题的 4U 原则

罗伯特·布莱（Robert W.Bly）在《文案创作完全手册》一书

中提出标题拟定的 4U 原则：urgent（紧迫感）、unique（独特性）、ultra-specific（明确具体）、useful（价值收益），可以很好地指导我们拟定标题。

（1）紧迫感：紧迫感是给消费者一个立即采取行动的理由，可以在拟定标题时加入时间元素，以此来塑造迫在眉睫的感觉，例如，“3 折！鞋包仅限 11 月 11 日放价，折后再抵 10%”。

（2）独特性：有力的标题不是描述新事物，而是将读者听过的事物以全新的方式呈现。例如，“为什么日本女性拥有美丽肌肤”，就会比“日本沐浴套装优惠”效果好。

（3）明确具体：明确具体的标题，可以让消费者直截了当获得信息，可避免歧义，例如，“全场产品统统 2 折销售”就比“全场产品 2 折起售”具体明确。

（4）价值收益：好的标题会诉诸读者自身的利益，提供实际的好处，例如，“如何避免在建造或购买房屋时犯下大错”。

2. 7 种常见的标题格式

下面整理了常见的标题格式。

（1）**承诺文章价值和意义**：例如，“揭秘微信朋友圈销售的 18 个秘密”“如何开始微信订阅号？”“探秘电子商务转化率低的原因”等。

（2）**在标题里面提出疑问**：例如，“褚时健的橙子卖的是什么？”“靠每天购买流量，电商企业能走多远？”“4G 时代，中国移动还有机会吗？”等。

（3）**结合时事，写诱惑标题**：例如，“中国梦、电商梦如何实现？”“从反腐倡廉看广告圈腐败那些事”“像小米手机一样卖西瓜”“爸爸去哪儿，男人垂直电商出路”等。

（4）**采用“为什么”“如何”“理由”等来吸引注意**：例如，“为什么电商转化率低得吓人？”“互联网思维引领企业变革的 7 个理由”“房价走势如何判断？”“如何推出移动互联网新产品？”等。

（5）**强调保证条款及服务**：例如，“3 天学会邮件营销，学不会免费退款”“让你的销售翻 5 倍，签订保证合同”等。

（6）**提出挑战，撩拨阅读者的不服输**：例如，“你的微博粉丝经得起验证不？”“90% 电商企业都做错的 6 件事”“传统企业，你不得不信这些”等。

（7）**提供免费的报告、资料、目录等内容，吸引阅读者**：例如，“免费提供 SEO 技巧资料”“微信营销实战案例汇编”“外贸企业走出去必读的 18 本书”“银行客户经理电话技巧集”等。

在标题的拟定过程中，虽说抓取阅读者的注意力是第一要务，但也要注意切勿走向另外一个极端——“标题党”。一旦成为标题党，虽可获得用户点击，但引来的是一片骂声。

实践点拨

（1）使用让消费者脑海中浮现场面的词汇，可以让内容更具有穿透力，例如，“为什么有些食物会在你的肚子里‘爆炸’？”，仅“爆炸”一个词就足以引发客户在脑海中浮现画面。

（2）提供读者无法在其他地方获得的独家好处，如“鲜为人知的交易秘密武器，让你获利翻 5 倍以上！”。

（3）不妨使用类似“听起来难以置信……”的句型，如“听起来难以置信，一家卖煎饼果子的小店竟估值 3000 万”。

（4）采用传递新消息等方式来表述如“美国五角大楼已经宣布一项新的作战计划”。

3. 标题编辑与改写

在微信公众账号文章的阅读量中，标题决定了文章的打开率，文章本身的质量决定转发率。相同的文章，不同的标题将决定不同的阅读量。

笔者从网络上整理了几个很有代表的案例，以诠释标题编辑、改写的价值。

原标题：近 10 年最成功的 10 位互联网大佬：最失败的项目是什么？

修改为：雷军、王兴、刘强东、周鸿祎等 10 位大佬，最失败的项目是什么？

点评：调整后，将牛人名字清晰化，列出来，更易抓人眼球。

原标题：海岩、冯唐、刘慈欣……这些不务正业之王，本职工作是啥？

修改为：郑中基、冯唐、谢霆锋……这些不务正业之王，本职工作是啥？

点评：突出文章中更具号召力的名人，其目的是抓更广的用户。不过也要看目标用户群是谁。

原标题：万科总裁郁亮：没有伟大的企业，只有时代的企业。

修改为：万科总裁郁亮：企业不再需要职业经理人了（年轻人必读）。

点评：修改后的标题虽有明显的标题党嫌疑，不过这种方式可将平淡的内容通过某一个亮点表达出来。

原标题：亚洲新首富王健林：儿子不当万达接班人。

修改为：亚洲首富王健林，对王思聪接班问题表态啦！

点评：调整后的标题有八卦的味道，让人有兴趣读下去。原标题，看完标题就结束了。

实践点拨

笔者在辅导员工拟定标题时，经常安排员工收集整理 10 万 + 以上爆文的标题 200 个。在文章发布之前，从 200 个标题中物色合适的作为模块，对应修改，再润色后作为自己文章的标题。

下面是一个学员整理的微信账号“正和岛”（商界财经领域）历年阅读量最大的 9 篇文章的标题：

第一篇：罕见的北大毕业致辞，含标点 535 字，4 分钟内 9 次掌声。

第二篇：重磅，一场清算式的危机终于要来了。

第三篇：马云、马化腾、雷军等大佬聚集贵州只为一件事（将一些重要的人物和关键的信息放在标题中，不要隐藏在内容里）。

第四篇：富人不再买房，他们的钱去了这三个地方。

第五篇：告别“中国式”聪明，我们不想活在一个信任崩溃的社会。

第六篇：【重磅】安邦内部研判 2016 年中国经济：形势空前复杂。

第七篇：国务院高层智囊报告：清醒认识中日间的巨大差异。

第八篇：【重磅】2016 年可能是经济调整最困难的一年，大家准备好过一个苦日子。

第九篇：刘强东：我管 7500 人就靠这 4 张表格（整理刘强东演讲的 4 张 PPT，从中提炼在标题上，很准确，有细节，有数据）。

第 7 节　内容进阶：故事、段子、制造话题

在内容爆炸的年代，你可以通过故事、段子、制造话题等方法

来获得影响力，内容进阶的目的是让内容更有效、更快捷地渗透到特定人群中。

好的内容一定有故事性

在网络社群中要想获得影响力、获得社会资本，不是随随便便就可以达到。社会化媒体不是放烟花（广告），其需要聆听（listen）和互动（interact）。如果只关心企业本身（如产品、市场、新闻）文章将不会获得影响力。我们需要为整个社群（community）提供价值、乐趣。塑造社会资本是一个循序渐进的过程，需要战略、战术支持。其中通过故事进行营销是个不错的选择。故事可以在社群中迅速传播，引起用户的共鸣，获得认同感，达到构建社会资本的目的。一个会讲故事的企业将更易获得夯实的网络社会资本。

故事传播的 8 条黄金法则：

（1）确定明确的商业目标，确定内容营销支持的产品，策划出内容营销大纲。

（2）充分了解消费者的信息需求、类型、特点，以及消费者在哪、他们容易接受什么方式。

（3）确立差异化的营销路径，确定与竞争对手存在差异的内容。

（4）设定故事梗概，确定关键词，描述故事，故事兼具有趣与品牌关联度。

（5）安排好人员分配，进行内容传播，选择多媒体平台，进行有节奏地预热、引爆。

（6）衡量投资回报率，不仅是数字效果，更要注重由此带来的品牌价值。

（7）建立以故事为核心的营销模式。

（8）给人不一样的期待，将日常的点滴整理成故事供宣传使用。

王石在提到龙湖地产的特色时，经常会讲他曾经亲历的一件小事：当年他率高管拜访龙湖地产，脱鞋入房。当一行人匆匆参观完毕回到门口时，发现皮鞋已被调转方向，鞋头由向内变为朝外。这种可怕的人为服务细节让他顿生寒意。后来这件小事被编成故事，在业界广为流传。龙湖地产的服务品质通过小故事表现得淋漓尽致。以王石这样的意见领袖作为背书，外加龙湖地产团队宣传助力，让本身不起眼的小故事传遍地产圈。

龙湖整个企业都充满故事，他们通过机制源源不断地收集业主、员工的故事，通过故事的传播，更好地诠释品牌精神，构建有力的竞争优势。龙湖要求管理团队在周例会和月例会上讲员工的故事，企业每年都会收集几百个各类员工和业主的故事，汇集成文。试问，你我的企业做得如何？

讲故事成就龙湖地产

“我给你讲一个故事吧……”这是在龙湖物业调研过程中听到最多的一句话，从董事长到一线员工，再到龙湖的业主，龙湖物业的故事张口就来。

我们听过太多企业领导者的故事。在中国绝大多数公司里，“企业文化”就是“老板文化”。大家只知道老板或领导者做了些什么，不知道其他人都干了啥。这种“不知道”不只是“忽略”，更是一种“隐性否定”。大多数人的心理是：既然没人知道，那我何必自作多情？虽然每个人都有一颗雷锋的心，但它需要激活。

当一线员工听到领导者成功奋斗的故事，通常做何感想？——他很有本事，但与我何关？在服务行业，大多数员工身处基层，没有太多机会和领导者接触；文化水平不高，更关注的是自己身边的人和事，以及如何生活下去。老板的故事听听也就过去了。这并不是说领导者故事驱动型的文化不好，只是，在一个 90% 以上都是基层员工的服务性行业，这或许不是最好的文化驱动方式。

你也许很难再找到一个公司像龙湖物业这么会讲故事。它们的故事里找不到老板和高管，全部是一线员工，是他们和业主的故事。他们把员工的故事讲给业主听，把业主的反馈讲给员工听。

龙湖西苑的一个业主出差到外地，家里的老人有心脏病、高血压，老人怕自己犯病，就对保安说，能不能每隔半个小时往她家打个电话，看她是否清醒？如果有问题，保安就上去帮她，桌子上有存折和医保卡，存折密码写在纸条上。知道这个事后，龙湖的保安除了每半个小时打电话以外，还每隔一个小时上去看一次，一直持续到出差的业主回来。业主知道后非常感动。

这是龙湖物业一个非常普通的故事。龙湖物业每年都会收集几百个各类员工和业主的故事，汇集成文，在整个集团内分享，由此形成企业文化的根基。故事一般来自业主的感谢信以及员工日常工作的所见所闻。公司晨会常常会让员工分享心得，并提交公司相关职能部门研究。有典型意义的则上报到负责知识管理的部门汇总和筛选，并传播到全公司和小区业主。龙湖物业常常会要求管理团队在周例会和月例会上讲员工的故事。

周洪斌说，服务行业是靠口碑传出来的，口碑是靠“故事”传出来的。再来看下面这个故事。

一个业主的女儿长了颗恒牙，掉了，按传统习俗，这个牙齿几个小时之内要安回去，否则就不会再长了，但小孩不知道就扔掉了。母亲不是很清楚这个事的后果，父亲在外出差知道后，急忙打电话回来让她赶紧去找。母亲就找保洁员帮忙。由于时间紧迫，保洁员呼叫客服中心和安保中心，有时间的人全部都过来翻垃圾箱找，翻遍了整座楼的垃圾箱，最后给业主找到了那颗牙。

这些来自“民间”的故事，让龙湖物业形成了真正的员工文化。故事通俗易懂，员工感觉非常亲切，这就是他们身边的人和事啊。他们会想，为什么当时我遇到这个问题不知道这么处理呢？下次再遇到类似问题，就知道怎么处置了。这类似于英美的判例法，怎么做是对的，就有据可循了，这是什么样的培训都达不到的效果。长期积累下来，会形成各种业主需求的处理模式，在此基础上再做创新服务设计就相对容易了。

龙湖物业将企业文化、创新服务设计能力和员工的创造性执行列为公司三大核心竞争力。公司非常重视业主“满意”之外的“惊喜”，创新服务设计和创造性执行都是为了满足业主的“惊喜”，而企业文化则是确保员工能够让业主“惊喜”。不难看出，企业文化以故事为根基，创新服务设计能力很大程度上来自相关故事的挖掘，而有创造性执行的员工则多是故事的主人公。

那么，对故事的“主人公”——许多基层员工来说，我的故事入选了，传播了，除了自豪感之外还能得到什么呢？龙湖物业非常关键且很有特色的“及时激励机制”就在其中发挥作用了。㊀

案例点评：我们看到龙湖地产是如何通过故事体系来塑造企业文化。对于企业来说，偶尔讲故事是很容易做到的，但是像龙湖这样把故事深入到内部流程体系确实不易！

在给企业做顾问时，当笔者让他们讲讲企业故事时，经常听到的回答是“我们很普通，没有什么特别的故事”。一个没有故事的企业，魅力是会打折的。其实，所有企业只要用心挖掘和记录，就会得到很多有意义的故事。

在给某互联网公司做培训时，在笔者的“威逼利诱”下，开始梳理身边的故事。经过努力，大家找到许多可以传播的真实故事，其中“大葱哥”的故事笔者一直记忆犹新。故事说的是：有一个山东的小伙子，因工作需要被调到上海工作。这个小伙子在公司 OA 上向领导抱怨他在上海的不便，尤其是在上海他爱吃的山东大葱购买不方便。有爱的一幕出现了——他们高富帅的领导到上海出差，西装革履，在头等舱休息室里，行李箱上那突兀的大葱被同行业朋友拍下，发到社交网平台上，获得广泛的关注。

㊀ 案例内容整理改编自潘东燕《龙湖物业的故事会说话》，刊于 2011 年 6 月《中欧商业评论》。

这样一个小故事，不是可以很好地诠释这个组织的温暖，对员工的关注吗？如果你仅仅说我们福利待遇好，视员工为公司的财富，外人无法感知。而“大葱哥”这样的故事流传在企业内部却完美诠释企业对员工的爱。所以，我们需要的是将类似的故事梳理并记录下来，和我们的客户、员工交流。

有故事的老师也可获得同学的喜欢。笔者的一个朋友讲她的导师，只通过下面的内容表述：“导师，上课就是跟学生逛校园，成绩完全由逛的时间长短而定。导师先布置书目，然后听你的观点。如果你没读进去，话不投机，导师带你逛半小时就出来了，你就完蛋了；如果你读进去了，导师悉心指导，可能一下逛上半天，你能问多深，导师就能把你带到多高的境界。”

不同故事影响的受众也不同。例如，海尔集团一直在传播的故事是张瑞敏拿起大锤，砸坏不合格的冰箱。这个故事可让消费者直接感知海尔对产品质量的看重，当然也会促使员工积极创造高质量的产品。

影响力不容小觑的偏门——段子

对于新创企业，面临的传播费用低、市场传播人员少的情况如何破局？笔者为类似的企业做顾问时，总会有计划地安排团队创作或编辑 100 个行业或产品的段子，然后让大家发布出去。在这个过程中，笔者一般会指导团队从 3 个方向来创作段子。

1. 产品功能、属性的角度

段子创作可以围绕产品、品牌或产品元素等信息构思。例如，日常生活中的吃泡面，就可以这样写：

昨晚轮到女友做饭了。女友端来一个托盘说："想吃啥？请翻牌。"我想到了皇上也是这样的。看到托盘上有四个牌子，分别写着香菇炖鸡、葱烧排骨、番茄牛腩、红烧牛肉。

我说："都要可以吗？"

女友说："可以，就怕你吃不了"。

我说："吃不了你就不用给我零花钱了！"不一会女友端上四碗康师傅。

2. 行业、产品竞争的角度

通过段子让产品广为人知，让自己的行业地位不断攀升。例如我们可将品类、产品打包进段子里。

段子1 12星座最适合开什么车上班：白羊（跑车）、金牛（拖拉机）、双子（节能车）、巨蟹（房车）、狮子（加长林肯）、处女（卡车）、天平（花车）、天蝎（海陆空三栖车）、射手（独轮车）、摩羯（老爷车）、水瓶（航空飞机）、双鱼（三轮碰碰车）。

段子2 "为了自己的奥迪，老婆的迪奥，儿子的奥利奥一定要努力学习。"

网友的神回复是，"为了你的奥拓，你老婆的奥妙，你儿子的奥数，好好学习吧，奥特曼！"

3. 用户场景、情感娱乐的角度

通过用户场景和情感的连接，构建有传播力的段子，是个不错的努力方向。例如：

段子 1　昨晚朋友喊儿子睡觉，他才想起幼儿园老师布置了作业，不做完他就不睡觉：用纸做个垃圾桶带回学校。朋友找出个小纸箱说这就是垃圾桶。儿子却说老师说要圆的。朋友又拿出个纸杯，儿子又说太小。朋友只好默默拿起电话，找肯德基要了个全家桶……

段子 2　大学时，一次快 12 点才回宿舍，刚进宿舍就发现室友正在一边急急忙忙地吃康师傅泡面，一边看着手表。我问他："怎么吃得这么急啊？"他说："就差几分了，马上就要过期了！"

在创作、编辑、发布段子时，有几个点需要注意：

（1）好玩、有趣：一个好玩、有趣的段子，才更容易引发大面积传播。我们通过下面的案例诠释。

促销的时候，广场上做活动，主持人声嘶力竭地喊着"我们的产品，今天免费送豪华大礼包！"然后拿起身后几个礼盒就要往人群中扔，LZ 灵机一动，冲过去边往人群里边挤边喊"嘿～哥们，给我～我是你们的托儿啊！你不认识我啦？"主持瞬间晕倒！

（2）看起来真实：写得不像段子的段子才是好段子，真实性是努力的方向。我们通过下面的案例诠释。

大学时一次以借舍友手机玩为借口成功拿到他的诺基亚手机，把他的铃声换成了"哈喽，我也用妇炎洁～洗洗更健康"。那天上课时打了一下，二百多人的大课啊，把小伙子羞得满脸通红。

（3）贴近生活：越贴近生活，段子的内容越具生命力。下页图就是广泛流传的一个段子，我们可以细细品读，感受贴近生活的气息。

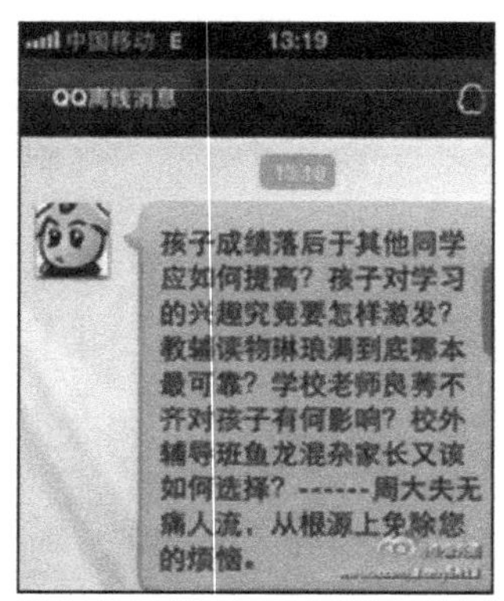

内容进阶，制造话题

内容传播，如果只是知识性的传播，想掀起群体的密集关注很难。内容高手会时不时通过制造话题来达成传播的目的。我们发现：内容高手都是制造话题的高手。为此可以从《一张比基尼照片引发的舆论山洪》案例进行解读。

如果你正在公司打开 LinkedIn 社交网站，准备看看人脉圈里的职场精英们的新鲜事时，冷不丁却弹出来一个比基尼美女在屏幕上，那效果可想而知。

Candice Galek 是一名创业者，她的创业品牌叫“Bikini Luxe”，是一个在线泳装零售电商。Bikini Luxe 之前是通过传统的社交网络平台，包括 Facebook 和 Pinterest 进行传播的。然而 Facebook 和 Pinterest 上大量繁杂的信息，使得比基尼美女并不能成为抓眼球的点。Candice 突发奇想，决定把眼光转向通常被认为一本正经的 LinkedIn，没想到一夜爆红，在 LinkedIn 上引发了病毒式的内容传播和激烈的讨论。

相对于 Facebook 等社交网络平台，职场社交营造的往往是一种严肃而专业的氛围，而比基尼美女内容突然出现，直接引发颇大的争议。有的人认为，作为时尚圈人士和泳装零售商，发一些比基尼图片作为市场营销工具完全合理。另一方面，有的人则觉得，在 LinkedIn 这样一个严肃的社交平台上，过于暴露的画面还是不太适宜的。面对群体的热论，Candice 没有慌张，有条不紊地给大家进行了很多回复和解释。但最后，由于被举报，LinkedIn 不得不封了她的账号。

Candice 主动争取与 LinkedIn 沟通，赢回了属于自己的照片和文章。甚至一举成为 LinkedIn 上的影响力人物。Bikini Luxe 在 LinkedIn 上面的流量已经可以跟它在 Pinterest 上媲美了，销量戏剧性地大涨，打了一场漂亮的翻身仗。

下面再来看一个案例。

反手摸肚脐，通过图片（内容）引爆社群

“反手摸肚脐”曾在微博、微信、网游平台引发热议，网友的亲身实践也催生了无数段子和笑料。然而，这个引发了病毒式传播的背景内容却纯属虚构，所谓的“美国科学家研究”根本就不存在，“反手摸到肚脐”就等于好身材也完全没有科学根据。网友跟风展示自己的图片，只是从侧面炫耀一下。

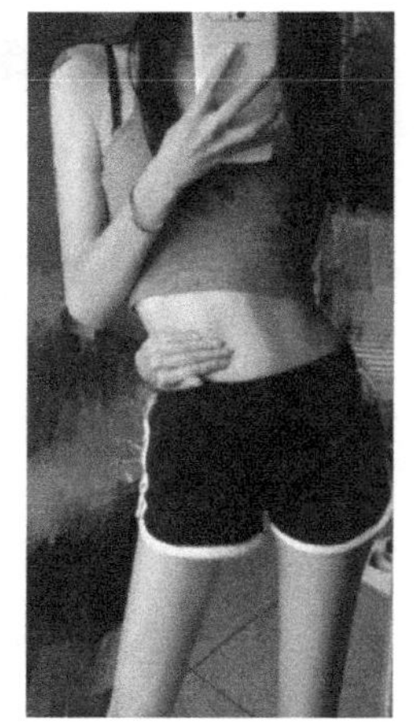

随着互联网平台的兴盛，大家积极参与传播内容。只要话题足够吸引人，就会引发这种病毒式的传播。在“反手摸肚脐”引爆社群的过程中，网友正是积极的参与者。由于活动参与门槛低，也无须准备，大部分人都可尝试。内容新鲜和有趣的话题将会轻松助推病毒传播。

第 8 节　围绕消费者购买决策流程做内容

企业通过内容可以在消费者决策过程的每个阶段影响消费者，我们应该积极关注如何在消费者决策过程中与他们亲密接触。

消费者购买决策过程见下图。

（1）**问题认知：**消费者认识到自己有某种需要时，是购买决策

过程的开始，它可能是由内在的生理活动引起的，也可能是受到外界的刺激引起的。例如，看到别人穿新潮服装，自己也想购买。因此，营销者应注意不失时机地采取措施，唤起和强化消费者的需求。我们可以努力激发消费者在微信、微博等社会化媒体平台上分享，从而更大范围地激发潜在需求。

实践点拨

不只在唤醒和强化消费者需求阶段，在未来销售、购买说服阶段，也需要解决好消费者问题感知。

（1）不要卖钻孔机，要卖它们打出的光滑的孔洞。

（2）不要卖印刷服务，要卖代表客户公司良好形象并影响其业绩的印制精良的手册。

（3）不要卖汽车，要卖尊贵、身份和平稳的驾驶，以及驾驶的家庭或个人乐趣。

（4）不要卖保险，要卖安全感和使家庭免于悲剧的经济保障。

（5）不要卖眼镜，要卖清晰的视力和时尚的模样。

（2）**搜寻信息**：当消费者触发了购买的需求后，他们将搜索信息，常见的信息来源如下。

- 个人来源：如家庭、亲友、邻居、同事等。
- 商业来源：如广告、推销员、经销商等。
- 公共来源：如大众传媒、互联网媒体等。
- 经验来源：如操作、实验和使用产品的经验等。

（3）**评价备选方案**：消费者获得的有关信息可能是重复的，甚至是互相矛盾的，因此会进行分析、评估和选择，这是决策过程中的一个关键环节。在消费者的评估选择过程中，消费者会考虑产品相关性能的问题；不同消费者对产品的性能给予的重视程度不同，评估标准也不同。

（4）**购买决策**：消费者在对商品信息进行比较和评选后，已形成购买意愿，这一步是实现从购买意图到决定购买的过程。

（5）**购后评价**：消费者购后的满意程度取决于消费者对产品的预期性能与产品使用中的实际性能之间的对比。购买后的满意程度决定了消费者的购后活动，决定了消费者是否重复购买该产品，决定了消费者对该品牌的态度，并且会影响其他消费者，形成相关口碑效应。

影响消费者决策过程，可以靠内容实现。如果想在影响消费者购买决策过程中实现，营销人员可以努力的方向如下：

1. 通过互联网内容激发消费者消费动机与欲望

有研究数据显示，受众看完一段产品视频后，其购买该产品的可能性会增加 85%。Lee Odden 认为，内容营销与用户之间要形成一个吸引（attract）、参与（engage）、转换（convert）的循环。Robert Rose 认为，好的内容可以通过“4P 原则”来激发消费动机与欲望。

（1）Promoter：关注受众的需求与欲望（needs & wants）。

（2）Preacher：关注发现与结果（discovery & answers）。

（3）Professor：关注兴趣与激情（interest & passion）。

（4）Poet：关注感觉与信念（feelings & beliefs）。

2. 搜寻信息通道，影响消费者决策方向

消费者在认知需求时，会搜寻产品的信息。在了解消费者搜寻信息的过程后，聪明的企业将在消费者获得信息的通道上设伏，左右消费者决策方向。为此我们需要弄明白以下几个问题：

（1）哪些产品或品牌的信息储存在潜在消费者的记忆里？

（2）消费者是否具有搜寻外部信息的动机或意愿？

（3）消费者搜寻有关购买信息时，通过哪些渠道获得信息？

（4）消费者所要获得的是产品的哪些属性方面的信息？

为此可以在不同的接触点上（如下图所示），通过提供内容，为消费者决策提供支撑和判断依据。这个过程需要关注：

（1）内容融合平台的特性，如微博的快媒体属性、消息传播渠道；微信客户关系、人际传播特性等。

（2）消费者在不同平台上获得内容的顺序，要有计划地从不同角度开展工作。

（3）品牌及内容的一致性，调性统一越发重要。例如，行业领军企业偏爱通过高质量的行业发展白皮书来影响消费者，那么在微博等碎片媒体上也需坚持调性，将内容改写成适合在微博平台传播的形式。

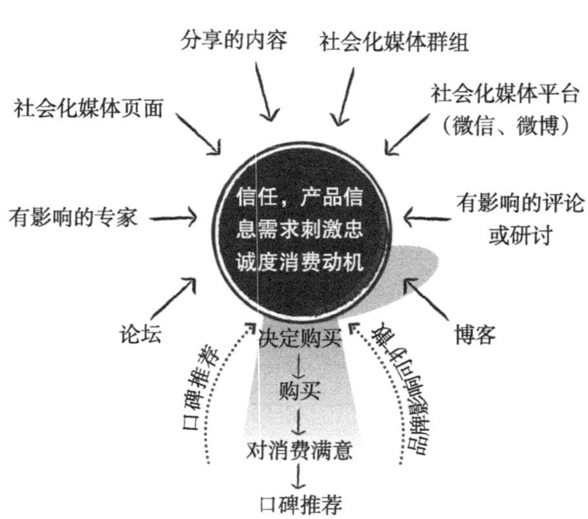

3. 购买方案选择

经过前期的信息收集和研究后，消费者会选择既有的方案。这个阶段在整个过程中起到承上启下的作用，如果消费者在购买方案选择中偏向品牌或者企业，将有利于顺利完成闭环。

（1）消费者评价或比较购买方案中，竞争对手的情况如何？

（2）消费者筛选方案的评价标准是什么？哪些指标他们最为关注？评价的复杂程度如何（是利用单一的标准，还是复合的标准）？

（3）各方案的评价结果如何？是否相信各方案的特征或特性是事实？

（4）对各方案的购买或使用持哪些态度？购买意图如何？这些购买意图能否变成现实？

为此我们不仅要通过互联网等方式来了解客户，还需要依据消费者决策关注点开展一系列工作，为消费者决策提供支撑和判断依据。

例如，当消费者评估方案的标准时，没有将企业最新倡导的理念或者指标放入评价标准中，那么就需要进行相关内容的教育工作：通过新闻、行业媒体进行诠释；通过博客、专栏等方式影响意见领袖，同时获得搜索引擎的青睐；通过微信群、QQ 群等方式将这样的话题拿出来供圈内人一起商榷，无形中让企业倡导的指标或者理念得到行业认可。

4. 实质性购买与购后评价

经过以上的努力后，消费者的决策过程进入实质性的购买和购买后的评价阶段，这个阶段是最为重要的环节，之前的努力都是为了最终的成交。购后的评价又是消费者新的购买旅程的开始，可以说这个阶段不只影响当下的销售业绩，也将影响后续的购买。

我们需要关注的问题有：

（1）影响消费者在商店（购买场所）决策的因素是什么？

（2）偏好什么样的购买方式（线上、线下，还是 O2O）？

（3）是否有满意方案？满意程度如何？

（4）有没有不满意的理由？集中在什么方面？

企业需要监测互联网上用户对品牌及企业的评价和内容，针对消费者的购后评论及满意度的意见，因地制宜给出解决方向。这样的内容，不仅可以更好地让既有的消费者满意，也可以为后来的消费者提供一定的参考。消费者也会将这样的内容及企业处理态度作为决策参考因素之一。

实践点拨

当我们监测到消费者在消费后，对产品提出不满的意见或者建议时，需要给出细致的内容进行解释和处理。如果是消费者误解，可以通过相关的内容、观点来解释、疏导。如果是企业的原因让消费者感觉到委屈，那么需要通过互联网监测工具来追踪，积极化解消费者的怨言，开放的解决过程也彰显用户为尊的态度，无形中影响到互联网购买的用户。

第 9 节　让内容走得更远

想让内容产生影响力，可以在两个方面下功夫：第一，内容的本身，如内容的形式、内容的价值等，通过用户的转发、分享达到自然传播；第二，内容的传播渠道，让内容传播得更广。两者缺一不可，如果我们眼睛紧紧盯着内容不放而不关注传播的渠道及方式，其结果是优秀的内容没有最大化其价值。

让内容更容易被找到

企业为优秀内容选择的发布平台也很重要，我们可以将内容发布在企业的博客上，也可以将内容发布到垂直的论坛上，还可以将内容发布到大众平台上。在发布内容时要选择好平台，平衡好投入产出比。另外还需要对发布的内容进行优化，对内容作精准的标签或备注，让其更加适应搜索引擎爬虫的算法。通过搜索引擎优化（SEO）策略能够提高内容的搜索排名，比如优化你想被别人找到的关键词或术语。

若是选择在微信、微博、视频分享网站上发布，想快速获得大范围传播，则可考虑利用核心的意见领袖代为传播。这些账户都拥有大量粉丝，其本质就是一个媒体渠道或自媒体渠道。通过意见领袖可以触及数以万计的粉丝，若内容同时足够优秀，则有可能引爆整个平台。如何让意见领袖转发你的内容？一般来说有两种方法：一是通过付一定的费用；二是将内容发送给他们，引发他们的兴趣，从而主动使用。

让内容更容易被分享

在内容的发布、传播渠道中，企业需要考虑用户传播的需求，提供类似邮件下载、RSS、分享到微博、分享到其他社会化媒体等按钮，通过刺激机制让用户可以自发地分享。能否撬动用户点击分享的按钮涉及多个方面：内容是不是够精彩？分享可以带来什么？好友会如何看待分享（显得幼稚、有品位，还是其他什么）？

在分析分享动机时，也可从“有用 VS 有趣”“关系驱动 VS 内容驱动”角度展开。

- 有用 VS 有趣：有用满足了价值需求；有趣提供了消遣娱乐需求。例如，故宫淘宝店通过系列萌萌哒的皇帝图片及音视频内容，为网民提供消遣娱乐，瞬间引爆分享动能。

- 关系驱动 VS 内容驱动：关系驱动是分享给信任的人，分享行为的目的是维护关系，是外向的；内容驱动是通过个人的行为干预内容，分享行为的目的是实现个人成就感，是内向的。

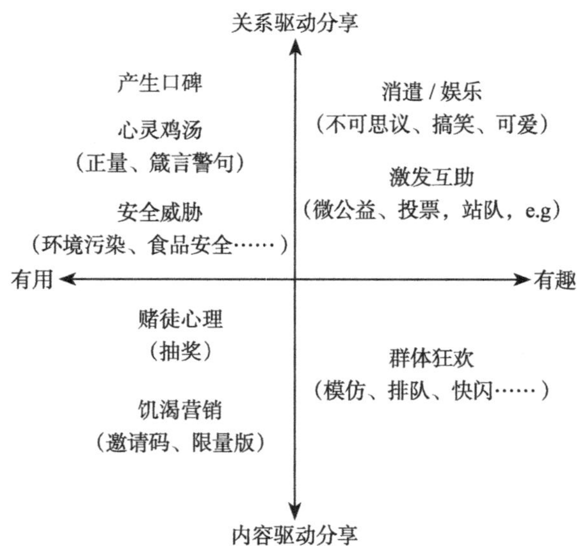

在分享者群体分类上，可以大致梳理出以下 5 种类型：

（1）利他主义者：乐于助人，值得依赖，有思想并与人保持联系。

（2）职业主义者：有价值、有头脑，建立他们的人际关系网。

（3）标新立异者：前卫，有创造力，建立起个人身份，年轻且时髦。

（4）自娱自乐者：反应积极，渴望他人认可，具有分享动力。

（5）精挑细选者：机智、精明、有思想、信息渠道广。

在内容分享过程中往往是多种分享群体合力推动，至于谁负责点燃火焰、谁负责助推内容传播、谁负责行动号召，在不同场景及话题上会呈现差异化。

我们还需要从内容的数据层面，迭代分析传播效果及内容优化。例如，从传播数据、点击数据、转化率、阅读数据、评论数据、互动数据、情绪描述等角度来看内容传播动力问题。

微信公众平台为我们提供了简单但是有效的内容分析数据，关键指标有文章的点击率、分享转发次数、收藏人数等。微信的分享转发次数往往受内容的质量、话题的性感度等影响。而文章的收藏数，往往是高质量的文章驱动的行为数据。比如微信大号“水木文摘”的《十二星座一辈子都在做什么？超准性格分析》一文，阅读量高达 150 万 +，而转发和收藏的人数之和也高达 12 144 次，可以说这样的内容传播力不亚于大众传播时代媒介刊发的效果。

详细数据

时间	图文页阅读		原文页阅读		分享转发		微信收藏人数
	人数	次数	人数	次数	人数	次数	
2015-03-09	47,133	63,141	0	0	1,321	5,161	31
2015-03-08	64,351	84,762	0	0	1,518	7,193	30
2015-03-07	125,190	165,080	0	0	1,809	14,113	29
2015-03-06	230,186	307,690	0	0	1,988	27,010	34
2015-03-05	445,295	592,481	0	0	2,176	52,936	36
2015-03-04	586,878	788,775	0	0	2,299	74,366	19
2015-03-03	179,601	241,514	0	0	1,855	24,059	23
2015-03-02	10,097	13,051	0	0	341	1,041	4

让内容更容易被使用

例如，笔者之前服务的汽车零部件企业，将白皮书、报表做成 PPT 版本，且均将其调为适宜用户粘贴使用的大小。当将这些内容发布到网上时，带来了不少客户。我们要知道，互联网上懒人很多，他们需要做好的可直接使用的表格、PPT。这一点可以借鉴的案例是 eMarketer 和艾瑞网，很多学生写论文、员工做方案时都会采用他们的数据。如果他们的内容报告不易拷贝，不符合用户使用的情景，就不会有这么大的影响力。当我们的内容全行业都在使用时，那么我们的内容将默认为专业性极高的内容。

博客是内容沉淀之处

首先对博客的认识：

（1）博客传播是免费的。可节约成本，与在百度、谷歌上做付费点击广告相比，如果博客做得好，会以低成本获得不错的收益。

（2）博客可建立一定的社群关系网络。博客是建立信任的传播手段。

（3）博客可实现交易。记得要留下联系方式，让潜在客户能找到你。

博客内容的规划与运营：

（1）内容要丰硕。博客第一要素就是内容，内容一定要有价值、丰富。庸俗的内容无法吸引足够的流量，当然也就不能被搜索引擎，收录。

（2）写一些和你从事的行业相关的文章，这样可以提高你的品牌在行业的知名度和形象，也能精准吸引众多潜在客户关注你的博客。

（3）结合热点发表一些自己的评论。

（4）时不时穿插一些你自己的小软文。软文要做到让读者看了不反感。

（5）娱乐八卦的文章，当然这样来的流量质量不会很高，但对于某些网站短时间内缔造的流量依然相当可观的。

（6）依据企业商业传播需求，以一个或几个方面的内容为主，不能太杂。太杂代表不专业。

（7）原创的好文章多向一些网站的编辑投稿，这样被收录和转载的概率会增大。写的一些新闻以及知识性比较强的软文，很有可能会被新闻网站和资讯网站转载。

内容传播出去的选择：

（1）在新浪、搜狐、网易、百度等常见综合门户网站上建立博客。这样的网站权重高，收录快。

（2）在行业门户网站建立博客。与自己行业和产品相关的网站，因为相关性强，收录量很大。

（3）在B2B网站建立博客。B2B网站上都是生意人，高流量博客对品牌形象的提高是显著的。

（4）在地方性网站建立博客，优点是区域针对性强。这些区域网站蕴蓄下来的结果不比门户网站差。

案例点评：许多企业都忽视博客传播的价值，海外企业在博客上的投入目前来看依然保持一定的增长。博客对比微博、微信等工具，具有其特性：可以深度解析将问题讲透、讲明白，表现形式丰富。博客本质上也是一种企业内容战略传播。

第10节　B2B(工业品)企业如何做内容营销

如果企业产品或者服务不是直接面向消费者，而是面向采购商、政府、企业等机构，那么是否还需要做内容营销呢？许多企业面临类似的困惑，笔者的观点是看企业目标客户购买决策者是谁，他们是否借助互联网做出购买决策。如果在B2B企业的营销中，相关人员会借助互联网上的信息进行决策，那么企业可以考虑开展内容营销或广义上的网络营销。

政府招投标项目的B2B内容营销

这是笔者曾经服务过的案例，当时这家企业的业务主要是为企业、政府提供布展设计、展示馆设计。企业在专业的空间和展厅设计上具有很高的水准，也是世博会设计的供应商。当时国内的所有城市都在积极搞城市规划，建设城市规划展示馆，该企业要拓展政府的项目。

企业面临的挑战是：规划展示馆设计、布展概念在国内还很新颖，政府不知道有专业的供应商，不知道规划展示馆布展要找谁。该企业刚进入中国不久，政府对它没有认识；企业需要影响的人比较分散，包括省市领导、建设局及规划局领导、负责招投标的工作人员，甚至包括城市规划展示馆的建筑、施工单位。

结合实际情况笔者建议企业从目标客户人群下手，从一个规划展示馆项目进阶下手。当时了解到，政府做城市规划展示馆，先是进行建筑招标、建筑施工，然后在既有的空间上进行展厅设计。展厅的设计一般都是由建设局、规划局的中层领导提交招投标的要求、书写标书、邀请投标来完成。这家企业在互联网上发布了大量如下主题的文章：其他城市规划展示馆情况；规划展示馆的布展及注意事项；规划展示馆布展方式；规划展示馆布展的关键点等。企业在工作人员经常检索的关键词、关键问题上下足了工夫，提供类似《中国规划展示馆精品赏析》《规划展示馆招投标的三部曲》《规划展示馆布展项目工程注意事项》《全球优秀的规划展示馆布展案例分析》等文章、白皮书。通过搜索引擎优化或相关的传播渠道，抢占用户获得信息的入口。

通过这些内容，帮助政府相关工作人员获得规划展示馆布展的信息和相关内容，在这个过程中显示企业的专业度，无形中引导政府工作人员向企业倡导的标准靠拢。通过专业内容塑造企业在行业的知名度，无形中就成为整个行业的代名词，为后续的商业开展做了很好的铺垫。

B2B 与 B2C 相比，相关的决策过程具有如下不同之处：

（1）B2B 决策时间较长，可达数月。

（2）B2B 购买周期长，从信息收集、购买选择，到项目执行往往跨度较长。

（3）B2B 由购买决策参与人员负责，一般非一个人决策，更多的是团队决策。

（4）B2B 购买过程复杂。

那么对于这样的企业或组织进行营销，我们如何做呢？其实还是需要从目标客户下手，还原消费者不同的购买过程，他们存在的疑问或需要帮助的地方，就是我们的营销点。下面列出的一些问题供大家参考。

（1）项目中有哪些问题使他们彻夜难眠？

（2）这些人从哪些渠道寻求信息或者新闻（是行业杂志、特定的网站，还是其他）？

（3）购买者属于什么样的组织？他们常规的购买决策是怎么样做出的？

（4）他们会用什么样特殊的词语或行业词汇来搜索信息？

（5）他们最看重的一些元素或产品特点是什么？

（6）他们在整个购买周期中，对什么样的内容存在渴求或会询证？

我们的思路是顺着企业决策过程，为潜在的客户提供他们感兴趣的话题，帮助他们解决问题，无形中便会影响企业，使其更倾向于我们。

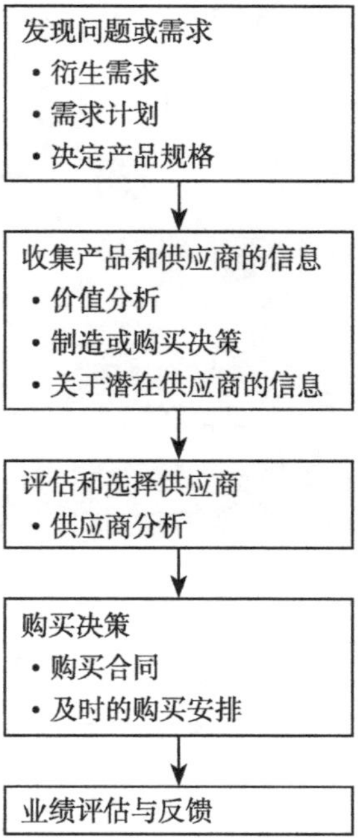

在 B2B 营销过程中，如下两个方法可以帮大家取得一定的成果：

（1）**竞争性对比法：**在 B2B 营销的决策过程中，用户都会在最后对比不同竞争对手的优劣势及特长，以说服自己采购相应企业的产品或者服务。一般竞争性的内容是由用户或媒体给出的，企业可以针对自身的优缺点，对比行业的竞争对手，形成报告或者内容发布到互联网上。这里在注意两点：一是不要过分夸大自身，发表不真实的言论；二是利用自身的优点或特长，引导采购方认识到其重要性。

（2）**案例研究法：**通过解读行业的案例或成功故事，向采购方展示自身的实力或优势。例如你是新能源汽车发动机零部件供应商，那么可以有针对性地向行业讲述客户成功的案例；你是规划馆的空间设计公司，那么可以对外讲述你的客户是如何开展空间设计的。通过这些成功案例消除消费者的担忧。采购商买的是放心。

铟泰的内容营销

铟泰（Indium）是一家特殊合金和焊剂的制造商和供应商，其向全球范围内的电子、半导体、太阳能和其他市场出售相关原料。

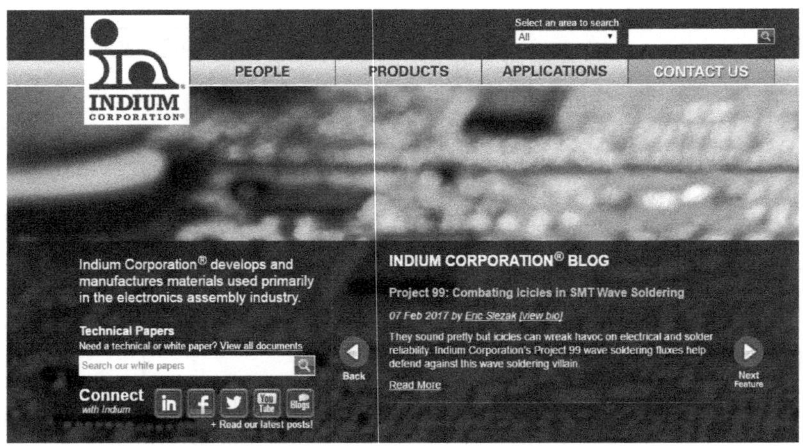

企业认识到社会化媒体的重要性，策划从专业知识的角度下手，最终选择从博客开始内容营销。通过关键词搜索，找到铟泰所处的细分行业常用的热门关键词（列出几十个），这些关键词都是潜在客户可能会搜索的，而且搜索这些关键词的人基本都是行业内的人。充分利用这些关键词，可使企业获得较大的商业机会。

企业针对这些热门关键词生产和发布内容，核心是围绕这些热门关键词做深度的阐述并提供价值，同时要关注采购人员关心的问题、阅读的口味。例如，某生产主管写的有关易熔合的特殊属性的博客文章，除了会发布到他自己的博客上，还会发布到铟泰企业博客中有关易熔合金的子栏目下。经过不断积累，“铟泰”成为所在行业的重点关键词、网络内容的聚集地。铟泰取得的成果最终也体现在企业的销售额上，与铟泰联系的客户增加了 60%。

案例解读：铟泰科技全员参与内容建设，无形中培养了一批行业的意见领袖，在不同的细分领域都具有一定的影响力，员工的魅力嫁接到企业，两者交相辉映最终奠定江湖地位。

第 11 节 引爆社群 4C 法则下的内容

内容是 4C 法则中的核心，不管是选择好的场景、熟悉社群结构和文化，还是连接势能的问题，都是围绕内容的传递及影响力开展的。如果内容没有打磨好或规划好，那么引爆社群的努力就可能会偏离方向。

针对内容，需要做到以下几点。

- ❑ **深刻理解目标用户。**
- ❑ **评估需求。**核心问题是找出用户在乎什么，需要什么。
- ❑ **确定商业目的。**明确的商业目标是一切策略的前提。在创建内容策略时，兼顾用户需求和商业目的。
- ❑ **创造并编辑内容（原创内容或伪原创内容）。**
- ❑ **在针对性平台上发布内容。**
- ❑ **衡量、分析和评估内容效果。**依靠数据洞察，可以评估你的内容是否成功达到了你的目标。

梳理内容时，需要解决以下 11 个问题：

（1）为什么要创造这些内容（企业目的是什么）？

（2）谁是你的受众？你想影响谁？

（3）你是否找到用户群的痛点？

（4）你是否以一种独特的风格和明确无误的观点来创造你的内容？

（5）你打算什么时候创造你的内容？

（6）你是否会制造一点惊奇或者是不是来点笑料？

（7）你的内容是否能够激起大家的互动，并凝聚成为社群成员？

（8）你打算在哪里发布这些内容？

（9）你希望内容达到什么样的效果？

（10）你能否评测内容的有效性？

（11）潜在客户能否轻易找到、访问并分享你的内容？

在完成上述 11 个问题的深度思考、实践后，即可轻松驾驭内容模块了。

第 12 节　本章实践思考题

❑ 消费者购买产品时，主要考虑的点有哪些（价格、物流、性能、服务、维修、安全、质量）？我们通过什么样的内容可以打消他们的疑虑？

- ❑ 写下企业的故事。你如何包装这个故事，并且在社会化媒体上传播？
- ❑ 如何为你的企业制定内容传播体系？
- ❑ 请为你的企业微信公众平台账户制定 3 个月的内容体系计划。
- ❑ 如果你就职于一家工业品企业或企业对企业类型（B2B）的企业，那么你如何通过内容体系的建设、发布、成为这个领域的意见领袖？
- ❑ 请尝试用不同的方式表达（文字、漫画、视频、音频等）相同的内容，看看哪个表达方式更具有传播力。
- ❑ 如何从内部征集素材形成源源不断的内容生产流？
- ❑ 你的企业是如何评估内容营销带来的影响的？
- ❑ 如何让顾客浏览官网后满意而归？有价值的官网内容更新频率应该是怎样的？
- ❑ 阶段性制作有深度的内容，然后在此基础上改写成为适合不同媒介的作品，如网络直播、微信、微博、电子书、喜马拉雅听等。
- ❑ 通过百度指数、用户检索关键词量级来规划企业内容标题及关键词。

第 5 章 人与人的连接

社交网络传播遵从爆发性规律，即信息传播极其迅速，具有不可预见性，并在短时间内即可引爆，但传播周期很短。传播的水平在开始的 5 分钟就已经决定了。

——Albert-Laszlo Barabasi

如果让你松动山上多年的积雪并使之坍塌，你会如何做？常见的比较笨的做法是用炸药让积雪松动，而比较聪慧的做法是研究积雪的结构，找出积雪关键节点，只需要轻轻敲打，即可引发雪崩效应。这就是我们这章要讨论的网络连接思维——雪崩效应。雪崩效应可以使信息或产品在社群中快速渗透。如果我们不去寻找积雪的关键节点，想促使整个积雪松动，只能采用无区别对待的轰炸。

积雪松动的关键节点是滑雪者最害怕触碰的，一旦触碰，就意味着灾难。有经验的滑雪者往往会从环境、积雪等多个角度判断积雪的结构，但是无法精准确定，只能凭经验预估。同理，在互联网商业中，为了获得更好的引爆效应，我们需要积极探索社群的网络结构、中心节点、种子用户等，通过有针对性地触动按钮，引爆社群。

第 1 节　人际传播春天来临，大众传播已死

人际传播与大众传播是人类社会中两种基本的传播方式。人际传播是作为行为主体的个人与个人之间的信息传播活动，可分为两人间传播、小群体传播和公众传播。人际传播是人类传播活动中最古老也是最基本的形式，伴随着人类社会产生与发展的始终。

大众传播是随着传播技术的发展于近代出现的。原始的信息传播主要是一对一的典型人际传播。到了书籍传播时代，出现了一对多的传播，这是大众传播的端倪。第一张廉价报纸《太阳报》的问世，标志着真正的大众传播时代的到来。随着报纸、广播、电视等大众传播形式的产生与发展，一对多的传播发展到极致，大众传播逐渐发展成为一种主要的传播方式。

我们强调人际传播，是不是就意味着要放弃大众传播？当然不是！不同的产品、目的、企业自身情况等决定了营销的思考路径。在互联网环境下，如果不是大众消费的传播而是分众的市场营销，那么最重要的是搞定人群的中心节点，这样才能更好地渗透到目标客户，提高营销的传播速度。

大众传播在信息传递方面具有规模效应，而人际传播的劝服能力更强。在这个领域，美国的贝斯提出了“贝斯模型”，以分析大众传播与人际传播对营销的影响。传统的营销，初期通过大众传播轰炸，以期实现信息覆盖，然后期许触发人际口碑传播。这种玩法的目标是尽量增加大众传播曝光的次数及强度，为了获得更多渗透，企业需要更多的钱来“扰民”。

随着手机、电脑、平板电脑、电视、报纸等碎片化媒体覆盖度不断增加，再想用钱砸广告以期获得理想效果，已基本不可能了。正如我们之前提到的，许多企业的目标客户群在互联网呈现了部落化，我们想和他们交流，采用漫无目的的大众传播是无法实现的。贝斯模型很好地验证了这个结论，其通过大众传播的影响系数（p）、人际关系影响系数（q）及市场潜力指数来评估市场营销的效果。多个案例的数据显示，大众传播的影响系数 p 的平均值为 0.03，人际关系影响系数 q 的平均值为 0.38。贝斯模型得出的研究也证明了营销传播的本质是发生在人际关系网内的传播过程。

预测新产品接受率的贝斯模式见下图。

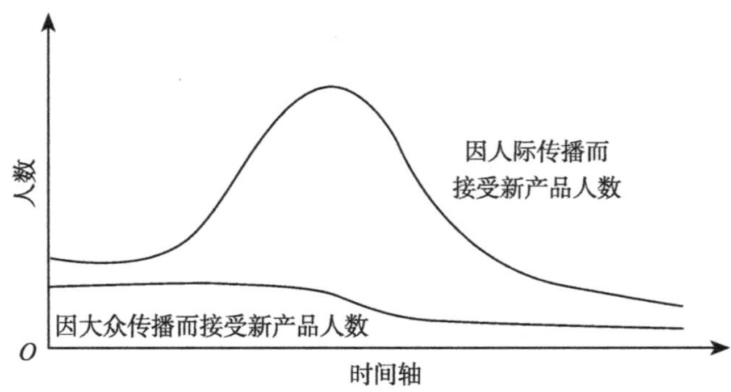

注：贝斯模式显示出每一个时间单位内，因大众传播和人际传播渠道而接受新产品的人数，后者通常较为重要。

传统的大众传播注重单向的灌输，可能造成受众的看客心理，形成集体无意识状态。而人际传播的引进，尤其是以互联网为代表的新媒体的发展，受众可以充分表达自己的意见，单一化的话语体系被解构，多元话语体系得以构建。在网络传播平台上，以前等级森严的传播层级开始消解，受众与传播者之间的角色定位不再一成不变。他们可以参与点对众、众对众、自下而上和平行互动传播。

人际传播是大众传播获取信息和反馈信息的重要手段。人际传播中的双方处于同一交流场，具有直接性。而大众传播是工具型传播，比较间接，人性化不够，反馈也不及时。人际传播因其亲切生动、直接交流和传播手段丰富等特点而处于不可取代的地位。如何在大众传播中引入人际传播模式，发挥人际优势，将成为将来大众传播的新挑战。

因为传播环境的变化，大多数企业都不再需要进行大众传播，不再需要广播式的覆盖。究其原因有如下两点：一是企业的目标客户属于利基型，是窄众；二是现在很难有大众媒体可以精准覆盖大多数目标客户群，更难让目标客户在同一个时间或地点接触我们的营销信息。本章讨论的人与人的连接，其核心是通过互联网上基于兴趣、线下关系的圈子及圈子与圈子的连接者来有序传播信息。通过这种方法企业将不用再进行信息轰炸，而是根据营销的目的（新产品、忠诚度、促销、公关等），结合目标客户的情况进行精准打击，通过人际网络的连接进行有效传播。

第 2 节　社会网络结构图谱，连接思维背后的科学

互联网的本质是连接，互联网能把很多信息及个体连接起来，实证主义者一直孜孜不倦地尝试刻画出连接的图谱、社群的结构、个体的状态。人与人连接嵌入社会学、经济学、政治学、传播学等视角，带来一系列性感的研究方向和话题：新经济社会学、新制度经济学、社会网络分析、社会资本、结构洞、社会网络传播等。

引爆社群需要掌握社群的网络结构、中心节点、社群个体的状态以及镶嵌在社群网络结构中的情感、信任、社会资本等图谱情况。社会网络分析是对社会网络的关系结构及其属性加以分析的一套规范和方法。它又被称为结构分析（structural analysis），因为

它主要分析的是由社群、个体和社会构成的社会关系的结构及其属性。

海外社交网络平台发展大体经历 4 个阶段。

（1）早期概念化阶段，Six Degree 是六度分割理论的初步使用。

（2）结交陌生人阶段，Friendster 构建弱关系，获得社会资本。

（3）娱乐化阶段，Myspace 创造了丰富的体验，基于兴趣构建了社群。

（4）社会网络阶段，Facebook 将线下真实人际网络复制到线上，实现社会网络连接的 O2O。

整个社交网络产品发展，是一个将线下的更完整的信息流、连接关系转移到线上，并以社群的形式体现，从而实现更有效的管理和体验的过程。

社会网络分析的意义

社会网络指的是各种连接，而社会网络（social network）可简单地称为由社会关系构成的结构。社会网络代表着一种结构关系，它可反映网络个体之间的社会关系。构成社会网络的主要元素有：

- 行动者（actor）：这里的行动者不但指具体的个人，还可指一个群体、公司或其他的社会单位。每个行动者在网络中的位置被称为“节点（node）”。
- 关系连接（relational tie）：行动者之间相互的连接。人们之间的关系形式是多种多样的，如亲属关系、合作关系、对抗关系等，这些都构成了不同的连接方式。
- 子群（subgroup）：指行动者之间关系的子集。

社会网络分析广泛应用于商业、传播、社会管理等方面，例如如何识别社会网络中的个体、如何分析社群个体的影响力及如何查找出意见领袖、如何分析信息在社会网络上的传播模型等都在社会网络分析的范畴内。

根据格兰诺维特的社会网络理论（social network theory）可知，个体是镶嵌（embedded）在社群关系网络之中的个体，他们的特征是由其所处的社会结构决定的，并反过来作用于整体结构。在社会网络当中，个体并不是孤立的，而是处于整体之中的。社会网络分析不仅是对关系或结构加以分析的一套技术，还是一种理论方法。在社会网络分析学者看来，社会学研究的对象就是社会结构，而这种结构即表现为行动者之间的关系模式。正如社会网络分析家 B・韦尔曼（Barry Wellman）指出的：“网络分析探究的是深层结构——隐藏在复杂的社会系统表面之下的一定的网络模式。”

弗莱格斯坦曾经调查大型集团企业的 CEO 来源部门：

- 1880—1920 年期间，主要是以企业家（创建公司的人）为主。
- 1920—1940 年间，大多数人来自制造部门。
- 1940—1960 年，有较多的人来自市场、销售部门。
- 1960 年后，则较多来自财务、金融部门。

上述变化反映了企业面临挑战的变化：20 世纪 30 年代主要是生产问题；20 世纪 40 ～ 50 年代主要是市场销售问题；20 世纪 60 年代后则主要是金融财务问题。数据也从另外一个角度说明，想成为企业的 CEO，不只需要努力，更需要站在合适的社群结构中。桑顿等人对出版公司做了类似的研究，结果表明，越来越多的人来自市场部或者经营部门，而不是具有丰富出版业务经验的部门，这反映了这个行业的制度逻辑的变化。

中国在这个领域的研究也不同程度印证了社会网络结构与组织升迁的关系。在互联网公司中这种情况尤其突出，例如创业企业初期，产品经理、市场推广人员、销售人员成为创始人或者合伙人的概率很高；而随着企业的发展，大型集团公司管理高管会被引进或者内部提升，这个时代企业关注的是流程制度化；公司上市之初或者并购期，有关金融及财务领域的高管会成为集团内的明星。

社会网络分析的 3 个角度

分析社会网络，可以从 3 个不同角度切入。

1. 从整体社群结构分析

延展的话题有：社群是否具有良好的传播结构、密度、集中度和可达性等。

社群的网络密度（density）是指网络节点中实际连线的数目与可能存在的连线最大数量之间的比值。密度越大，表明节点之间的连线越多，行为者之间的关系越紧密，信息交流越流畅，反之则说明节点之间连线少，联系不多，情感交流少。如果所有网络中的所有行动者都是孤立的，则密度为 0；如果每个行动者都与所有其他行动者相连，则密度为 1。

笔者辅导企业实施社群战略时，发现许多企业只是简单地把用户拉到微信群，简单地发发红包，谈论点不痛不痒的话题。这样的社群很难保持活力，各个个体之间也没有关联。这样的社群是典型的在社群构建过程中没有设计好，而导致社群结构很差，即社群密度接近于 0。

社群网络集中度（centralization of a network）指一个网络中的关系集中于一个或者几个中心节点的程度情况。集中度是用来衡量网络中各节点之间疏密状况的一种度量指标。其在一定程度上反映了网络资源的利用以及流动的程度。网络集中度与结构洞密切相关，在具有结构洞的网络中，随着结构洞数的增多，网络集中度越来越小，反之，集中度越大。在互联网商业及营销中，如果发现某些社群的网络集中度高，只需要找出其中心节点（意见领袖、连接器），进行相关的合作与处理，就可提高传播的效率。

可用每一个人通过所有可能的步数而能接触到的平均人数来测量社群网络可达性（reachabilty）。高可达性的社群，文化及价值观等可以迅速传递给个体，具有更低的扭曲度，也保证了更高的一致性。

社群整体角度分析的价值与再思考。

- 如何搭建良好的社群结构？
- 如果通过运营机制来调整社群结构？
- 不同社群结构，信息传播路径及方法的差异处。
- 社群结构的演化规律和应对措施。

2. 针对个体结构特征分析

社群网络中针对个体结构特征分析关注的是个体节点在社群网络中的位置、个体的属性（主要指节点度数）、中心性和特征向量等。

（1）**节点度数（degree）**是网络中重要的个体结构特征，是指与该节点直接相连的节点数目。节点度数可以衡量个人或组织在社会网络中居于怎样的地位。节点度数分为出度和入度（即该行动者受欢迎的程度），出度数是指从我这个节点指向别的节点边的条数，入度数是指与邻居节点相连的条数。社会学中节点度数的概念还与“权力”相关，节点度数越高，中心化程度越高，拥有的权力也就越大。互联网势能中涉及的连接的力量就是个体成为中心节点，拥有更多的连接，也就是拥有行业社会网络高节点度数。

（2）**中心性（Centrality）**是对一个节点在多大程度上能位于网络中其他两个节点的“中间”位置的测度，是某一节点出现在网络中任意两个节点最短路径上的能力，它也可以被看作是网络弹性的一种度量。最常见的度量节点的方式有三种（结合下图进行讲解）。

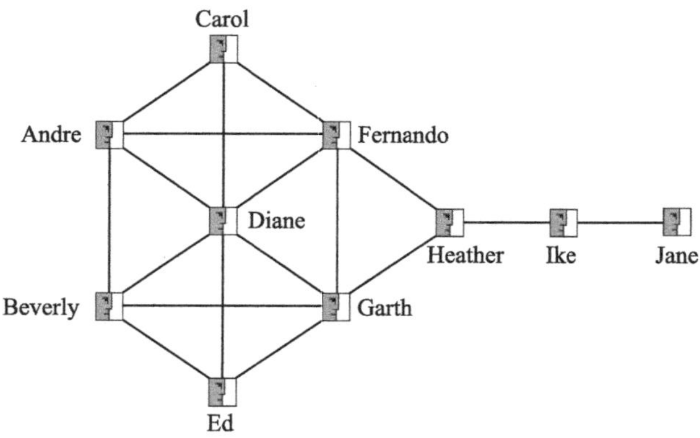

- **度数中心度（degree centrality）**：节点 A 的度数中心度就是与节点 A 直接相连的其他点的个数。如果某节点具有较高的度数中心度，该节点就可能在网络中拥有较大的“权力”。从上图分析来看，节点 Diane 的好友数最多，有 6 个人，所以 Diane 是度数中心度最高的节点。在真实的社交网络中，度数中心度高的那些人一般都是大明星，有很大的知名度，比如微博中的姚晨、微信中的罗振宇。
- **中间中心度（betweenness centrality）**：任意两个节点到其他节点的所有最短路径中如果有很多条都经过了某个节点，就认为这个节点的中间中心度高。一个行动者处于许多交

往的网络路径上，可认为此人居于重要地位；或者说节点到社群网络上其他节点的最短距离都很小，那么我们认为该节点的中间中心度高。处于高中间中心度位置的个人可以通过控制或者曲解信息的传递而影响群体，指数反应的是行动者在多大程度上控制他人的交往。如果一个点的中间中心度为 0，则意味着该点处于网络的边缘，不能影响任何行动者；如果一个行动者的中间中心度为 1，就意味着该点可以 100% 影响其他行动者，其处于网络的核心，拥有很大的势能。从上图分析来看，Heather 就是中间中心度最高的节点，因为 Ike 和 Jane 到其他节点的路径都需要经过 Heather。

- **接近中心度（closeness centrality）**：接近中心度关注的是把一个行动者与网络内其他所有行动者连接起来的绝大部分路径都是直接到达或者短路径的指数。行动者到其他节点的平均最短距离最小，意味着这个节点从几何角度看是处于社群网络的中心位置的。高接近中心度意味着一个行动者可以接触到网络中的许多其他行动者。

从上图分析来看，Fernando 和 Garth 虽然好友数不如 Diane，但他们到其他所有节点的最短距离是最小的（Diane 虽然好友数多，但与社群网络右半部分的节点距离远）。接近中心度的节点一般扮演的是中转站的角色（类似大喇叭），其可以在不同的人群之间传递消息。

介绍这部分内容就是希望大家能够从结构观念的角度分析和解构社群中的个体。有关中心性和中心度等话题是社会网络分析中的核心问题，希望了解更多内容的读者可以参考斯坦利・沃瑟曼的《社会网络分析：方法与应用》、奇达夫的《社会网络与组织》。

3. 社会网络结构镶嵌

前面两个维度是从图论、数学属性角度刻画社群。我们不难想象，这样简单的行为不能很好地诠释社群的传播及行为。因为人不是简单的一个节点，每个行动者都有其独特的经济、社会、情感等众多因素。从更广的视角来解析社会网络结构及其关系，是我们一直追求的目标，综合多个维度可以更好地认识社群运行规律。连接链条上的那些嵌入的因素是如何影响我们的？在这个领域概括起来主要有以下 4 个体系。

1）网络结构的连接理论

该理论的主要代表人物有哈里森・怀特和马克・格拉诺维特。网络结构的连接理论分析人与人、组织与组织之间的纽带关系对人或组织的影响。探讨的话题如下：

（1）网络结构的连接理论从个体与其他个体的关系（诸如亲属、朋友或熟人等）来认识个体在社会网络中的位置。

（2）网络结构的连接理论将个体按其社会关系分成不同的网络。

（3）网络结构的连接理论分析个体的社群关系层面、社会行为的嵌入。

（4）网络结构的连接理论关心个体对社群资源的摄取能力。

（5）网络结构的连接理论指出人们在其社会网络中是否处于中心位置，其网络资源多寡、优劣的重要意义。

硅谷当下流行的理念：给员工时间，让他们在社会网络中发挥连接作用。通过这些思想领袖层面的员工可从另外一个层面提升企业品牌和员工满意度。例如，西雅图的市场营销软件初创企业 MOz 积极鼓励实现员工连接计划。行业的会议，申请获得适当的发言机会，MOz 将报销差旅费和食宿费。MOz 不只为员工提供发言的机会，还积极鼓励员工到外地出差，推动为 MOz 用户举办为期一天的迷你会议。

通过网络结构的连接思维，可以让每位员工列出他认识的（或者认可的）最聪明的公司外部人士，再通过这些员工邀请那些专业人士来为自己企业的所有员工做演讲或者帮助解决问题。通过这种网络连接的做法不仅可让员工从中受益，还能巩固有价值的系统外的连接。

2）强弱连接理论

格兰诺维特在研究找工作的过程中发现，提供工作信息的人往往是弱连接。为此格兰诺维特将连接分为强连接和弱连接，通过在某连接上所花费的时间、情感投入程度、亲密程度等内容综合定义。

强连接间的信息具有很高的重叠性，个体属性相似度高，而弱连接比强连接更能跨越其社群的边界去获得信息和其他资源。有研究显示，部门间弱连接的团队最擅长传递相对不复杂的知识，而部门间强连接的团队最擅长传递更复杂的知识。强弱连接概念的提出对社会网络分析产生了重大影响，经济行为嵌入社会结构之中。

海外的研究数据显示，创业想法来自于家人和朋友这些强连接的只占 38%，而来自于客户和供货商这类商业伙伴弱连接的，则高达 52%，其他部分则是受媒体或专家启发。由此可见，好想法来自弱连接在创业之初就适用。

哈佛大学商学院的 Gompers、Mukharlyamov 和 YuhaiXuan 发表论文《友谊的代价》前，考察了 3510 个风险投资者及涉及的 11 895 个投资项目。有些人选择与自己能力相当的人合作，如名校毕业的；但更多的人选择与自己的“强连接者”合作，如曾经的同学、同事。这个研究发现，按能力匹配可以增加投资的成功率，而通过者强连接的，往往会降低投资成功的可能性。

3）结构洞理论

结构洞理论是由美国社会学家伯特提出的。结构洞指的是存在于两个或两簇行动者之间的可由另外行动者来跨越的空隙。例如，对于三个行动者 A、B、C 来说，如果 A 和 B 有联系，A 与 C 有联系，但是 B 和 C 之间不存在联系的话，B 和 C 之间就相当于存在一个洞。A、B、C 之间关系的这种结构就是一个结构洞。A 是结构洞的中间人。结构洞的中间人充当不同社群之间的联络员，因此获得对跨越结构洞的信息流和资源的优先权，从而比网络中其他位置上的成员更具有竞争优势。

在竞争的商业环境中，企业家要如何取得比其他人更多的利益，主要看其能否掌握较广的非重复的网络关系。一个人或一个组织，要想在竞争中保持和发展优势，就必须与相互无关联的个人和团体发生广泛的联系，以争取信息和控制优势。

4）**社会资本理论**

由美籍华裔社会学家林南提出的社会资本理论指出，镶嵌在个人社会网络中的社会资本，如权力、财富和声望，并不为个人直接占有，而是通过个体社会关系来获取的。个体社会网络的异质性、网络成员的社会地位、个体与网络成员的关系力量决定着个体拥有的社会资源的数量和质量。

贫穷问题不仅仅是钱的问题，它也与社会和文化资源相关。穷人通常缺少能帮助获得好工作的社会网络连接，他们还需要克服与贫穷积极关联的负面声望。在文化资本方面，穷人也缺少与有价值的文化资源相关的连接。

第 3 节　连接势能，构建社群影响力

创业企业和关联企业谈合作时，尽管在商业上，利益交换和协作很有创意，但是往往收获的是拒绝；个体希望与行业大咖产生关联，往往是不痛不痒的延期约见；新产品上市，上下游不配合。之所以出现以上种种现象，**如果简单归结为一个原因，笔者认为是有关势能的问题。没有势能，相关利益方合作意愿和配合度会下降，**

即使合作了，效果也会大打折扣。

势能这个概念的内涵太丰富，是个综合的指数，关注的是吸引力、降噪力等。创业企业的经营过程就是在积累企业的社会资本、积累企业的势能。社群个体的发展，就是在积累自己的势能，构建个人的护城河。

连接的动机是互动，在互动中构建关系，关系获得后可以攫取社会资源。连接不是随机的，会有一个势能评估的过程。有势能的组织（个人）更有意选择势能强大的，没有势能的虽渴望能够获得有势能的连接，但是现实是残酷的。**连接获得势能的过程就是获取更多指向连接，也是优化网络结构位置的过程。**

从连接者双方势能的情况，可以将势能分为以下3种流动状态：

（1）势能大小相当双方的连接。

（2）低势能一方攀高势能的行为。

（3）高势能流向低势能的行为。

其中不难理解势能相当的双方，基于各自的需要顺势连接，构建高势能族群。现实生活中，企业与个人获得势能的过程，往往是从0开始或者从弱势开始，经过努力获得势能，占据社群网络结构的好位置。

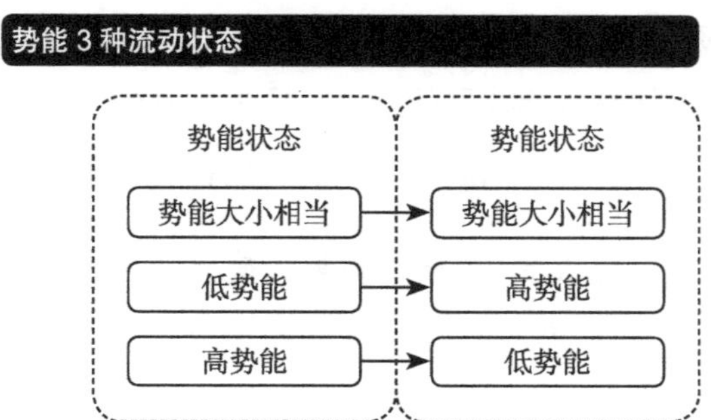

如何获得更多指向的连接

对于没有势能的一方，要想获得更多指向的连接，可以采用如下方法：

（1）**找准特定社群网络的节点，筛选出可接近的节点，重点攻关拿下某些节点**。通过这样的策略获取势能，可以加速势能的获取节奏；通过持续的努力，特定社群网络中组织和个体将有策略地从一个节点开始在网络中游动，最终成为中心节点或者靠近中心节点。前提是要了解江湖，要能够掌握势能和连接的游戏规则。

（2）**组织或个体赋能，挖掘自身价值，适度传播特色，做好连接前的准备**。获得连接和势能还需要靠实力，否则高势能一方不会持续与你发生连接。势能的本质是你被需要，你可被利用。例如，在知乎中成为势能的节点，靠的是在专业问题上的回答，非简单的社交技巧；微信公众号运营初期账户间互相推荐，就是一种势能的连接，其中关键的评估标准有粉丝数、阅读量、行业影响力等；罗辑思维喜欢寻找特色有势能的人或组织。

（3）**日常的互动，产生连接，获取势能**。势能的流动，不是简单一次性的行为，日常互动、培育情感、发现价值也可获取势能。例如，经常参加高势能社群的活动，通过自身的努力，从搬砖头开始，逐渐成长为活动的积极参与者、组织者，从而获得高势能。

移动健身 App keep 在推广初期，确定“人人都是意见领袖”的推广方针。运营团队随后启动了一个叫“埋雷计划”的行动，团队在产品上线前一个月，就开始活跃在各种 QQ 群、微信群、BBS、贴吧及豆瓣小组里。通过长期转发高质量的健身经验帖，再通过长期和用户情感交流，最终多个 ID 都成为社群里的连接节点，得到极高的关注度。

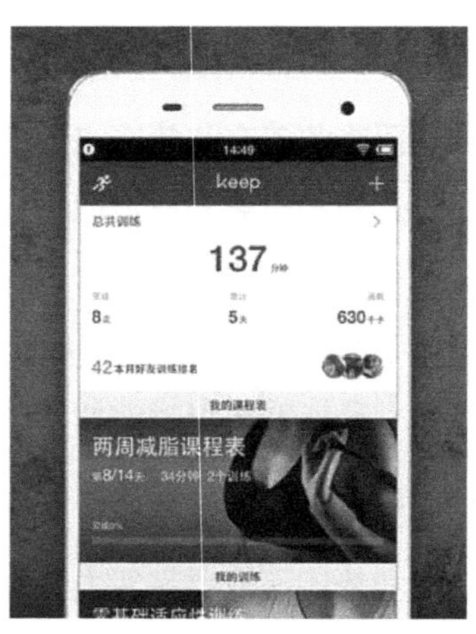

当 keep 正式上线时，这群潜伏在社群里的有能量的人，再将这些帖子集中引爆，告诉粉丝自己发布的高质量内容是来自 keep，引导用户从关注内容转化为关注产品。

拥有连接器思维

圈内人经常提到，组织（个人）需要努力成为连接器。腾讯公司也清晰地将自己的角色定义为连接器（人与人的连接、人与物的连接、物与物的连接），从而获得商业价值。**连接器指的是连接指向或者输出的集中区域、专业领域涉及网络结构中的结构洞、群体中的中心度等方面。**常见的连接器组织（个人）有罗辑思维、3W 创业咖啡馆、黑马训练营、钛媒体、正和岛等。拥有连接思维是跨界、寻找具备优势势能的合作、积极组织活动串联成为连接器的基础。

连接器不等于势能，只是势能的一个维度，这个维度关注的是信息的跨圈层流动、社会资源优先获得等。而势能是个综合的模型，连接器确实可以拥有连接的红利，但是如果在社群网络中占据的位置是非主流的，终究很难获得江湖地位。势能还需要有策略地占据社群网络中的关键位置，一方面要成为连接器，受益于跨域圈层的信息与价值；另外一方面，通过在网络中的位置，获得势能。

连接势能与个人发展

在社会网络中的位置，个人如何从弱势迁徙到核心节点？我们发现罗振宇的罗辑思维等都是通过积极创造连接来收获网络空间的势能。

知乎的 keso 账户，其个人介绍中没有任何关于教育背景、职业经历的信息，但凭借其 900 多条回答，70 多条提问和 200 多条公共编辑，获得了 23 万多粉丝的关注。其回答获得了 2.7 万多的赞同，4 000 多感谢，并有 6 200 多人收藏了他的回答，4 300 多人进行了分享。在类似知乎这样的网络平台上，个体如果乐于分享高质量内容、积极回答问题，喜欢用认真、负责的态度来分享知识、经验和见解，那么就可获得更多的关注，拥有更多的粉丝，逐步建立起个体的势能。

利用势能思维，找真命天子

相信很多人都有这样的疑惑：真爱到底存不存在？我的 Mr. Right 到底在哪里？ Ted 演讲的演讲者是数据专家艾米·韦伯。她就用自己的亲身实践告诉我们，真爱并不难找，利用势能思维，就能做到这一点。

艾米是常说的剩女，整天被家人逼婚，但却苦苦找不到适合自己的另一半。她把目光转移到了婚恋网站。作为数据专家的她，觉得婚恋网站集合了大量的数据。一开始她并没有摸着门道，她竟然把自己的工作简历直接粘贴到了婚恋网站上，作为自我介绍。结果呢？在平台上很难获得势能，没有注意力也就找不到真命天子。不过艾米并没有灰心，她决定用自己的专业知识——数据分析，建立一个模型来寻找真命天子。

首先，她用笔写下自己的需求，诸如“希望找个犹太人”“希望这个人积极上进，但又不能是工作狂”“希望养育两到三个子女”等等。她写了尽可能多的要求，最终写出了 72 条。然后，她根据这 72 条的重要性，分成两个层次：第一个层次是必要条件，也就是说，必须得达到的；第二层次的条件属于有最好，没有也可以接受的条件。她根据优先次序，分别给予分数。例如，必要条件中的第一条就是 100 分，第二条就是 99 分，以此类推。总分加起来超过 700 分的，就可以主动给这个人发信，超过 900 分的就可以考虑和这个人约会，超过 1 500 分的话，就可以考虑投入感情了。寻找想匹配的势能族群，然后有针对性地对待。

根据这一套评分系统，艾米还真的找到了她的完美先生们。但问题是，完美先生却不喜欢她。艾米意识到，除了要分析她的完美先生，还要分析竞争对手。因为艾米喜欢的人，别人也会觉得他很好。那么艾米的竞争优势在哪里呢？为了知己知彼。百战百胜，艾米注册了 10 个虚拟的男性账号，收集数据，做竞争对手分析，尝试找出最受欢迎的女性到底都具备什么特征。最后她发现下面这四点。

第一点：自我介绍部分。那些受欢迎的人，她们的简介一般不超过 100 个字。其实这个很好理解，朦胧就是美，要留点想象空间给别人。高手们都擅长用不特定的语言，如“我喜欢浪漫的电影”，这就是不特定的语言。而“我喜欢电影《英国病人》”，这就是特定的语言，人们很容易就能判断自己喜欢还是不喜欢这部电影，会削减自己的势能。

第二点：亲和力很重要，受欢迎的人在用语上，都会喜欢使用诸如可爱、有趣这样的词汇。这会让别人想接近你，而且觉得你比较容易接近。而艾米当初犯下的巨大错误就是，她把自己日语流利、懂编程等简历类的语言放到了婚恋网站上。

第三点：相互之间的第一次沟通和联系的时机要好好拿捏。例如你在深夜 2 点收到了心仪男性的来信，就算你再喜欢他，也最好忍着，千万不要急吼吼地立马回信。这个欲擒故纵的道理，可为后来的社交集聚势能。

第四点：婚恋网上受欢迎的女生的相片，一般而言都会稍稍暴露一点，如露个肩什么的，但不是性感暴露。

经过这么一番彻底的分析，艾米终于成为婚恋网站上最受欢迎的人。结果她真的找到了自己的真命天子。(本文案例素材来自TED演讲《数据挖掘玩转婚恋网》。)

案例点评：获得更多注意力、获得连接、获得势能，在不同的平台和空间下，需要掌握正确的方法。

连接势能在企业经营中的应用

周鸿祎给想要互联网转型的企业提了个忠告：要转型互联网，心中只有客户就是死路一条，连接用户才是王道。

用户和客户有什么区别？客户就是买你东西的人，你们是一次性买卖。例如，传统汽车厂商卖车是一锤子买卖，卖完就基本宣告关系结束，这就是客户思维。什么是用户？用户是长期使用你服务的人，企业和用户拥有稳定的连接（服务、情感等层面）。

出于进化的本能，人们总喜欢和自己相似的人连接在一起，因为这意味着我们可能拥有一致的观念。如果想获得社群势能的支持，需要从社群身份下手。苹果曾经有一支经典广告叫《1984》，视频中的用户拿一把大铁锤，一下锤碎了一面大屏幕。《1984》原本是西方人家喻户晓的一部小说，讲的是专制独裁者通过一块大屏幕整天发号施令、监控老百姓，大屏幕就成了独裁、权威的象征。在电脑领域，当时的垄断者、独裁者是谁呢？是IBM。一锤砸碎大屏幕是想表达苹果电脑会打破IBM的垄断，苹果以此传达出“渴望自由”的信号。罗永浩在锤子T1的发布会上说：“我不是为了输赢，我就是认真。”台下的观众被感动得热泪盈眶。因为这句话说出了锤粉连接的初衷：有理想，有情怀。马丁·路德金在演讲《我有一个梦想》的时候，渴望人人平等的黑人们，瞬间就被连接到一起。

互联网的游戏规则已经从之前的流量生意、卖货思维，走向卖人思维、社群经营思维、构建持续且黏度高的蓄能池。近年小米商业模型本质已经超越了卖货的思维，转而是经营社群的价值，社群可能需要什么样的产品，小米就整合成为生态链企业兜售给社群。

连接、势能在企业经营中的应用，很重要的一个思考角度是构建自己的近卫军——品牌社群，连接用户获得网络空间的势能。

在社群商业时代，企业如何构建连接和势能体系呢？完备的社群连接势能体系应包含以下 3 个要素：

（1）**顶层：**传统意见领袖（覆盖最广受众，可以代表企业整体形象，代表人物有黄晓明、主流专业人士、大众熟知行业协会、公知等）。他们具有大众认知度，且代表主流文化与形象。

（2）**中层：**非传统意见领袖 + 小众专业意见领袖。非传统意见领袖拥有的认知率、粉丝数量、眼球吸引度甚至超越传统明星，抛出一个新闻能够引爆一个话题，但是其形象往往是个性、非主流甚至情色擦边，在传统媒体的曝光度也无法与常规明星相比。

小众专业意见领袖倡导的文化与吸引的人群往往是辐射特定社群，粉丝数量虽相对较少，但是与粉丝的互动深度、专业性和精神影响力却超越一般意见领袖。代表有极限运动 No.1 运动员、电游竞技世界冠军等。

（3）**底座：**品牌的超级粉丝、专业达人。他们较普通人的影响力更大，较其他意见领袖数量更多，能与普通消费者平等对话。

护肤品牌如何寻找和构建自身的连接势能体系

A品牌是某高端跨国护肤大牌，销售额、品牌影响力、销售地域都是业内风向标、指示牌。企业是跨国品牌中愿意就本土市场和本土数字媒体发展情况做大胆尝试的。

企业连接势能体系如何组成？

在社群势能应用，A企业将品牌的口碑与粉丝体系分成了3层：

（1）首层：名人。包括传统媒体首席美容时尚编辑、顶尖微信号（数字媒体）博主、地区艺术家、品牌与产品高级研究员。

针对这层人，以不断加强各种层面的互动为其宗旨，包括提供免费正品、小规模沟通与见面会、在A品牌社区官网上给某名人专栏空间与展示、与微信等进行互动。

（2）二层：品牌的VIP成员（忠诚用户），人数大概为第三层的十几分之一。针对这层人，如何让其体会到尊贵感成为关键，包括免费试用产品、贵宾活动邀请、参与公关活动（如美丽课堂等）、参加A品牌社群论坛专题互动、官方微信的展示互动等。

（3）基座：粉丝群，包括已产生消费的用户，及无能力消费品牌产品，但是对品牌充满热忱的未来消费者。针对这层人，入门激励与让他们对品牌产生了解最重要，包括网友互动、登记领入门礼物、参与活动赢得小样、每半个月EDM品牌产品促销邮件、独家电商优惠活动，等等。

现在，除了传统的品牌广告投放，如时尚杂志、电视广告外，在数字媒体上，从2012年起，A品牌减少了通栏与旗帜广告，增加搜索与视频投放，特别鼓励用户与用户之间的交互，这种交互很大一部分就是从各层中选拔意见领袖，让其用“自己人”的语言，或是以身示范，或是答疑解惑，或是号召购买。

每层中心节点的功能也各不相同。首层中心节点体现的是专业、风潮引领的作用，他们的示范效应更明显、专业感更令人信服；二层中心节点是展现品牌的消费者风范及更为“亲民”的号召作用；底层中心节点则是各种促销话题的传播、烘托者，他们对品牌文化的了解没有上两层那么深入，但却是数量最大、最具传播效应的，也是最爱传播各种促销优惠的 KOL 群体。

“20 多岁的时候，你想买第一个奢侈品牌，比如说护肤霜，你去咨询谁？我们通常不会咨询家长，而是在网上交流，得到别人的想法和建议。”这里的“别人”，往往是各个层级的意见领袖。当然，除了这类中心节点体系之外，传统的时尚明星广告还在继续。A 品牌代表的是这样一种风潮：传统的不能丢，新的适应性系统更要跟上。

案例点评：综合来看，品牌的连接势能系统就是“明星代言人 + 明星使用者 + 小众达人 + 忠诚顾客”的金字塔形体系。在营销过程中，品牌方应逐步加深品牌与受众的连接，让品牌逐步拥有超级势能。

第 4 节　点燃人与人之间的社交关系链条

在商学院教学过程中，学生多次问笔者能不能用一句话概括出引爆社群的关键。笔者的原话是：**“引爆社群的关键是如何点燃人与人之间的社交关系链条，让内容在过程中得以快速流动。”**笔者在总结众多引爆社群的案例时，总会反问自己，为什么这样做就引爆了？众多案例中不同的程度涌现点燃人与人社交关系链的力量。

社交关系连接的 4 种形式

笔者一直给中国人民大学医药行业 MBA 班讲授互联网营销传播课程，课程中有学生询问如何能够通过内容影响或者将医生连接起来。笔者常常通过一个案例来诠释：南方某市出现伤害医生的事件，笔者辅导的一家药企从情感共鸣，身份认同的角度撰写《这一刻，我要告诉你真实的医生生活》，迅速刷爆医生朋友圈。这个案例就是围绕社群，在特定的场景下，通过内容点燃人与人之间的社交关系链条。常见的连接方式有：

（1）**通过内容来连接**。这种形式的连接的典型情况是微信朋友圈、微博，其转发过程就是通过内容构建连接。互联网上特定的内容可以自然沉淀用户和关系链条。例如，你检索《魔兽世界》的攻略、发现有趣的博主或者 ID，然后加入感兴趣的微信群或者私人联系。

（2）**通过话题来连接**。这是最为常见的一种连接方式。例如，知乎上关系的构建往往源自特定的话题；百度贴吧的互动连接，更多源自话题及兴趣的连接。

（3）**通过身份来连接**。身份连接的背后是清晰支撑连接的排他性。类似女性美妆的社群、退伍军人的社群、业主的社群，这些连接都是基于特定的身份来构建的。江小白、小茗同学、张君雅小妹妹等商业新思维背后隐现的也是身份连接。

（4）**通过行动来连接**。这是一种特殊的连接，是基于行动导向的连接。例如，接下来要分析的案例中的可口可乐，通过游戏让参加者相互行动，构成特定的连接。在花椒、映客直播平台中，用户通过打赏的行为直接构建特定连接关系。

传统的渗透相对比较局限，比如农民传播杂交玉米的采购会就是基于特定的地域，这个是人群及其媒体使用行为造成的。而对于现在的医生，传播的辐射就更为广阔，不仅可以通过医院同事群进行信息传播，也可以通过互联网医生社区跨地区进行交流，让信息渗透得更快速。谈资的传播曲线也呈现多样化，线上线下结合。

可口可乐："Hug Me（拥抱我）"

在新加坡街头，人们可发现一个常规的可口可乐贩卖机前端有大号字体的"Hug Me（拥抱我）"字样。只需给它一个拥抱，这个充满人情味的可口可乐贩卖机就会给你回报一罐免费的可乐。可口可乐推出的这款"可口可乐拥抱贩卖机"，作为"快乐畅开"活动的一部分，旨在为无论身在何处的人们和他们的生活带来快乐。

之前可口可乐也推出过类似的3.5米高的贩卖机，用户想买个可乐需要朋友帮忙。可口可乐美其名曰Coca Cola Friendship Machine，其通过用户一起协作完成挑战的事情，小小的挑战，让用户相互连接在一起。这样的活动让消费者互动起来，也为线上线下谈资创造了一定的基础。

案例点评： 简单的挑战（拥抱 / 登高）行为，可以点燃消费者的社交关系链，不仅给予用户快乐，也为后续的信息传播与讨论创造了条件。

小酒通过身份连接，引领市场

小酒是行业内的说法，它通常指容量在半斤以下的小瓶装白酒。2012 年前，市场上仅小劲酒、红星二锅头“红小二”、牛栏山二锅头中“小牛二”以及郎酒集团的“歪嘴郎”属于小酒产品线，但也都是基本只定位于低端的一个细分产品，其他酒企的产品战略仍是主打中年以上男性和政务及商务宴请市场，厂家的主要精力都花在打通渠道上，很少和消费者做直接的市场沟通。2012 年开始，衡水“白小乐”、泸州老窖“泸小二”、杜康“杜二酒”、西凤“小苹果友情 N 次方”、“问剑”等一批小酒面世。对于这类由传统酒企推出的小酒，你也可以理解成原品牌的副牌。他们以时尚品牌惯用的副线产品模式来突破年轻人的市场，这从逻辑上看非常顺理成章：既能享受原有的品牌红利，又方便重新做年轻化定位。

“江小白”的情况有点不同，它诞生于重庆但并没有原生老品

牌，除了周边地区有江津老白干的群众消费基础外，其他都是全新的。在推出之前，创始人陶石泉也思考了很久，“中国白酒行业是有历史传承的，但能不能用一种全新的方式来向年轻消费者讲述白酒的故事呢？”

为了让年轻人接受白酒，他先在酒体上做了调整。不同于传统浓烈、辛辣的口感，江小白喝起来相对柔和，同时带点回甜，又因为度数不高所以醉酒慢、醒酒快。在饮用方式上，江小白把自己定义为带酒精浓度的情绪饮料，鼓励消费者加入酸奶、脉动、红牛、果汁、柠檬茶等调成鸡尾酒来饮用，这意味着它有可能出现在更广泛的生活场景里，成为年轻人社交方式的参与者。

在营销手段上，江小白借鉴快消品的打法。在价格定位上，江小白有 100ml、125ml 和 300ml 3 种常规包装，定价分别为 20 元、25 元和 60 元。只有在和艺术家合作酒标或者推出电影纪念版时会出现 500ml 的大瓶装，但价格也不超过 200 元。

江小白发布的第一条微博“我是江小白，生活很简单！”陶石泉说这也是江小白想要传达的态度，拉近了品牌与消费者的距离。江小白团队也积极创造极具用户口气特色的小酒的标语，深受欢迎。

江小白团队近90%的员工都是90后，他们更了解年轻人喜欢的电影、偶像、音乐、八卦和吐槽方式。所以江小白对社会热点和流行风向反应迅速，互动话题曾涉及青年节、5月20日表白活动、友谊的小船说翻就翻、科比退役、毕业季、猴年马月等。

卡通形象的江小白与一群朋友围坐一起，配的文字是“桌上一瓶小酒，桌边一帮老友，这才是生活”。江小白长着大众脸，戴着黑框眼镜，最常穿黑色长风衣、戴灰色格子围巾。在设计这个卡通形象时，陶石泉向设计师提了一个要求：让年轻人看了觉得像自己。

像这样利用卡通形象把品牌拟人化也是许多小酒都在用的营销手段。任振国在2013年年底接手了“泸小二”这个品牌，他很快更换了原来“泸达人”的名称，并重新设计了瓶身的卡通形象。“泸小二”身穿紫色西装、扎蓝色领带，右手摆出“胜利”手势；来自河北的衡水老白干“白小乐”则有4套商务休闲装造型——尽管形象上有差别，但无一例外都与它们的目标消费群体吻合，都在试图以年轻人更容易接受的方式来卖酒。

与年轻人形象相似的背后，小酒更想给产品注入情感、身份连接，以获得年轻人的心理认同。在微博简介中，江小白是有些叛逆的摇滚青年，是冒险的旅行者，是热衷环保的都市公司人，“文艺的我们都是江小白”。“白小乐”是爱奋斗的中国快乐派，西凤小苹果则主打中国版吃货老友记。（文章编辑自《第一财经》）

让信息在群体内传播与让你的信息在群体间扩散，两者的差异主要体现在信息传播的速度和效果方面。能在群体内传播的信息，通常与群体内的成员有切实关系，因为同属于一个群体的成员通常有类似的兴趣和观点。群体间传播，我们关注中心节点，如果通过强硬的手段，如购买自媒体、收拢中心节点进行扩散，这样的信息很容易被视为垃圾信息，营销的效果也将大打折扣。虽然信息的覆盖度有了保证，但话题又转到大众传播时代广告的思路，不可取。

保罗·亚当斯（Paul Adams）在《小圈子·大社交》中解析研究结果时表明：一般来说一个人社交网络核心内圈在 5 个人（家人或至亲）左右，社交的好友 15 个人左右，接下来是会不定期联络的 50 个左右的关系，还有 50 个人保持稳定的社交关系，另外约 500 个保持弱连接。

社会学家格兰诺维特（Mark Granovetter）在《弱关系的力量》中也表达了类似的洞察。每个人接触最频繁的亲人、同学、朋友……这些十分稳定但传播范围有限的社会交往，就是一种“强连接”（strong ties）状态；同时，还存在相对于前一种社会关系更为广泛的，然而却是肤浅的社会交往。格兰诺维特把后者称为“弱连接”（weak ties）。格兰诺维特通过互动时间、情感强度、亲密程度以及互惠行动 4 个维度来确认社会交往中的强弱连接。

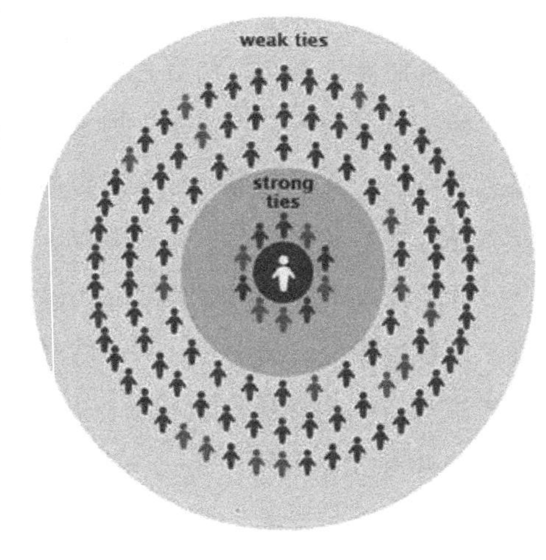

强连接关系通常代表行动者彼此之间具有高度的互动，透过强连接所产生的信息通常是重复的，容易形成一个封闭的系统。

相对于强连接关系，弱连接则较能够在不同的团体间传递信息，使网络中的成员能够增加修正原先观点的机会。弱关系促成了不同群之间的信息流动。

贵重产品进行营销设计时，最好能够关注稳固的关系，因为关系稳固的人对其影响也是最大的。有这样一个不争的事实：亲朋好友的微弱信息，比许多不认识的人的信息更为重要。在设计谈资时，考虑的事件、爆点、话题性，可以着眼在弱连接及高覆盖的连接人群上，它可以起到点燃引爆的作用。

Heinz为感冒的朋友送去鸡汤

选在流感大肆入侵的季节，亨氏（Heinz）联手 We Are Social 研究机构，发起了一场足以让人感动到泪流满面的营销宣传攻势。只要在 Facebook 成为其品牌的粉丝，并且发送给一位正在生病的好友，你就可以有机会以 3 美元的价格买到亨氏的招牌番茄酱或是鸡汤。当然，它们会以你的名义寄给处于感冒困扰中的好友。

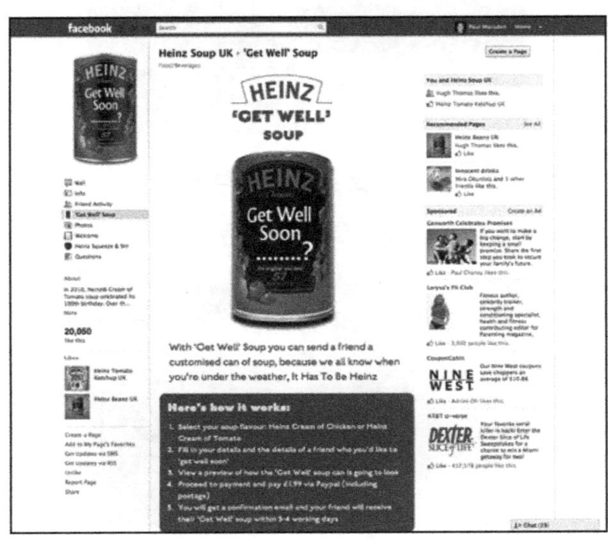

在这里面，品牌已经不是主角，品牌只是一个聚会的发起人，为用户之间创建一个交流和连接的理由。

案例点评：一个好的活动策划，不会受地域时空的限制。只需轻轻触动，就可以在很大范围内拥抱。这个案例的厉害之处在于通过给朋友送鸡汤行为来激活社会网络关系互动。

简单的行动连接，轻松触发参与感

刚进入大学看着满校园的陌生人，大家都会或多或少感到无所适从吧。为了让新生们迅速变得熟络起来，可口可乐推出“奇妙的新瓶子”的活动，这个瓶子只有两个人合作才能打得开。可口可乐在校园里设立了一个冰箱，如果你试图拧开瓶盖，就会发现这是一件不可能完成的事情。

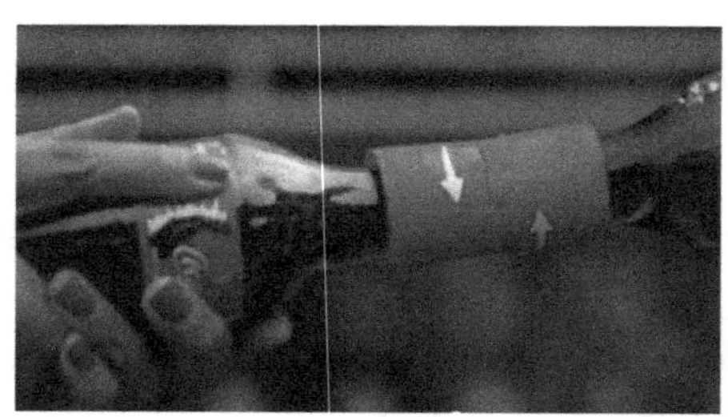

学生只有找到另外一个拿着相同瓶子的人，将瓶盖顶部对准，然后朝着互相相反的方向旋转，可乐瓶方能打开。

案例点评： 这个活动虽然简单，但这确实能够让新生们在完全陌生的环境下产生向其他人打招呼的动力。在一次简短的合作之后，或许一段友谊就这样连接起来。可口可乐连接传播思维确实非常棒，不仅让人们记住了产品，还宣传了正能量。

让人与人之间的社交关系清晰呈现

笔者发现要想让人们谈论某些产品，这些产品必须很有趣，尤其在口头信息的传播渠道中。如果你的目标是更多的在线讨论，那么，以一种有趣或者令人惊异的方式表达产品的信息就会是大有帮助的。那些能让人们大感吃惊，能打破人们的预期，或者能以某种方式激起人们兴趣的广告或者在线内容，更可能被人们分享。更多的分享带来信息随着人际关系链接而传播开。

4C 理论的连接，考虑的是营销的渗透速度和效果，线下人群聚集的场景机会越来越少，更多的是以兴趣图谱聚集在互联网上。碍于时间、空间的维度，现在亲朋好友也不会局限在一个地区，互联网让他们紧紧地连在一起。

百伯招聘网站力推梦想招聘，让招聘者和应聘者更好地交流。当时他们北京地区总经理李金宇找到笔者，希望通过微博、新媒体来进行宣传。他们描绘的传播目标是：增加百伯的曝光率，获得品牌知名度；吸引应聘者注册百伯网站；吸引人力资源从业者使用百伯服务。可以说这个目标是一个比较泛化的目标，也就是想达到的效果是多元的。最终在沟通下，笔者将目标进行聚焦，即通过话题让招聘者、应聘者之间进行互动，百伯退而在边上帮助他们达成这样一次交流。

如何让百伯的目标客户群（应聘者、招聘者）进行互动？通过线下的活动实现显然不现实，且影响的人群比较窄。互联网给予了双方活动的工具，这样的连接营销，可以融洽地将两个目标客户群激活起来。百伯平台的价值在活动中也可以在应聘者、招聘者之间传播。

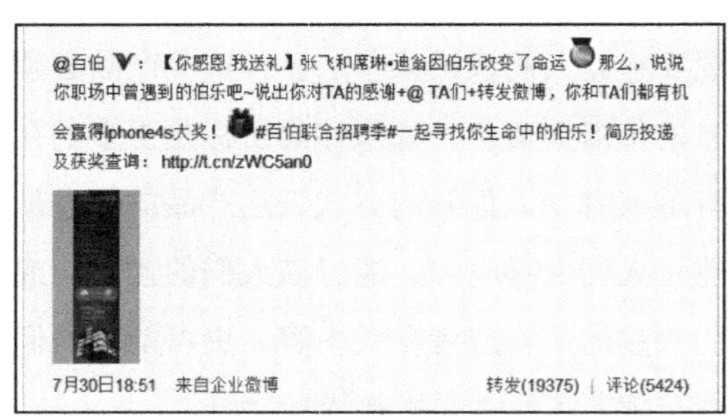

为此项目制定传播策略是：故事为策略，感恩为核心，以@人际关系链接刺激助推，号召集体参与；通过张飞和席琳·迪翁遇到伯乐的故事，引发大家对伯乐、找好工作的共鸣。活动通过浅显有意思的故事，触发感恩风潮。

在选择合适的传播平台时，是基于以下思考进行的：企业在应对微博及新媒体的冲击时，更多的是手足无措、一片茫然，其实本质问题还是要了解消费者。企业的消费者现在活跃在哪些互联网媒体？他们的使用度是怎么样的（重度使用、折中使用、轻微使用）？项目在传播中紧扣新浪微博和开心网等平台。新浪微博与开心网拥有海量的用户群体，他们也是“百伯”潜在的注册用户和目标客户，用户有良好的教育基础和社会影响力。

活动策划出发点是人与人的链式效应。微博传播主打感恩牌，让感恩职场的伯乐和粉丝都有中奖的机会。中国人其实还是很不喜欢说出感恩的话的，其实借助活动的机会，可以好好地拍领导的马屁，感恩曾经的领导。我们也可以看到策划团队的用心：当粉丝 @ 领导、伯乐，伯乐看到后，也会自然参与讨论。我们也看到伯乐获得奖品后，却送给 @ 他的粉丝。下图就是其中发生的一个案例，@ 青岛科威孙杰将自己的奖品送给 @ 指甲好漂亮。

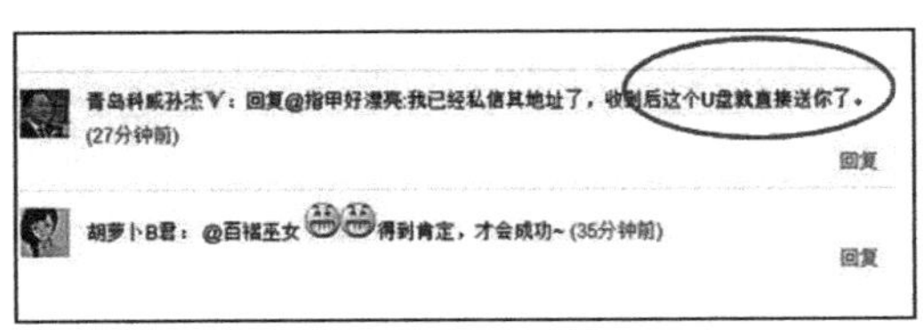

其实一个活动能够在这样的特定人群中连接传播，不得不说是成功的。通过百伯搭台，粉丝感恩，加深的不仅仅是伯乐和千里马之间的情感，无形中百伯也被宣传出去。下图是节选发生在伯乐和千里马之间的对话，引发批量的类似的对话，也从另一个层面说明这次营销活动连接效应。当 @ 彭胜君在活动中 @ 招聘者，作为领导的 @ 傅志华在连接关系链中接招，进一步传播，将线下的关系链在互联网上表达出来。

1. 意见领袖的连接效应

百伯传播的故事制作完成后，想引起微博上的热烈讨论，引发意见领袖的参与。活动中有超过 100 位加 V 用户参与，他们在活动的不同阶段做出了不同的引爆效果。如果按照当下微博市场价来核算邀请 100 位加 V 用户参与商业的转发，其自媒体的采购价合计约为 30 万元。下图是悠视网 CEO 和北青网以及柳绪纲等加 V 用户在百伯活动微博上的交流。

李竹 悠视网(UUSee) 创始人、CEO

李竹V：自己努力的人，总是有人帮忙。这星期恰好在Vegas碰上了席拉迪翁的演唱会//@柳绪纲：我要感谢的人比较多了，每一个阶段，是他们分别给我机会让我进入一片新天地！感谢@张杰阳光 把我"忽悠"到了北京，感谢@北青网徐建 在工作中对我的种种关心和帮助，感谢@李竹 帮我在实现创业梦想的道路上迈出第一步 (8月3日 23:15)

企业在做微博活动的策划时，需要拿捏的是，最好通过活动的机制来吸引意见领袖的参与，而不是赤裸裸地通过采购自媒体来进行参与。我们也明白用钱买来的加 V 用户转发活动微博，其积极性和产生的效果也是有限的，自发的转发才是我们追求的。企业可以按照活动的节奏，有计划地安排意见领袖加入转发，引发风潮，但不可本末倒置。

我们可以看到，活动已经获得超过 19 000 条的转发与评论，在微博注意力高度分散下，已实属不易。据百伯团队反馈，活动获得超过 10 000 000 次粉丝曝光，众多意见领袖账户参与转发（加 V 用户、草根意见领袖等），活动网页访问量也超过 200 000 次。

2. 平台活动，全网互动

新浪微博是其活动的中心平台，但是在开心网、BBS 等平台上也有众多百伯的目标客户。为此我们看到，他们通过在 200 家核心、专业的论坛上进行宣传，在开心网上采取转帖、投票等方式吸引注意力，形成全网联动态势。

互联网让基于线下关系的连接更具有便捷性和可能性，可以通过合适的话题和连接关系，助推人群沟通，企业在连接中得以传播。

直播平台，通过打赏行为连接关系

直播平台打赏运行取决于道具系统的变现效率。在传统秀场里，大量的打赏动作其实是通过道具完成的。花样繁多的道具背后，其本质就是打赏。我们花人民币买了平台上的虚拟货币，然后用这种货币购买不同的道具并（同时）打赏给主播，最终，我们的人民币会按一定的比例给到主播。

在网络空间的环境下，打赏的道具只是个连接，通过给不同的道具标价，一个主播和用户之间就可以更好地连接。观众不同的心情，在直播平台上通过不同的打赏来表达。为此各家平台的交互界面上，道具系统越来越复杂，也更加多元化，这从另外一个角度支撑了直播的红火。

映客平台的打赏连接道具如下：

映客	映币：1元人民币=10映币
1映币	小花、西瓜、黄瓜、蘑菇、啤酒、足球
2映币	荧光棒、电风扇、香蕉、干杯、手枪
3映币	鞭子
5映币	冰激凌、抱抱、狗、气球、药丸、爱心巧克力
10映币	玫瑰花、巧克力蛋糕
33映币	吻
88映币	爱心钻石
199映币	戒指
500映币	小红包
1200映币	跑车
3000映币	红包、飞机、红色跑车
6666映币	爱心验货、豪华跑车
13140映币	游艇

陌陌上打赏连接道具如下：

陌陌	星币：1 元人民币 =10 星币
1 星币	西瓜、小哈你、掌声、干杯
19 星币	么么哒、我爱你、再来一首、巧克力蛋糕
99 星币	大哈你、金话筒
199 星币	吉他
399 星币	马哈鱼飞艇
520 星币	皇冠、香水
999 星币	熊子奖杯、豪车
2999 星币	超级哈你
6999 星币	游艇
18888 星币	爱心火箭

花椒上的打赏连接道具如下：

花椒	花椒豆：1 元人民币 =7 花椒豆
1 豆	青春之星
2 豆	我喜欢你，该吃药了，花椒宝宝
10 豆	女神权杖
88 豆	吻
99 豆	么么哒
100 豆	肥皂掉了
161 豆	红领巾
166 豆	礼物盒
188 豆	忍者神龟、巧克力、化妆水
200 豆	梦幻蝴蝶
288 豆	棉花糖
350 豆	小蜜蜂
499 豆	壁咚
520 豆	心动
888 豆	玫瑰花盒
1314 豆	女神钻戒
1666 豆	活力之星
1888 豆	我爱你

（续）

2999 豆	钻石项链
3333 豆	兰博基尼
3344 豆	生生世世
6888 豆	布加迪
8888 豆	湾流、带你飞
19999 豆	蓝色妖姬

案例点评：直播平台会通过免费区来活跃气氛，加强主播和观众之间连接的频率。低价位的礼物通常来说非常丰富，主要目的其实是引诱观众进行第一次的充钱动作。不同的打赏道具会触摸到你打赏背后的各种心理连接的需求。

第 5 节　引爆社群下的中心节点与意见领袖

网络分布形态常见的有泊松分布与幂律分布两种。泊松分布是基于随机网络的，大部分的连接数会大致相同，各节点的连接数较为平均，虽然还是会有数量上的差异，但差距并不大，整体来说比较平等。幂律分布网络（也被称为无标度网络）节点间会出现重要程度的差异分别。幂律分布表现了一种很强的不平等性。下图左边是典型的泊松分布，右边是幂律分布的表达。

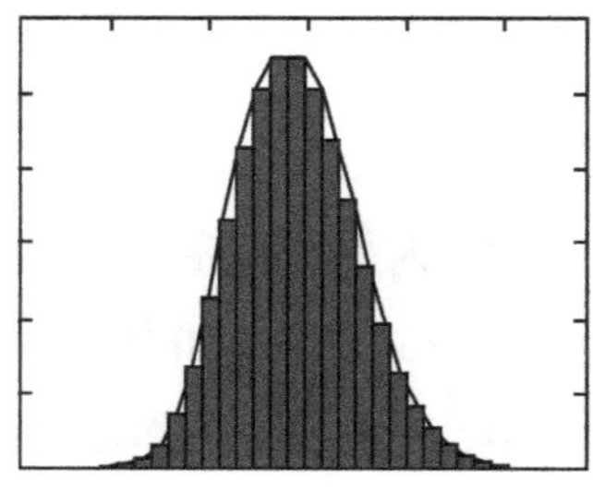

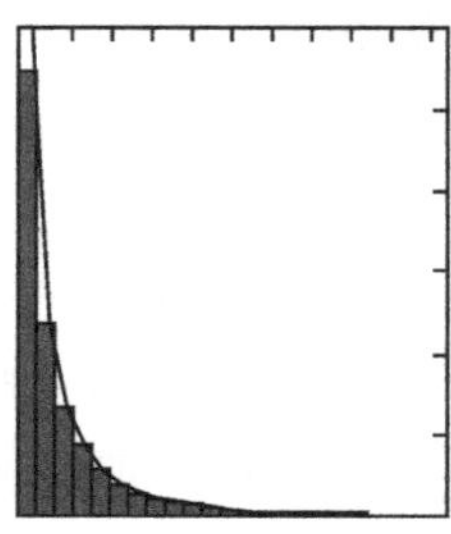

找到中心节点是引爆的关键

近年来由于社会化媒体的兴起，关于社会网络分析的话题备受关注。社会网络通过节点和链接来描述，在大部分复杂网络中都存在中心节点，这也成为这个广泛联系的世界的基本特性。中心节点是网络中的基本组成部分，它们保证了网络的高可靠性，使网络呈现小世界的特点。互联网也被一些高度链接的中心节点主导。中心节点的存在虽颠覆了互联网空间是平等的乌托邦式的幻想，但从另外一个角度保证了互联网信息的高可靠性。

格拉德威尔的《引爆点》也关注中心节点在传播中的应用。他认为在每一个阶层的人当中，都有一部分特别善于交际的人；他们是社会的连接者（连接者是社会网络中极端重要的部分），他们创造趋势与时尚，引领消费潮流，让信息更快渗透到网络中；他们也是群组的连接者，把不同种族、不同教育背景、不同家庭背景的人联系在一起。

“中心节点”在社会网络中受到重视，在营销传播中的应用也具有很重要的意义。目前，互联网正在从之前以内容为中心，转到以人为中心的世界。数千年的人类社交、部落文化被搬到互联网上。如果不采用大众消费品的覆盖传播，而是分众的市场传播，那么最重要的事就变为摸清楚人群中的中心节点群，从而更好地渗透到目标客户中进行传播覆盖。

网民的社交网络圈子是什么样的？大部分人拥有互不重叠的独立朋友群体，每个人都以独一无二的方式和多个群体串联在一起。举例来说，你有小学同学、大学同学、单位同事，你是世界上唯一和这几群人串联在一起的人。如果有信息想从这个群体传到另一个群体，信息一定会经过你这个连接者（信息的流动是从一个群体经过连接传导到另外一个群体）。4C 传播中特别强调的 Connection 就是要关注社会网络中的中心节点及其他节点。在特定的圈子网络中，节点所处的位置将决定其在信息传播路径上能够发挥作用的大小。当节点处在网络的末端或者狭隘的边角时，它只能成为信息的接受者或亚文化节点，引爆全网的能力较弱。

当我们思考如何让信息更好地扩散时，就要求考虑这些群体间传递的方式，即如何通过串联的方式连接这些独特的中心节点。信息设计时应更聚焦中小型社群，而不过分依赖特别有影响力的节点。节点的魅力在于其活动能力，即覆盖到的节点数，动用大的中心节点犹如购买媒体进行定向广播，只不过换了个名词叫“自媒体”，表现形式就是微博的大账号、专栏作者等。

艾滋病毒传播的中心节点效应

1981 年 5 月，美国纽约、旧金山和洛杉矶地区的医生诊断出第一批患有艾滋病的美国人。他们发现所有的艾滋病患者都是年轻的男性同性恋，而且住在洛杉矶的 19 个病人和住在旧金山、纽约等地的 21 个病人有性关系。显然，通过这些结论可以判断出病毒是从一个人传播到另外一个人，在人群中裂变。

美国疾病监控和预防中心的研究者在这 40 个艾滋病患者中，找出了该病毒扩散过程中发挥至关重要的人，并将其称为“0 号病人”。“0 号病人”在 1979 年到 1981 年之间，与 72 个男性有性关系，而这 72 个男性中有 8 个属于早期的艾滋病患者。“0 号病人”更为重要的特征是，他是洛杉矶地区和纽约地区艾滋病患者的“中心节点”，直接加速了艾滋病毒在两个城市的蔓延。

“0 号病人”的真实姓名是加顿·杜加斯，他是加拿大航空公司的一名航空服务人员，外表俊俏，跨地区传播了病毒。研究人员对 40 人的传播路径进行了分析，“0 号病人”感染了艾滋病毒，首期传染 8 个病人，然后这 8 个病人又与超过 8 个人连接，引发中心节点的连接效应。这些初期感染的人往往也是一个个中心节点，如果首期感染者传播的链条没有继续传导下去，病毒的影响面就会局限在这几个人中，但这仅仅是个理想。

案例点评：中心节点是群体间传播的关键点，信息扩散传播通过中心节点可以很快渗透到群体中，引发指数级的裂变。我们无法准确描绘人群的社会网络，但可以通过抓住传播关键路径，即中心节点来加速信息的传播。连接营销的思路就是要找对人，引爆人群。那么你的企业产品是不是可以？

给定市场的中心节点，如何筛选

从社会网络纯科学的角度来说，中心节点是明确存在的，但是在现实生活中，我们想要立刻拿到明确的中心节点，是不可能的。企业无法获得对目标市场人群网络结构的科学描述，但是可以从中心节点的特征下手，从一个泛化的行为角度去抓取。

南京一位商户想利用微信卖板鸭，刚开始其公众账号没有足够粉丝，为了吸引眼球提高关注度，他们采取的是美女策略，即直接在微信、陌陌等各类聊天工具上寻找粉丝最多的南京女孩，然后请这些姑娘帮忙宣传，当群建到一定规模以后，就号召粉丝关注其公共账号，如此便完成了原始粉丝的积累。这些女孩也是城市在线社交网络的中心节点。

新药扩散的核心群体

新的医学试剂投放区域市场，应该如何引爆医生这个圈子呢？大众传播或略微明智些的窄众选择（医生期刊）都存在一个现象，这个药的广告飘在云端，医生无法切身感知。科尔曼研究了四环素在内科医生中扩散的过程，发现中心节点在信息传播中发挥了重要的承上启下的作用。

人际关系广泛的医生具有更强的创新精神，在他们之间，四环素的传播及采用具有快速滚雪球效应。人际关系广泛的医生在谈资中会聊到四环素的临床效果，这样早期就会有更多的采纳者采用，带动周围的同事讨论使用。不到几个月，几乎所有人际关系广泛的医生都采用了新药。

研究发现，具备以下属性或行为的医生在四环素新品信息推广中起到中心节点的作用。

（1）相对频繁地出席医院的职工大会。

（2）与一个或多个医生共用办公室。

（3）被其他医生称为信息来源和建议的提供者。

（4）经常与同事一起讨论有关病例。

（5）被其他众多医生称为好友。

具有较多的社会连接的医生往往较早采用了新药剂，而那些在同事中人际关系不太广的医生，较晚才采用新药剂。药剂在相对孤立的医生之间的传播没有发生雪球效应。相对封闭的医生与同行接触少。

由此我们可以解析新药的传播过程，当新药发展尚不明确而医生又要做出是否采纳新药的决策时，客观环境并没有明显的迹象证明药剂的好处，医生通常会从同事那里寻求相关的信息。这个时候信息的论证就尤为重要，人际关系间的信息与大众传播信息的可信度是数量级的差距。

如果在营销推广中没有找准核心群体，也没有触动中心节点人群的讨论，想引爆特定的人群几乎是不可能的。

案例点评：四环素通过在新品推广中启用中心节点的影响力来获得销售渗透。碍于新药品试用存在风险，在做是否采纳新药的决策时，医生通常会从同事那里寻求相关的信息。具有较多社会连接的医生往往较早采用了新药剂，企业营销努力的方向就是让有影响力的中心节点医生采用，引发口碑传播，获得既定流行的事实。

拉斯维加斯新建了一家规模宏大、豪华的酒店娱乐场。当经营者在思考如何通过中心节点来宣传时，在尝试了多种方式后发现，最终发现城市的出租车司机才是这家酒店最为重要的中心节点。其中的理由很简单，酒店的特性（特色）让出租车司机有话题和旅游者交流。酒店开业之前，酒店就专门为这群有影响力的中心节点群体提供了免费的住宿，并安排他们参观体验。

对于这样一个外来人口较多的城市，出租车司机会与对人们谈论的酒店肯定他们认可、体验过且有特色的。另外能与出租车司机谈论这个话题的群体一般都是酒店的核心客户。讨论的场景也是一个重要的节点，谈论的内容当然就是酒店的特色。这个案例完美诠释了 4C 的传播实践。

卡西欧聚焦特定专业圈子，各个击破

卡西欧 G-SHOCK 利用专业人士打入专业圈子，赢得特定圈子人群。凭借这种策略，该品牌用相对较少的投入达到了精准营销的

目的，并赢得一批死忠粉。

意见领袖：胡浩亮、谢文凯、琉璃等小众专业领袖。

合作目的：利用专业小众意见领袖攻克特定粉丝圈。尝试的不是签约一个大众明星，而是将钱拆分，签约一批不为大众所知的潮流领袖，如胡浩亮、谢文凯、琉璃等。

G-SHOCK是一个外形和功能“反传统”的腕表系列，电子、厚重、笨拙。其卖点是多功能、坚固、可靠以及针对性的硬、酷、个性。虽然G-SHOCK明确“音乐、时尚、运动、潮流”是它们锁定的四个方向，但是坦率来讲，这几个方向是无数潮牌争夺的焦点。

G-SHOCK的做法是“精准”，然后深入！例如，与最有代表性的人深度合作，让最有代表性的人物先成为G-SHOCK的粉丝，然后再去影响他的粉丝。事实证明，G-SHOCK的粉丝的顾客忠诚度和重复购买率都非常高。

有一个典型的例子是G-SHOCK与ERIC HAZE——著名涂鸦大师的合作。涂鸦是个小众圈子；关注涂鸦艺术的人群非常个性，与G-SHOCK希望的受众契合。在合作之前，涂鸦艺术圈的人对其品牌并不了解。但通过与ERIC HAZE的合作，双方共同设计了25周年logo，ERIC HAZE把G-SHOCK带入了涂鸦圈，开拓了一个小众受众市场，让许多涂鸦人成为每年十几甚至几十块购表的死忠。同时，通过涂鸦这种个性表达，G-SHOCK品牌精神多了一个角度。

以街头运动为例，G-SHOCK希望找到一个专业小轮车选手作为意见领袖，他们会征集一些圈子里专家级别的人士作为评委，列一个单子，有四五个人备选。然后品牌会考虑这四五个人不同的长处，如职业前景、个性、配合度、受众认知度等，最后选择综合指数最高的人进行合作。

Stevie Williams——国际职业街头滑板运动家，绰号“魔术师”。通过与他的合作，G-SHOCK 加强了与整个滑板界的合作，甚至渗透到产品层面，为滑板品牌 DGK 推出限量版。同时，也使产品本身进入了一个新的领域，发展了新的关系。这就绝不是肤浅的、代言人和产品站着一起拍照那么简单。

在欧美市场，G-SHOCK 选择的明星中有嘻哈天王、痞子阿姆、这样的知名“非小众”人士，因为嘻哈文化、街头运动在欧美已经成为主流文化的一种，并将影响扩展到全世界，使选择面更广。面对这种“主流”、可选范围广的明星备选，G-SHOCK 强调一定是先佩戴、先热爱，再合作（这样与明星的契合度最高）。

在亚洲市场，特别是中国，G-SHOCK 选择的更多是小众明星，因为嘻哈、街舞、滑板、极限运动等并非主流文化。在中国的这些小众圈子中，一定也有它的潮流意见领袖，或者说最能让其他玩家服气、水准最高、最能代表大家去发言、最能影响其他人的人。G-SHOCK 要影响的，就是这样一群人。

显而易见，签约小众意见领袖的代言费用远小于大众明星。不过 G-SHOCK 表示他们签约明星后，围绕该项目的宣传、合作费用远大于签约费用。同时，G-SHOCK 会把钱拆分开，在不同领域分别签署一些潮流意见领袖，并分别做周边宣传。

案例点评：G-SHOCK 案例的成功之处在于利用专业小众意见领袖攻克特定粉丝圈。执行的路线图是：通过与有代表性的人深度合作，让他们先成为 G-SHOCK 的粉丝，然后再去影响他的粉丝。

美国有一个超市叫好市多，这个超市卖的货物毛利率极低，几乎不赚钱，比如一个新秀丽的箱子只要不到 1000 美金。但是想要在它那儿买东西就必须成为会员，可见，用会员费做投资才是好市多的利润来源。所以对商家来讲，过去是经营实物，现在是经营用户，实物只是手段，用户才是资产。

连接思维，意见领袖行为学与价值

中心节点与意见领袖的异同：中心节点描述的是社会网络连接中单纯的连接点位置。从数学图谱的角度看，其处于节点连接处，但是对于社会网络群体的影响力则没法衡量。可以说，有时候虽然是中心节点，但是不具有软实力的影响。意见领袖，不只处于社会网络的关键位置，而且会对社会网络中的个体有相对的影响力。

当我们为了取得很好的传播效率时，常常会邀请意见领袖参与，相当于特定人群中心节点影响力的商业应用。美国哥伦比亚大学的传播学者拉扎斯菲尔德提出了“意见领袖”的概念，他认为：对于媒介所传播的信息和观点，有部分受众会积极接受，并加以再传播，这些人即为“意见领袖”；而另一部分人则主要依靠与这些“意见领袖”接触来指导自己的行动。垂直领域意见领袖的参与可以起到信息快速传播的作用。如果营销预算充足，则可以囊括领域大部分的意见领袖，这样对于普通的社群受众而言将起到信息冲击和加深印象的作用。利用意见领袖相当于向大海中投入大石头，涟漪散开。

在网络空间，意见领袖通常是积极活跃的信息提供者和观点表达者。意见领袖作为信息把关人，常常为社群中的其他成员提供信息或建议。海外研究者通过对谷歌社区 16 个讨论组中 3 万多名成员在 2 年中发布的 60 多万条信息进行自动文本分析和社会网络分析，发现网络意见领袖是社区中那些积极活跃的发言者，是具有真知灼见的思想者。他们在网络社区中的发言常常能够产生反馈、激发讨论和对话，甚至能够影响其他社区成员讨论某一话题。

跳吧 App 就通过意见领袖收获了大量精准粉丝。跳吧 App 在初期推广时，运营人员通过微博、QQ 群、微信，以及口碑传播，把这些舞蹈达人聚到一起，形成一个活跃的社区，并邀请他们首先使用 App，不断优化产品以满足意见领袖们的使用需求。这些意见领袖们可以通过 App 分享舞蹈生涯中的点点滴滴，结识很多兴趣相投的人。最终把 App 推荐给舞蹈学校的学生、学校社团、各大舞团等，为跳吧带来了大量的用户。

意见领袖积极的传播行为，能够吸引更多的新用户加入网络社

区。意见领袖在网络社区的活跃度是其影响力的重要表现。成功的意见领袖不仅会积极参与网络社区讨论，也会动员其他成员参与讨论，建立社区认同感。意见领袖通常在他们的社会网络中占据更中心的位置，与更多的社区或组织成员相连接。这一中心位置有助于提高他们的地位，扩大他们的声望，增加他们的影响力。

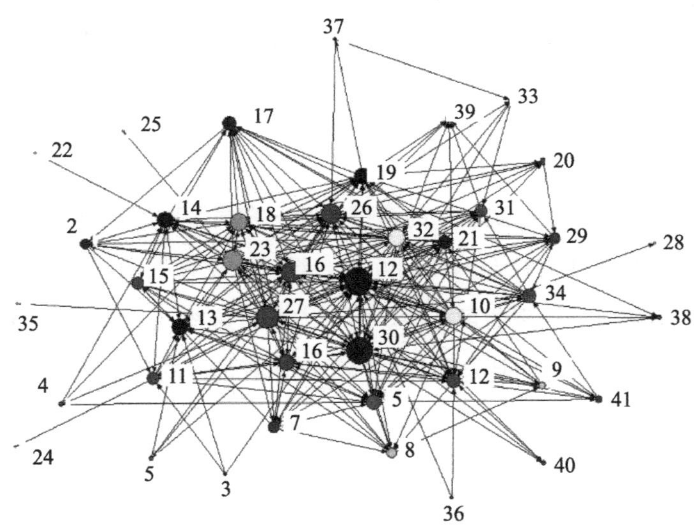

通常来说，人们通过社交来获取信息和建立关系，更多地参与社交活动能够增加影响他人的范围和潜力。意见领袖不仅处于他们所在网络的中心，通常还处于多个社会网络中，有很多朋友和熟人，能够连接多个社会网络。

意见领袖的角色是非常重要的，当有意见领袖设置议程、推动讨论，并使讨论能够围绕目标进行的时候，社会网络通常也更为繁荣和成功。网络空间的意见领袖常常通过制造或激发某一特定主题的对话来设置议程，甚至能够影响人们讨论某一特定话题的方式和框架。网络意见领袖通过频繁的社区交流，提供专业、可信的信息，以自信、有力、充满感情色彩的语言来吸引追随者并产生影响。

意见领袖连接力量体现在：

（1）**意见领袖是被假定为对于特定专业问题、社会议题，更有可能被他人作为寻求信息或者解决问题的可靠来源。**传统意义上的意见领袖是媒体及信息的积极消费者，也承担对所掌握信息进行解读的职责。

（2）**作为“过滤器”的意见领袖一方面面对的是终端受众，**方便了传统媒体与社会网络的互动。经过意见领袖的“过滤”，初步降低虚假信息出现的可能性。另一方面，这些“过滤器”通过海量的信息搜索，将对特定的社会网络群体有价值的信息加以连接或者放大。

（3）**作为信息传递者的意见领袖在新环境下的效果是非常显著的。**例如，在微博时代，信息通过意见领袖的转发，往往可能引发接下来更多的扩散行为。意见领袖参与信息传递后，可以加速信息在特定人群扩散，达到指数级效应以触摸到“大众”。在线社交网络赋予新环境中的信息扩散路径，客观上使意见领袖成为信息传播中的重要节点。

Faceu软件借助意见领袖迅速引爆

Faceu 在进行产品分析时，发现自己的用户群主力是 90 后、00 后的年轻女性，典型群体画像是：跟随流行，喜欢娱乐。Faceu

在进行初期推广，就优先想到了明星意见领袖。在批量收集资料后，Faceu 筛选出于朦胧和李维嘉两人，因为于朦胧主演的《太子妃升职记》正在热播，稳居话题榜榜首，而湖南卫视的粉丝基本面也是产品的目标用户。最终，Faceu 策划“全民吐彩虹”话题，通过短短 4 天的推送就达到了 8 000 万阅读量。Faceu App，顺利登上了苹果免费榜的首位。

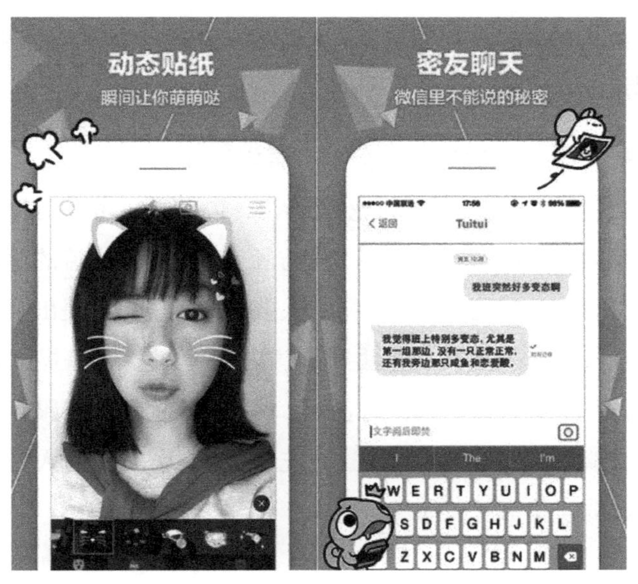

案例点评：意见领袖选择得好，可加速信息在特定人群扩散，达到指数级效应。Faceu 从社群集中关注的意见领袖分析，筛选出了朦胧和李维嘉。

筛选意见领袖的 4 种方法

评估意见领袖主要有四种方法：社会测量法、受访者评级、自我认定法和观察法。

1. 社会测量法

这个方法会访问受访者以了解面对一项创新时他们会向“谁”寻求有关的信息。结果表明，意见领袖就是选票最高的成员。社会测量法是评估意见领袖的有效方法，因为它是通过搜集跟随者意见来完成的。但是，为了确定少数意见领袖的名单，必须访问大量的受访者。因此，社会测量法只有在社会网络全体（或大部分）成员都能提供资料时，才比较可行；如果只接触到小部分的抽样民众，这项测量技术就无法进行。

一般来说，在访问时，会提示希望统计的伙伴的人数，如在 VR/AR 你会找哪几位朋友讨论 VR/AR，以获得思考及支持？这些设定数目的选择性问题，会引导受访者只提出有意交流的伙伴。或许社会测量法的问题，不应该限定人数，应让受访者提出对自己有帮助的所有人选。另一个方法则是“花名册法”，就是提供每一个受访者体系中所有其他成员的名单，然后再询问对方，跟其中的哪些人有交谈以及交谈的频率。这个花名册法的好处是对人际关系的强连接和弱连接都可以衡量。

2. 受访者评级法

这是社会测量法的代替方法，这个方法访问一些对体系人际关系网络熟悉的主要受访者。通常只要少数几个受访者，就能确定体系中的意见领袖，其精确度几乎和社会测量法无异，特别是当体系较小，而那些主要受访者对体系又很熟悉时，效果更为显著。

3. 自我认定法

自我认定法是指询问受访者认为体系中其他成员会怎样看待他的影响力。在自我认定法中一个最具代表性的问题是：你个人认为一般人倾向于向你请教有关创新的信息和建议，还是更倾向于向其他人请教？自我认定法非常依赖受访者本身是否能准确判断和陈述自己的形象。这项评估意见领袖的方法，对于随机抽样的调查受访者特别有效。

4. 观察法

意见领袖可以通过观察法来测量。观察法的一大优点是搜集的数据通常都很有效。如果对人际传播网络观察方法得体，传播行为的发生会很明确。而且观察法特别适合应用于较小的体系，当人际传播发生时，观察者很容易实际观察和记录。然而，小体系里的观察法，观察的动作可能是侵入式的，因为体系成员知道自己在被观察中，他们可能采取不一样的行动。此外，如果观察的扩散沟通出现的概率很小，观察者就必须要有耐心。

评量方法	说明	代表性问题	优点	缺点
社会测量法	询问体系成员会向谁寻求相关产品的信息和建议	谁是你的意见领袖？	社会测量法问题较易设计，而且也广泛适用于不同类型议题，同时拥有高度正确性	资料数据分析较复杂；需要大量受访者才能挑选出少量意见领袖；不适用于抽样调查
受访者评级法	询问一些主观选择体系的重要受访者，请他们推荐意见领袖人选	谁是这个体系的意见领袖？	较社会测量法节省成本和时间	只访问一部分社会体系成员；每一位受访者都必须对体系相当熟悉

（续）

评量方法	说明	代表性问题	优点	缺点
自我认定法	询问受访者一系列问题，测试其是否自认为是体系中一位具有影响力的意见领袖	在体系里你是一位意见领袖吗？	测量个人对自己是否是一位意见领袖的认知程度，有助于了解他在体系中的影响力	必须依赖受访者本身，能准确判断和记录自己的形象
观察法	判断、记录并分析发生的一切沟通行为		高有效性	有点强人所难；较适合于较小的体系，同时观察者必须很有耐心

举例观察法，在 EM · 罗杰斯《创新的扩散》中讲述了一个典型的案例：在美国四大城市同性恋酒吧进行的介入式艾滋病预防的随机对照实验研究中，酒保被训练如何观察在酒吧的顾客里，哪些人是意见领袖，并逐一记下这些受同性恋伙伴欢迎的人的姓名，观察时间为 10 天。判断的标准是：如果这个人既受到他人欢迎，同时自己也和别人打成一片，就是可能的人选。每一个酒吧都配有几位酒保，各自独立观察。当一个人的名字同时出现在几个酒保的名单上时，便认定这人为意见领袖（他们占酒吧顾客的 8%）。抓住这些意见领袖，开展接受艾滋病预防、安全性行为的训练，同时也发一枚徽章让他们佩戴，这样做是为了引起朋友们的注意。都市男同性恋酒吧的特殊性质，为社群传播提供了一个特别有利的环境。

九阳面条机巧妙撬动意见领袖

九阳在开发了面条机后，其推向市场的方法一改以往传统广告轰炸、新闻公关的公式，而是精心设计人与人的连接传播活动来撬动新品进入市场。

面条机首发的前一周，关于九阳面条机的微博已经吸引了上万名妈妈级粉丝的关注。正为宝宝辅食发愁的妈妈粉丝，是九阳面条机最精准的用户。然而，问题的关键是，九阳是如何找到这些正处于哺乳期妈妈的？

80 后的新生妈妈在育儿过程中，有自己的想法，她们不遵从老一辈的经验，而会特别关注微博上一些育儿达人的微博。育儿达人会将自己宝宝出生后，每一天事无巨细地写到 2 岁多。

所以，第一步是要找到这些隐藏在社群中也具备影响力的意见达人。例如“@宝贝吃起来”是一个专门教人怎么给宝宝制作辅食的资深育儿专家，她不仅总结了各种关于辅食添加过程中的科学知识，还录制了各种辅食制作的视频，粉丝的活跃性极高。

为此九阳通过 @宝贝吃起来，提供 50 台面条机给粉丝中的年轻妈妈试用，并请妈妈们在试用后上传各种充满创意的宝宝面条制作食谱。这些意见达人有几个共同的特征：专注母婴领域，粉丝在 30 万左右，草根意见领袖，有号召力却不像最热门的美食达人文怡、胖星等人那么火爆抢手，因此这些达人妈妈更草根、更易于亲近，对普通网友更具实际操作和模仿意义。

在完成与 50 位意见达人的沟通后，这些育儿意见达人开始陆续在微博上晒自己的面条机体验以及各式创意面条。当天这 50 名

意见达人每个人都发了三条微博，每条微博的转发量和评论都在100以上，还有大量粉丝留言询问哪里能购买面条机。而妈妈达人们不仅发试用微博，还会告诉粉丝，这款九阳的面条机现在还在试用阶段，几天后会首发，并给有购买需求的网友留下九阳面条机电子商务的购买链接。通过这样的努力就把营销活动做到了销售，完成了闭环。

我们可以看到九阳选择的50个意见达人是在社交媒体上对核心消费者最有影响力的。他们采取的方法是用人工的办法选择、评估和查看候选意见达人的微博内容质量、粉丝质量、粉丝活跃度、转发真实性，等等，这花了团队很多的时间和精力去遴选和甄别。随着数字营销的技术化，企业可以通过第三方的数据监测和分析工具来更精准地找到真正有影响力的意见领袖和我们的目标用户。

这样一次成功的营销推广，活动费用是多少呢？据九阳相关人员透露，意见达人相关的经费合计不到10万元。但不到10万元的投入，九阳就借助在新浪微博上的营销卖出了4000多台面条机，实现了300多万元的销售额，并且在微博和百度上形成了“面条机”的热搜和话题，信息的覆盖从母婴群体，扩展到了美食、健康养生等领域。

案例点评：我们看到九阳巧妙地应用行业的意见达人，引爆销售的案例。九阳并不是直接寻找大V及明星，而是选择和产品消费者相关联的垂直领域有影响力的达人，直接引发小圈子的购买冲动。

寻找那些讨论我们的人，更加接地气

通过传统媒体或者自媒体大V的影响是广而告之，流行的秘密需要群众基础，当互联网上各个很小的细胞或群体都在讨论的时候，就具备了流行的条件。人与人之间的传播，有 2 个思考体系：第 1 种是利用既有的讨论者；第 2 种是寻找有影响力的人，让他们帮助我们进行传播。

寻找有影响力的意见领袖或中心节点的思维是一种策略性的打法，具有操作的规模性和快速直达效应。例如，通过草根意见领袖或名人资源来转发或者扩散相关信息的方法。针对意见领袖，如果仅通过钱来买通他们转发或者参与讨论，效果就会大打折扣。许多企业为了获得意见领袖的传播，会转而从隐形收买的角度下手，以感化或刺激意见领袖。例如，笔者就经常收到出版社送来的新书赠品，明眼人也知道出版商背后的潜台词，即为新书获得推荐或评论。

互联网经济就是草根经济，只有草根开始讨论，才是真正的流行。对于企业来说，将人与人的连接传播应用到日常工作中的核心是找到那些讨论我们的人。这样的人有：

（1）现有的客户。

（2）网上发表评论的人。

（3）社交网络的粉丝。

（4）邮件订阅的人。

经过研究发现，讨论企业最多、最为集中的是那些初次购买产品的新客户。第一次购买是人与人连接传播的出入口。去一家新的餐厅，它的服务或特色给你留下深刻的印象，第二天你会向家人、同事和朋友推荐这家餐厅，移动互联时代的工具让我们可以在那一刻进行拍照分享。但是在一个月后，所有的一切体验会随着时间的推移而逐渐遗忘，如果你经常去一家餐厅，会因为你已经熟悉它而想不起来要向你的朋友推荐。

实践点拨

想获得更好的传播效果，我们应该抓住第一次消费的客户。策划针对第一次到店服务的系统的刺激方案，引导他们在得到满意服务后的扩散。

愉悦的客户是最为常见的一种讨论者。他们对你的服务非常满意，以至于他们希望所有人都同你做生意。这样的客户很乐意向朋友来推荐、讨论你，当有人询问相关领域的业务时，他们会第一时间推荐你。这些人的表征有：

（1）频频光顾的回头客。

（2）知道员工姓名的客户。

（3）填写评论反馈卡的人。

（4）网络上提交建议的人。

（5）给企业发送电子邮件的人。

当他们认为与你的关系密切时，就会变现出与普通消费者不同的行为。当然，如果企业愉悦客户稀少，那么改善服务与产品才是本质。

狂热的追捧者与沉迷者就是当下流行的“粉丝经济”。微信、微博在企业的应用，不只是发布信息的平台，更多是将粉丝聚集起来，通过一系列活动刺激他们，形成稳定的部落，引发他们的参与并热烈讨论。网络上的评论者也是我们需要关注的，通过搜索引擎或品牌监测软件对互联网上的言语进行监控，给出合理的解答和互动，获得更多的传播。小米的员工全员参与到小米社区、微博、微信、BBS、贴吧等互联网平台上去回复用户的问题，进行互动，长期的积累获得雄厚的口碑资本。

我们需要识别优秀的讨论者，充分调动刺激优秀的讨论者。优秀讨论者的特征有：有激情、可信度高、具有广泛连接。激情是讨论者是否热爱产品，或者是否满怀激情地推荐相关内容，例如美食家会不停地向朋友或者网友推荐新品或餐饮问题。可信度是考虑讨论者的传播效果问题，如果他们具有特定的专业性或能力，可起到很好的扩散效应。寻找优质的讨论者和之前讨论的中心节点类似，我们需要考虑广泛连接的问题。

识别到优秀的讨论者，需要我们精心呵护。

第 6 节　引爆社群背后的社会动力学和传播动力学

从传播动力学的角度，我们经常将注意力放在传播者及其是否努力上，而对信息受众的结构及行为研究较少。受众的接纳门槛是指其对信息的排斥及反应程度的描述，接纳门槛高，意味着其对信息的信任度挑剔及传播主动性弱。

人们在接纳不同的信息时会有较大差异。新的信息传播比较容易影响那些接纳门槛比较低的人。信息传播的真正原因是让许多人拥有较低的接纳门槛。当我们看到被我们视为可信赖的人，如家人、朋友，接纳了模式，我们的接纳门槛就会降低。之所以关注朋友的口碑推荐，其本质就是在降低接纳门槛，让信息更容易进入消费者的内心。

从社会动力学和传播动力学看连接

个体的行为方式常常受到周围群体的行为影响，要想引爆群体，“临界大多数”[⊖] 是引爆的临界点。格兰诺维特曾通过下面这个生动的案例来解读个人门槛和系统临界大多数之间的关系：假设一个广场上有 100 人来回转悠，准备发生暴动。如果一个人的门槛是 0，一个人的门槛是 1，一个人的门槛是 2，以此类推，最后一个人的门槛为 99。从裂变的角度可能会看到多米诺骨牌效应的发生。门槛为 0 的人作为暴动的煽动者，开始砸玻璃，他的举动立马会引起门槛为 1 的家伙参与暴乱行为，门槛是 2 的家伙看到已经有 2 个人开始了，他也会参与行动。最后，本来只是看看并没有想参与的群体都被卷入进来。

我们来分析上面这个暴乱的裂变过程，如何卡位关键的节点以避免这次暴乱的发生？其实很简单，将群体接受门槛为 1 的人换成一个接纳门槛为 2 及以上的人，就不会出现多米诺骨牌效应。当第一个人开始做出砸玻璃等行为时，其他人的接纳门槛还没有到达那

⊖ 临界大多数：指的是系统存在一个数值，当群体激活人数跨越它，系统将引爆，反之系统处于稳定状态。

个度就不会被点燃，最终这个“星星之火”就被灭掉。邓肯瓦茨也曾经撰文优化新产品引爆的规律，其关注的点不仅仅是用户具有较低的门槛，还要关注相互连接的群体人数。具有更多连接的社群节点，将更具备稳定性，而连接较少、社群互动较少的节点，将更易被引爆，因为其简单。

例如，假设节点有 3 个紧密联系的人，其中一个是活跃的。单个节点占 A 的所有联系节点的 1/3，而节点 B 如果是同样的门槛，其中一个是活跃的，其只占到 B 的节点的 1/4。拥有更多连接的朋友在做出决策时会征求更多人的意见，这样的节点在引爆中就处于比较稳定的状态。在特定群体中，如果其连接的人较少，或者决策时只征求几个人的意见，这些少数被“引爆”传染的节点对未被激活节点的影响力就会很大。

任何社群都可以理解成复杂系统，每个复杂系统都有弱点，一旦以合适的方式打击关键节点群，系统就会坍塌，人群就会被引爆。

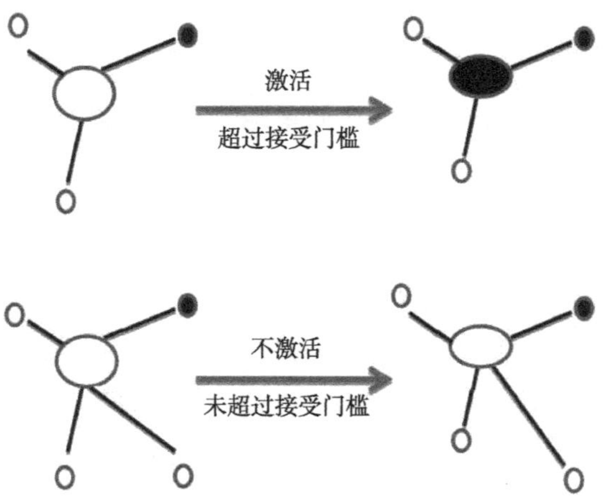

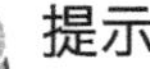

提示

我们在新产品或相关市场活动中，为了引发“引爆平台”的效应，可以通过：

（1）激励早期传播的人或采用者，冲击临界大多数。

（2）补贴容易引爆的群体，防止他们因为不知晓新产品或新事物而错失引爆的机会。

（3）给予更强的传播的动力、话题性、娱乐性。

在社会网络中，传播是一个高度依赖群体状态的过程，个体的接纳门槛表明个体的决策及信息接收容易受到周围人影响的程度。如果中心节点具有高门槛，就会对我们传播的覆盖带来很大的挑战，普通的信息往往在接纳门槛高的节点被卡断，很难继续传播下去。但是对于交互类产品（如电话、传真机等），消费者决定购买决策的接纳门槛将更大程度依附于和他们日常联系中有多少比例的人已经采用新产品，随着比例的提高，接纳门槛也逐渐降低，等达到一定程度就会产生购买。

了解传播网络的结构，比简单地使用意见领袖更有效果。在营销信息的传播中，需要考虑我们发出去的信息在群体中转动的效率，即如何使高门槛和低门槛的接纳者更易接受。故事、视频、漫画的质感会降低接纳门槛，让信息更好地流转起来。通过某个人的朋友介绍、推荐，也可降低接纳门槛，让信息加上线下关系的元素，产生更有效的吸引力，打消受众的怀疑，更迅速地产生行动。

疯传背后的6个原则

沃顿商学院的市场营销教授乔纳·伯杰的《疯传》解读出一切能疯传的事物都遵循6个原则：社交货币、诱因、情绪、公共性、实用价值和故事。

（1）社交货币。能疯传的东西一定具有社交货币的属性。什么是社交货币？就是分享出去之后，能让别人觉得我更优秀的东西，这样的东西大家都愿意分享。例如有一个生产饮料的公司叫斯纳普，他们就利用社交货币为自己做了一次成功的营销。他们在瓶盖里面印了一些反常识的小知识，比如“据说袋鼠可以向后跳跃”“据报道，每个人一生中都平均要花两周的时间等红绿灯”等。这样的小知识既开脑洞，又有趣，只要你买了饮料打开瓶盖就能看见，没买的人就看不到。所以，就会有很多人买了饮料之后把瓶盖的内容分享出去，从而形成了传播。

（2）诱因。这个诱因起到的作用就是激活你的购买欲望，而且大多数情况下你是无意识的。研究的实验发现，超市里放法国音乐的时候，人们买法国红酒的几率高；播放德国音乐的时候，买德国红酒的就多。也就是说，音乐能在无形当中影响商品的销售。在1997年的夏天，玛氏突然发现巧克力条销量猛涨，但是他们并没有做任何市场营销，甚至连促销活动都没有做。后来他们发现，销量突然上涨的原因是当时媒体在大量讨论宇航员能不能登陆火星。火星的英文恰巧和玛氏是同一个词。当媒体铺天盖地报道火星的时候，消费者购买玛氏巧克力条的欲望也被激活了。这就是诱因对事物疯传起到的作用。

（3）高唤醒情绪。高唤醒情绪既包括积极情绪，也包括消极情绪，如敬畏、幽默、兴奋、生气、担忧，这些情绪会自然而然地唤起人们传播、分享的冲动。典型例子就是苏珊大妈。第一次参加英国“达人秀”节目的时候，苏珊就是一个俗气、丰满的家庭主妇，并不是招人喜欢的类型。但是，当苏珊一开口，全场观众都被她的歌声震惊了，并不禁对这个土里土气的家庭主妇心生敬畏。果然，没多久，网上就到处是苏珊大妈的视频。

（4）公共可视性。即必须能在公共场合讨论、看到。这样一来增加了口碑传播的机会，二来有实物还能刺激人们购买。耐克在 2003 年生产了一批黄色的腕带，六个月就卖掉了 500 万条，最终一共卖掉 8 500 万条，销量惊人。这个事件的公共可视性就很强。第一，它背后有个大众乐于传播的故事：环法自行车赛车手兰斯被诊断出得了癌症，只有四成活下去的机会，但是，他不仅战胜了病魔，还重返赛场，连续获得了五届环法自行车赛的冠军，而这个黄腕带正是为他设计的；第二，黄色没有性别限制，而且闪亮耀眼，很容易在大街上形成群体效应，你看到大家都有，你也会想买。所以最终，腕带供不应求，价格甚至一度炒到了原价的 10 倍。

（5）实用性。毋庸置疑，有用的东西大家都爱看，也都爱分享。美国有位名不见经传的农民，他没什么特别，唯一的特点就是只靠吃玉米为生，几乎吃遍了所有玉米能做的食物。网上有一个关于他的视频，点击量超过了 500 万。视频的内容就是教你怎样用 5 分钟毫不费力地去掉玉米上的玉米穗。这个视频是他的儿媳妇给他录的，一放到网上，就成为热点视频，因为实用性很强。

（6）故事。有故事的事件更容易传播。如果你在网上买了一件衣服，没穿几天发现拉链坏了，此时你就会问客服，翻修需要多长时间、多少钱。这时候，一般人都会害怕对方说是自己弄坏的，不在保修范围。但是，如果对方立即表示，没关系，我重新免费寄一套新的给你，而且两天之后，你就收到了这件衣服，那你肯定会对这家店印象特别深刻，也会很乐意与朋友分享这次愉快的购物经历。传播就这样开始了。

案例点评：乔纳·伯杰的《疯传》解读疯传的事物遵循 6 个原则：社交货币、诱因、高唤醒情绪、公共可视性、实用性和故事。乔纳·伯杰关注的话题是社会网络中个体之间的交流传播行为，而 Chip Heath 的《Made to Stick》关注的话题是如何让内容或者信息更具有黏性，黏在用户心上。应该说两位的努力很好地解决了社会网络中内容的黏性以及黏性背后口碑推荐及传播的困惑。

激发和保护传播的动力

营销在人群中传播的动力可分为自发动力和外界动力。自发动力主要源自产品和营销本身，以及传播者自身的一些需求，总结起来包含如下几个方面：

（1）**自豪感。**之所以讨论自豪感，是因为我们会为自己与某个特定产品或品牌相联系而感到自豪和骄傲。我们也会为自己可以帮助大家做选择或解决问题而感到自豪。自豪感是营销传播中的重要动因。

（2）**分享感。**人们喜欢讨论、传播，也因为他们乐于分享自己的选择、信息、观点。在移动互联网 App 初期，有朋友安装了

“我查查”应用，他发现只需要手机扫描商品的条形码就可以看到价格（分别列有几家超市、电商平台），随后便迫不及待地给大家推荐、展示，但是“我查查”软件并没有付给他任何好处，这就是分享的动力在作怪。

Waze是一个基于GPS导航系统的人人共享应用，能使你综合考虑以往和实时的旅行状态及“Waze人”的旅行选择，来决定从一点到达另一点的最佳路线。Waze于2008年发布，目前已拥有5000万名活跃用户，为13个国家提供服务。Waze和Waze的用户之间并没有金钱交易。应用是免费的，使用的条款很明确，你所在的位置和行驶速度将会帮助别人计算出旅行的速度和最佳路线。此外，Waze添加了游戏机制：通过添加自己旅行中的信息，标记出旅途中的路障、警察局、封闭的路线以及其他突发情况，用户就能够赢得积分并提高等级。目前，在Waze社区中，司机们贡献出了上百万条实时信息，使Waze成功击败了其他导航系统应用。

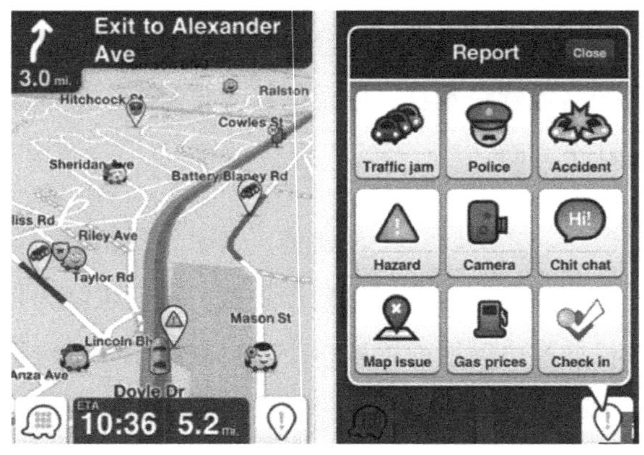

（3）**寻找共识**。产品和服务也是社交建立关系纽带的办法。喜欢用黑莓手机和喜欢用苹果手机的人群聊到移动终端时，会将直接交流，而不是循问各种情况或所用机型。消费者讨论产品选择及特色也是在寻找共识的过程。

（4）**帮助与教育**。许多消费者愿意参与口碑及信息传播，是因为他们要去帮助其他人做出一个好的决定。例如，在帮宝适建立的 BabyCenter 中聚集了一群妈妈，针对其中一个问题，会有 159 个人进行评论、帮助，其浏览者达到 2264 个，可见这群妈妈们在互相帮助和教育上的热情。

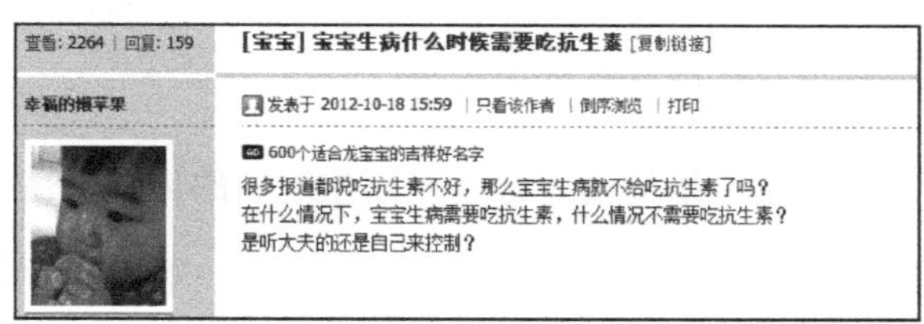

对于企业来说，最想看到的是消费者之间进行口碑传播（自传播，即前面提到的连接传播），这样营销的效果才会更好。企业不仅要激发用户的传播动力，还要保护他们的传播动力。激发用户传播动力较常见的方法之一是：请 @ 你的朋友 + 评论，你将获得奖品。但是，这种功利性的激发，效果会打折扣。营销中其他常见的激发用户进行自传播的方式有：

（1）奖金、奖品等利益的驱动，但不可简单地用钱来施加动力。

（2）意见领袖的引导，旗杆效应启发传播，参与动力。

（3）媒体报道，话题讨论助推。

（4）公益的号召，众包愿景的实现。

（5）虚拟利益，精神层面的利益授予。

为此可以建立一定排他性的结构，为他们发放特制的徽章、胸针或酬金来表扬传播者。积极的讨论者往往都希望获得企业最新新闻，他们想比别人提前知道将会发生的事情。讨论者需要了解企业的产品知识、熟悉产品性能等内容以巩固他们的专家地位。所以我们需要连续不断地为他们提供独家信息。这样他们才会乐此不疲地帮助企业宣传，形成良好的互动关系。其中典型的案例就是苹果公司会提前给博主提供一些新品的消息，以激发他们的传播激情，最终通过他们将消息扩散到大众中去。

要维持讨论者的传播动力，就要抓住他们的传播激情。可以通过下面这些方法实现：

（1）让他们觉得自己的地位很重要。

（2）让他们充满乐趣。

（3）提供翔实的资料和进展报告。

（4）举办一些私密的聚会活动。

（5）感谢他们（公开致谢、针对他们策划特权感谢活动）。

（6）建立使者项目（邀请他们出席活动、给予特别对待）。

提示

提供相应的激励和奖赏往往会降低口碑的宣传作用，原因是大家会对其动机产生怀疑。口碑不是简单的买卖！激发用户传播

> 的动力，更为重要的是认可与参与性。让用户与企业建立情感的联系，这样才可以长期有效地驱动他们帮助我们传播，即传播动力的核心秘密是让用户成为企业的一员。

之所以要关注传播动力学，是因为在当下传播繁杂的情况下，如果我们不加以助推，赋予外在的动力，往往会弱化本可以传播更远，影响更好的活动。我们可以看到许多互联网传播案例背后都是有外在助推的力量。

取悦客人意味着把善良和智慧付诸行动。用户的喜悦通常源自成本不高的小事。例如给感冒的客人送一壶茶，你不能规定或激励员工这样做，那会让人感觉很机械、缺乏真实性，而且那也不是很必要。但如果你的团队招募到了合适的人，就会有那样做的动机。他们会因为好好照料了客人而感到骄傲和满足。同样重要的是，你必须选择并提拔合适的人担任一线领导者，因为他们可以营造一种氛围，激发员工表现出自己的最佳水平。下图是海底捞的员工为到店等待用户做免费美甲服务。

苹果公司就发现，其广受欢迎的产品和醒目的店面设计并不是

用户给出高分的首要原因。用户最中意的是店员们热情友好的态度和娴熟的技能。这些信息让乔布斯对招聘、培训和提拔优秀的店铺工作人员非常重视。

宝宝树激发和保护妈妈群的传播动力

在互联网时代，当新媒体逐渐成为培育意见领袖的新土壤时，品牌寻找营销关键人，最关注的将不再是意见领袖是谁，而是在营销推广的某个关键时刻，谁更具有影响力。

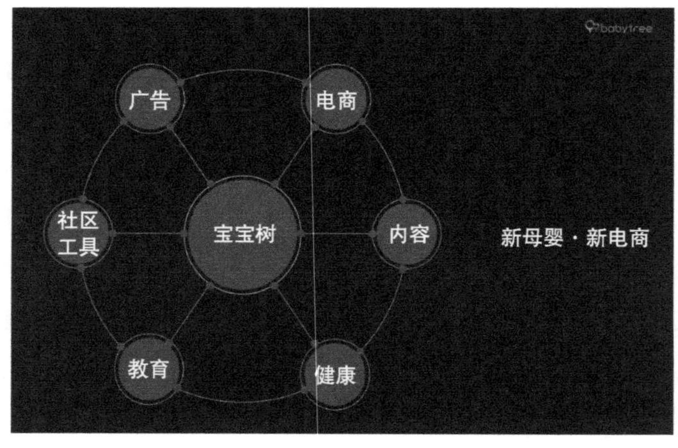

通过观察分析达人妈妈的特点，可以从三个角度来对她们进行把控：首先，相较于其他用户，这一群体拥有更为强烈的写作与分享欲望，通过生活记录，与平台更多妈妈交流；其次，她所分享的方法、内容，以及说话的语调，较为容易得到他人的信赖认可，吸引一批粉丝关注，具有较强的内容说服力；另外，这些达人妈妈在关心自己之余，更愿意关注社会，不仅及时了解突发事件，并愿意对此发表自己的见解，从而影响身边人群。

对于品牌来说，作为掌握着家庭 70% 以上消费决策权的女性，她们身上拥有多层角色定位，能够为品牌提供更多营销机会，尤其随着 85 后、90 后具有强烈网络消费意愿的妈妈群体的成长，广告主需要更为主动地找到符合品牌需求的意见领袖，并通过激发相应的话题讨论，推广产品理念。

为更好地帮助广告主找到符合品牌需求的群体，构建自身区分机制，宝宝树通过对用户行为进行标签细化分类，对平台上的妈妈用户进行系统式管理。同时，借助让用户自由话题讨论的场所，把用户投入社会化媒体环境之中，逐渐形成多样化话题讨论圈，并让这些潜在的意见领袖，在这个开放式的池水中，自然发酵凸显出来，再通过对这些群体进行梳理打分，帮助品牌发掘出具有较强影响力的达人体系。

随着社交网络的不断发展，在这一背景之下，品牌应该像对待朋友一样，与这些积极分子进行沟通交流，帮助其充分了解品牌，从而逐渐建立起他们与品牌之间的信任关系。在此基础之上，广告主可在媒体平台有效展示商业需求，把品牌商业需求传递给用户，从而帮助品牌更好地传播。

品牌在发现自身意见领袖之后，若想要更好地对其价值进行挖掘、使用，需要把握一个“度”，即广告主对于意见领袖营销价值的挖掘，应该做到顺水推舟、水到渠成，给予他们一定内容创造的空间，而不是让自己成为指挥棒。真正的意见领袖对于品牌产品的态度，应该出自于自身真实的想法，因而广告主应该以更为真诚的态度与网民进行互动沟通，为其营造更为自由宽松的讨论氛围。同时，当遇到一定的营销需求时，品牌应当快速给予回应支持，主动帮助她们解决问题，从而让其逐渐围绕在品牌周围，更为主动地帮助品牌进行营销推广。

当宝宝树潜在意见领袖想要举办一场亲子活动时，她们希望得到宝宝树的支持。此时，品牌方应该主动帮助其举办活动，让这些达人妈妈发表自己的见解与看法，而不去干预其观点。同时，品牌方也可以以赞助的形式，展示出产品，借助这些达人的力量，获得更多用户的好感。

广告主产品营销也可以给予这些“达人妈妈”预先知晓权，让其能够先行体验新产品，把自身使用的感受发布在宝宝树社区内，逐渐形成品牌意见领袖主导的讨论圈，有效提高品牌知名度与好感度。

案例点评：激发和保护传播的动力核心是激发和保护社群中意见领袖、品牌达人积极参与讨论和传播。宝宝树不是硬性地收买，而是通过更为人性化的机制或活动来和她们做朋友，让她们自主、自愿分享以获得价值。

第 7 节　设置病毒系数，让引爆持续

引爆背后隐藏的潜台词是传播的可持续性。内容的可持续扩散、产品的指数级增长等话题都需要关注病毒系数的设置。病毒系数是持续引爆的关键指标。如微信、微博传播的内容激发了受众，使他们进行分享及传播；互联网新品是在早期用户接受产品后，利用口碑推荐或影响身边的人得以传播。

指数级增长背后的逻辑

引爆社群的方法论关注的是用户如何以指数级方式增长，比传

统的营销模式更加快捷有力。这种指数级增长来自社会网络、病毒式营销和分销，以及由社会影响导致的扩散模式。Facebook 和 Twitter 的注册用户以每年 500% 的速度增加，微博获得 1 亿用户所需的时间是 18 个月，微信获得 1 亿注册用户用时 14 个月，这是之前产品很难达到的速度。据分析，Google 平均每个用户每年能带来 15 美元的广告收入，Yahoo 的 CPM（每千人次广告费用）是 13 美元，而像 Linkedln 这样高度依赖职业人士和商务网络的社交网站，其 CPM 估计为 75 美元。注册用户的获得也让商业平台获得巨大的商业评估溢价。

MSN 和 Skype 主要通过种子用户加上中心节点连接来获得新用户，采取用户“拉”用户的策略，无须网站自身的推广工作，而是由现有用户通过电子邮件的方式，将网站或服务告诉自己的朋友，让他们也来注册使用，从而相互能够在网上交流。大众点评网友可以对成百上千家餐馆进行评论，可信度远远超过餐馆自己的自吹自擂。掌握好连接思维并很好地刺激用户行为，将获得指数级的用户增长。

Google Gmail 推广初期采用种子用户加上中心节点的拉动和饥饿营销的双重方式，并不接受公开注册，而是需要现有用户的邀请才能注册。稀缺使人们产生好奇，邀请则使病毒营销发挥到极点。同时，“邀请”的机制使有共同兴趣爱好的用户聚成一个“圈子”，在这个圈子里，用户能互相交流信息，为其他产品或服务的推广埋下伏笔。

在国王和智者进行博弈的寓言中，智者对国王的封赏提出了一个“小小的要求”，他只要求在第一个国际象棋的棋盘方格放一颗稻谷，以后每个方格放的稻谷都是前一个方格的 2 倍。结果令国王惊呆了：放完一个国际象棋棋盘的 64 个格子，竟然需要 2 的 64 次方颗稻谷，大概是 18 446 000 000 000 000 000 颗，这就是指数增长的威力。

梅特卡夫定律（Metcalfe's Law）告诉我们：如果一个网络中有 *n* 个人，那么网络对于每个人的价值与网络中其他人的数量成正比。里德法则（Reed's Law）则认为该定律低估了网络的效应，它主张网络的效应是以 2 的 *n* 次方增长，这意味着拥有 64 个节点或用户的多对多社交网络，其价值就和寓言的效果一样惊人。

群体的扩散总是一开始比较慢，当采用者达到一定数量（即“临界点”）后，扩散过程突然加快，且这个过程会一直延续，直到系统中有可能采纳创新的人大部分都已采纳创新，到达饱和点，扩散速度才逐渐放慢。采纳创新者的数量随时间而呈现出 S 形的变化轨迹。

4款指数级增长产品背后的人性

百度魔图通过 PK 大咖功能在朋友圈迅速蹿红，指数级增长切入点为：人性中的窥私（想看看朋友圈情况）、嫉妒（你像刘德华，那我是不是像梁朝伟？）、炫耀（具有像鹿晗、韩庚等类似的颜值）、从众（大家都在玩，我也测试看看，如果有趣就分享到朋友圈）。

魔漫相机通过漫画风格和简单逼真的效果，直接引发指数级增长。指数级增长的切入点为：个性（做头像，代表个性，功能性价值）、从众、猎奇、娱乐、炫耀等。

脸萌，通过卡通形象拼凑出用户的脸，通过用户主动分享，引发群体参与。

指数级增长切入点为：猎奇（好萌）、兴趣（好玩、卡通设计）、从众（跟风），成就感（通过自己的努力，拼出个萌萌的头像）。

足记，通过一个简单的工具，让用户轻松做出电影画面。凭借有趣和好玩的特点，瞬间引爆社群。指数级增长的切入点为：炫耀（满足个体电影出演的触动）、从众（让文艺范风格引爆）、个性（通过工具编辑，做出自己的风格）。

设置病毒流行的机制

从传播动力的角度来看，要想撬动人与人连接的传播，努力的方向有：

（1）增强传播的动力，如制作有传播力的内容。

（2）降低受众的接纳门槛，让受众可以继续传下去。

（3）熟悉客户群的网络结构，选择合适的中心节点和努力对象。

互联网产品及新品的推广也是类似的道理，只不过是消费者先接受产品后，再去影响身边的人，而微信、微博层面的传播，只是传播的内容当下激发了受众，使他们进行分享及传播。

病毒流行的机制存在网络效应。例如，在 Facebook 上有一个名为 Causes 的应用程序非常流行。这是一个让用户推广自己最喜欢的慈善机构、动员朋友们向其捐款的小应用，类似曾经的一个游戏规则：让 25 名捐赠人在自己完成捐助后，还要说服另外 25 个人来捐款，通过机制的努力可以让捐助人和捐款数呈现指数级增长。当我们撬动初期的用户，引发另一轮病毒效应时，随着人群中节点的增加，越来越多的人将被卷入其中。

美国 David Skok 给出病毒流行的公式，其中，K 标为“病毒系数”，C_t（the cycle time）为“传播周期”。

$$Cu(t) = Cu(O) * \frac{K\left(\frac{t}{C_t}+1\right)-1}{k-1}$$

“病毒系数”（Virality Coefficient）描述的是产品在人群中扩散引起链式反应的系数。当 $K > 1$ 时，真正的病毒式传播启动，企业的用户数量随之呈现指数收增长。病毒系数即传播的能力，如果每一个用户或者受众可以继续传播下去，每个人影响（发展）超过 1 个人，那么病毒的游戏规则就可以传下去。有人将病毒机制原理比作“干柴烈火”，如果火遇到的都是点不燃的、湿湿的柴，那这星星之火会直接灭掉；如果火遇到一小部分干柴，则可能会慢慢烧起来。可见，干柴与否，对火势的成长情况是很明显的。即病毒系数越大，说明越有机会被引爆。

可以构建一个模型，解读病毒系数与用户裂变的差异。这里以病毒系数分别为 0.6、0.9、1.2、3 时的用户发展速度为例。可以直观看到只需要 9 个周期，病毒系数的不同，最终引发的结果天壤之别。

4 种不同病毒系数下用户增长数量

	0.6	0.9	1.2	3
0	10	10	10	10
1	16	19	22	40

（续）

	0.6	0.9	1.2	3
2	20	27	36	130
3	22	34	54	400
4	23	41	74	1210
5	24	47	99	3640
6	25	52	129	10930
7	25	61	165	32800
8	25	65	208	118410
9	25	69	260	375240
合计	25	69	260	375240

表格中假设初期有10名新用户加入，而上述公式中的时间表示网络成员邀请新用户加入所需的周期。该周期根据不同的产品线会有差异，从病毒机制的角度来看，显然希望这样的周期越短越好，从而尽快引爆。当有10名新用户加入4种不同的病毒系数机制后，将会分别发生不同程度的裂变。其中，最为明显的是病毒系数为3的病毒扩散，这种网络效应越到后期，效果越明显，这就是用户累积的力量。互联网新品的引爆就是要尝试构建这样的病毒机制，如果没有做到很好地拿捏，病毒机制虽有一定增长，但最终会随着时间的推移而逐渐走向平稳或暂停增长。

除了“病毒系数”外，很多人往往会忽略另一个重要的因素：传播周期（The Cycle Time），即一个用户完成一次病毒传播的时间。当病毒系数都是2时，如果用户病毒传播周期分别是1天和2天的话，传播效果也将出现巨大的差异。

我们要时刻关注用户增长的模型，一旦发现数据曲线呈现一定的“特异点”，就需要采取措施。这里需要重点关注：新开发的功能是否影响了用户的病毒系数，以及如何优化病毒系数。

从病毒传播系数看SARS流行

2003 年 2 月底，SARS 从中国香港登上飞机，开始其多伦多之旅，正如 David Quammen 在其《Spillover》(中文版《致命接触：全球大型传染病探秘之旅》) 一书中描述的那样：加拿大一位 78 岁的老妇人携带病毒进入加拿大，一周之后她的儿子因此离世，很快多伦多市民中有几百人感染，其中 31 人死亡。多伦多感染的病人中有一位 46 岁的菲律宾妇女，其在医院做护工，乘坐飞机回国，让病毒开始在菲律宾扩散。

回溯相关的新闻报道中，我们发现了一条病毒在人群中扩散的清晰路径：广东周先生（为了保护权利，此处隐去真实姓名，以下同）被称为 SARS 的第一个“超级传播者”。超级传播者是指其直接感染的患者人数比一般的患者要多得多的 SARS 感染者。周先生于 2003 年 1 月 30 日在广州一家医院就诊。他只在这家医院住了 2

天，就感染了30多名医护工作者。在转院的过程中，又有2名医生、2名护士和1名救护车司机感染。医生在对其进行插管治疗中，其黏液和呕吐物是感染的传输途径。插管过程中的黏液溅到地板、医疗设备和医护人员的脸上或白大褂上。医生知道这种黏液的传染性极高，通常情况下，会尽快清理干净，但是在遇到特别危重的病人发作时，软管尚未完全插入气管、黏液和血液喷出时，他们没有办法离开。

在第二家医院，周先生又感染了23名医生和护士、18名病人及其家属。

周先生就诊的第一家医院的内科教授64岁的刘教授，在不知被感染的情况下，前往香港入住某酒店911房间。911房间在楼道的中间位置，正对着电梯。而上文提到的来自加拿大的78岁老妇人，当时就住在904房间，在楼道对面的另一侧，距离刘教授只有几步之遥。也许他们曾经在电梯或者楼道里擦肩而过，总之她被传染了，病毒通过潜伏在她的身上开始了全球之旅。

同样，一名新加坡的年轻女孩（到香港购物）也入住了该酒店的938房间，也很不幸被感染了。她回到新加坡后感觉身体不适，进入医院就诊。病毒自此在新加坡开始扩散，在被她传染的病人中甚至出现了多个毒王。其中有一位女士住院期间先后传染了27个人。

2003年3月15日，由香港飞往北京的中国国际航空公司CA112飞机上有120名乘客，其中一名男子发烧并伴有严重的咳嗽，后来经检查确认其感染了SARA病毒。3个小时后，当飞机抵达北京时，机上22名乘客和2名机组人员被该男子传染上SARS病毒。这些乘客又将SARS病毒传播到北京的70家医院，相继感染了将近400名医护人员、病人及其家属。

案例点评：超级传播者加速了 SARS 在人群中的扩散，经分析发现，SARS 感染的第一波人群集中在医护人员，而医护人员工作的特殊性又给病毒扩散提供了便利性。医生处于社会网络图谱中聚集的节点。SARS 之所以能够被我们尽快控制，其中一个重要的因素就是患者在具有高度传染之前就会表现出症状，而不是在具有高度传染性并传染给其他人之后，这样可以留给医疗人员一定的应急处理时间。仅从这方面来说，SARS 与流感及其他疾病相比更容易控制，因为其他病毒基本都是先感染后出现症状，传染性通常要比症状提前几天表现出来。危险在先，警告在后的病毒更难控制，典型案例就是 1918 年到 1919 年的全球范围的流感，导致近百万人死亡。

实践点拨

我们在设置邮件病毒传播机制时，如果仅简单地邀请你的好友来注册，这样的病毒系数可能不具备网络效应。这时，我们努力的方向应该是如何优化病毒系数，让循环传下去。例如，可以激发类似“那个暗恋你的人的邮箱地址是 #”“你仰慕的 ## 的邮件域名与你的不同哦”。当年 Hotmail 引爆的秘密武器是第一次在邮件的下方写上“—好友，来 Hotmail 领取免费邮箱吧！我也在用它们”，从而引发病毒网络效应。Hotmail 80% 的用户来自朋友推荐。典型扩散是，初期 Hotmail 的软件工程师给远在印度的朋友发了一封邮件，3 周后在印度就新增了 10 万用户。这就是病毒扩散的网络效应。

也可以在分享便捷性或工具上下功夫。例如，腾讯的微信初期通过通讯录来扩展客户群。腾讯公司通过向已有 QQ 号码的用户提供通讯录备份，以此来收集数据，然后依据手机号码向你推荐通讯录中友人的微信号；同时也允许用户通过微信账号绑定QQ，或者直接用QQ号注册来登录微信，然后监测之前QQ号上的联系人是否已经在使用微信，促成社交关系的匹配，让微信在较短时间内新用户注册突破3亿。

一句话：病毒传播机制的灵魂是让病毒系数高起来，病毒系数达到1仅仅是刚起步。

设置病毒机制，也可以从另外一个角度和模型来思考。在Adam L.Pengberg的《病毒循环》中以Hotmail邮件用户数的发展情况描绘了发展轨迹。

累计用户人数 =（1+ 扩散速度）× 循环周期

其中，累计用户人数是Hotmail注册用户的数量，扩散速度表示产品扩散的速度，而循环周期则表示产品发布后被使用的次数（使用频率与时间的乘积）。在最初阶段，每位Hotmail用户平均每月会带来2名新用户（即扩散速度为2），而这2位新用户又会再带来2名新客户。这就意味着当第一轮循环结束后，每一个种子用户就等同于3名客户，第二轮之后变为9名，第三轮是27，以此类推。当然，以这样的规律发展下去，过程中碍于人群等许多现实问题，用户发展模型会有所偏差，这符合科学发展规律。

病毒引爆后，往往会出现两种典型现象。第一种是随着初期用户爆发，后期用户的数目超常规的发展，究其原因是网络协同效应，产品创新辐射周边客户形成互动，还有大众爱凑热闹、大众媒体推波助澜的作用。一旦一款产品引爆，并且形成一定的竞争壁垒，后者想要逾越将很困难。第二种是当用户发展到一定的量级，用户增长速度势必会放缓。这个也容易理解，潜在的客户群已完成扩散，如果想要获得更大程度的人数飞跃，需重新挖掘新群体，或采取新的扩散方式。

汉堡王让病毒连锁反应下去

汉堡王推出了一款Facebook应用程序，如果用户删除Facebook上的10名好友，可获得一个免费大汉堡。在不到一周的时间内，共有8.3万人次在Facebook删除了好友，而被删除的好友数量达到23.4万人次。

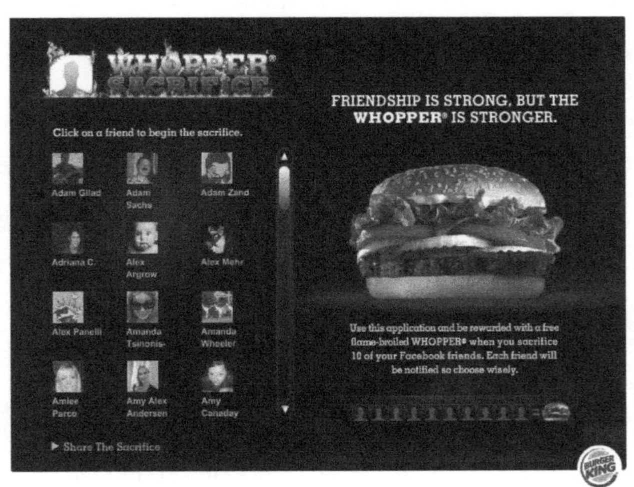

令很多人难堪的是，如果你被某人删除了，你会自动收到应用给你发出的通知：告诉你，你已经成为一个汉堡的牺牲品。哈哈，不服气，那你也来安装看看！为了扩大人与人连接的效果，在好友的提示信息中，会有安装这个插件的提示语：达到一传十，十传百的效果！

案例点评：从人与人连接的角度看汉堡王的传播是优秀的，引发社交网络圈的扩散。人与人的互动，娱乐性是其根本。为面包，不妨娱乐下。

第 8 节　新产品引爆从种子用户开始

新产品在人群中扩散的规律

营销推广不能合乎新产品或新业务的原因是什么？一句话：我们有没有按照新产品或新业务成长的轨迹进行推广。消费者群体对新产品或新业务有一个接受过程，过程的推进速度也是不一样的，因此市场推广也要匹配过程。

硅谷高科技营销专家杰弗里·摩尔在《跨越鸿沟》中为我们绘出新产品或新业务的渗透曲线图：随着时间的推移，流行度呈现一个正态分布。根据人群的特征可以分为：创新采用者、早期采用者、早期大众、晚期采用者和落后采用者。

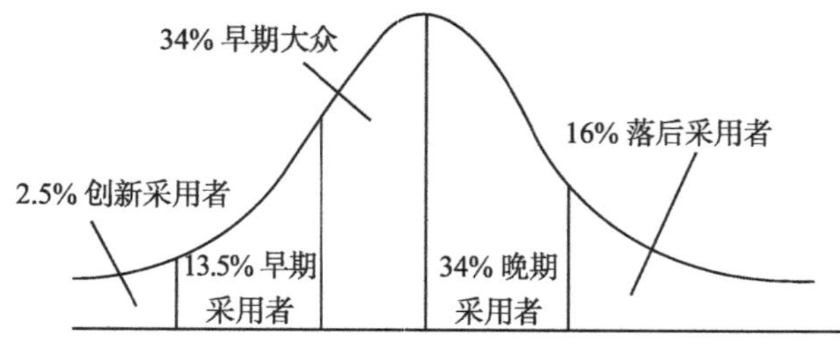

（1）**创新采用者：**具有冒险精神的风险担当者，他们容忍购买不成功新产品带来的经济和社会损失。有时候，他们在企业还没有进行营销宣传时，就已经决定购买新产品。不过他们在人群中的比例不高，为 2.5%。

（2）**早期采用者：**当地参照群体内的意见领袖。他们在一定程度上愿意承担采用新产品带来的风险。新产品推出中需要特别关注早期采用者（意见领袖），如数码达人、行业领袖、博客达人等。他们喜欢跑在别人前边尝试新产品，也拥有社会化媒体时代的“自媒体”，如有影响力的微博账号、博客专栏。企业需要“撩拨”这群早期采用者那躁动不安的心，只有他们心动了，才有可能成为口碑传播者撬动早期大众参与。早期采用者在人群中的比例是 13.5% 左右。

企业传播的关键是保证渗透曲线图能够顺利、平稳地运行下去。渗透曲线犹如接力棒，只有创造出从众效应，才能够令下一个消费群体很自然地购买产品。在互联网环境下，找出早期采用者聚集的平台（BBS、微博大账号、社区），就可以有针对性地推介产品，营销效果更为有效。

（3）**早期大众：**消费者对新产品很谨慎。早期大众比其所在社会群体中的大多数人较早采用，但又是在新产品或新业务已被证明成功之后采用。这一类消费者积极参加社交活动，但是很少是领袖。

（4）**晚期采用者：**消费者对新产品或新业务持怀疑态度。他们采用新产品更多是出于社会压力或者老产品越来越难取得，而不是由于新产品有好的评论。

（5）**落后采用者：**他们有怀旧情结，极不愿意采用新产品或新业务。

杰弗里·摩尔的鸿沟理论指的就是新产品在市场营销过程中遭遇的障碍：早期采用者和早期大众之间存在一条隐形的“鸿沟”，能否顺利跨越鸿沟并进入主流市场，成功赢得早期大众的支持，决定了产品市场的成败。许多产品推广失败往往是由于没有引爆早期采用者（13.5%）人群，究其原因也多是在开展营销传播中没有考虑连接营销的规律，囫囵吞枣，没有选好宣传的重点人群，而是简单采用大众传播的手段。

杂交玉米，如何识别早期采用者?

罗杰斯的《创新的扩散》中有这样的描述：瑞安和格罗斯对爱荷华州杂交玉米的渗透采用过程进行了深入的研究，在农村社会学扩散渗透研究应用最广泛的 18 项学术创新中，有 15 项是瑞安和格罗斯提出的。

当爱荷华州政府将杂交玉米推荐给农民时，面临的问题有：①产品优点有许多，比如杂交玉米比靠传授花粉的老品种，亩产可提高 20%，更具有抗旱的能力，且有利于机械收割。②挑战：杂交种子的第二代就丧失杂交活性，因此农民需要每年购买种子。之前农民们都是从自己上一年收获的玉米中刷选一批作为下一年的种子，现在意味着若他们接受杂交种子，还需要承担一定的费用。

这个项目具有最广泛的意义，不仅在农业科学的传播上，而且在企业的营销传播中也较为常见。

瑞安和格罗斯在杂交玉米项目中进行深入的研究，访谈问题类似：

（1）农民什么时候开始采用杂交玉米种子？

（2）在过程中获得信息的传播渠道有哪些？

（3）每年计划种植杂交玉米的面积是多少？

（4）受访者的教育情况、年龄、收入、是否会去附近的大城市旅行？

研究发现，杂交玉米在初期的渗透缓慢，前五年只有10%的农民采用，然后迅速上升，在接下来的三年，渗透率迅速达到40%，且采用速度达到平衡，趋于稳定。早期采用的农民与晚期采用的农民相比，经营的农场面积理更大、接受正式教育的时间更长、具有更广阔的视野，到附近中心城市、大城市旅游的次数也更多。

我们从中可以看出早期采用者的属性，他们具有广阔的视角，勇于尝试新的产品。如果企业是生产农业产品，想渗透到特定区域的农村，通过这个案例研究可以得到启发，例如，如何选择试用用户、早期用户、如何与他们沟通。新产品营销或者刚进入一个市场的营销，并不是针对每个目标客户的大众传播，而是抓住早期用户。

瑞安和格罗斯在研究中还发现相对保守的农民首先是从广告、推销员那里获得杂交种子的信息，但是邻居们的聊天更具有说服力。对于早期采用的农民来说，广告、推销员是一个重要的影响渠道。人际关系网络在产品信息扩散及采用中也起着重要作用。农民之间互相交换有关种子的成功经验是产品营销信息渗透的核心。待创新与早期采用者积累了足够多的成功经验，他们和社区内的其他农民交换信息，杂交种子采用的速度将迅速上升。

案例点评：我们可以看到农村有自己独特的社会网络，这张社会网络可以便捷联络农民间的关系，其实农民与农民之间的连接也是信息流动的网络。关键节点是如何让这张网更有效地传染上信息病毒。

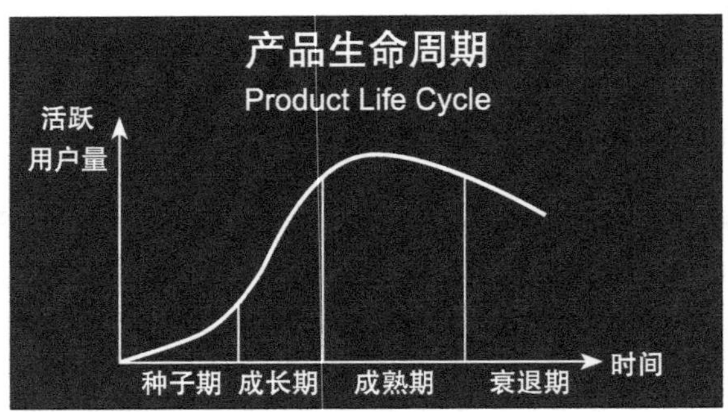

笔者认为产品营销种子的核心在于瞄准种子用户，树立好标杆，引发早期大众采用，其实一旦早期大众开始规模使用，则无须对晚期采用者、落后采用者进行信息宣传，会通过大众口碑及示范营销的传导自然完成。

种子用户来之不易，那么种子用户对于产品种子期有什么作用？

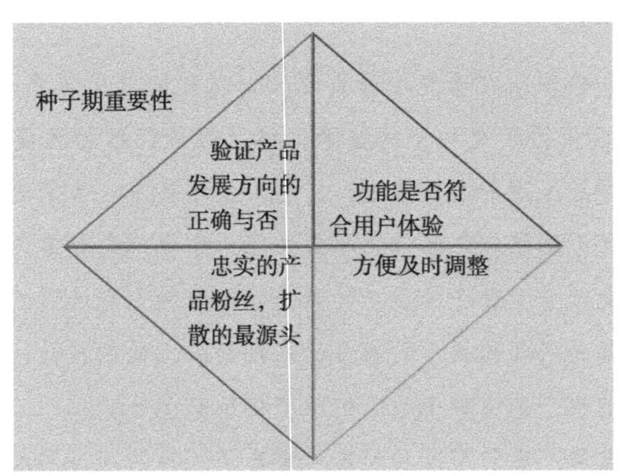

由上图可知，种子期可以帮助确认产品的扩散、产品发展方向、产品的功能、产品的整条发展方向，从而使用户对产品形成一个很好的认知轮廓，这样就可以有针对性地想尽一切办法获取想要的目标用户或是让潜在用户转化为真正的用户。

在目标市场选定后，企业应当把注意力集中在目标市场内最有希望成为创新采用者和早期采用者身上。在向这群人宣传产品功能特色时，应强调产品的新颖性和革新特点。在新产品或新业务获得认可后，注意力就应当集中到早期和晚期的多数采用者身上，需要使用不同的媒体，营销的重点也要从强调新颖性转移到强调产品已获得认可和证明的优越性功能上。

苹果公司的乔布斯在新产品的推广上选择早期采用者非常到位，他将饥饿营销、早期采用者宣传、事件炒作发挥到极致。回顾苹果重大产品的发布会，我们会发现一个有趣的现象：在苹果产品正式发布前的几个月，甚至更长，有关消息就绘声绘色地“走漏”出来。苹果产品全球上市呈现出独特的传播曲线：发布会→上市日期公布→等待→上市新闻报道→通宵排队→正式开卖→全线缺货→黄牛涨价。

产品发布会上被邀请参加的粉丝，都是经过苹果筛选的“典型信徒”，也是期待新产品热情的早期用户，足以想象苹果新产品推广的渗透率。现在，苹果已是一个流行的品牌，其用户接纳门槛已经很低，但是在 iPhone 3 及前期宣传中选择早期采用者在新产品的引爆中具有非常重要的意义。苹果将早期采用者聚集起来，一方面新产品的渗透速度更快了，另一方面早期采用者有受到重视的、特别照顾的心态，这样也有助于触发早期采用者口碑引爆晚期采用者。

种子用户身上的特质

种子用户，目前还没有明确的概念，主要是描述为产品上市（风险性尤其）前后，最早一波采用产品的用户。种子用户与杰弗里·摩尔的鸿沟理论的早期用户有相当大的重叠部分，互联网圈的种子用户不只是指产品上市尝鲜者，还往往是指对新产品有热情，愿意积极投身和协助企业开发新品的用户。

种子用户、意见领袖很容易搞混，在此有必要简要清晰界定。意见领袖是指在人际传播网络中经常为他人提供信息，同时对他人施加影响的“活跃分子”；他们在大众传播效果的形成过程中起着重要的中介或过滤的作用，由他们将信息扩散给受众，形成信息传递的两级传播。种子用户是对产品充满热情，积极活跃参与产品讨论和互动，经常能够为产品开发者提供中肯的意见和建议，帮助产品不断提升性能和功能的用户，具有产品的主人翁精神。

种子用户的典型特征有，爱尝试新鲜的产品，具有一定冒险精神，能够容忍新产品的不完美，积极参与到新品打造中来。意见领袖就不一定具备冒险气质、爱好尝试新鲜产品的特征，而是占据社群网络中传播的关键把关人角色，在跨越鸿沟理论中，往往处在早期大众和早期用户中。

那么，在实际应用中，如何寻找特定营销的种子用户？碍于目标市场人群的网络结构，企业无法明确刻画和确定谁是我们的种子用户，但是可以从种子用户的特征下手，从一个泛化的行为角度触及。

种子用户往往拥有以下行为特征：

（1）种子用户更能够应付不确定性和风险。

（2）种子用户更主动地搜索有关产品及活动的信息。

（3）种子用户拥有更广泛的人际交往渠道。

（4）种子用户与创新企业有更多的联系和接触。

（5）种子用户更广泛地参与社会、行业活动，意见领袖则不然。

（6）种子用户较少教条主义倾向。

（7）种子用户具有更强的推理能力。

（8）种子用户对创新抱有更积极的态度。

（9）种子用户具有更强的移情能力。

（10）种子用户放眼外界。

（11）种子用户的地位更高，教育程度更好，具有更强的向上流动性。

小米手机在新产品种子用户的选择上，采取发烧友、工程机测试的模式，在互联网论坛上召集百名发烧友做工程机测试。从小米手机1到小米手机盒子等都采取“无工程机，不小米”的固定模式。

关于工程机在营销上的应用方面，小米走得比较靠前。工程机传统意义上是半成品，但通过征集早期采用者属性的用户，可以无形中渗透用户，还能为后期的炒作埋下伏笔。我们可以分析这些征集测试的发烧友的行为特征：他们喜欢对手机硬件发烧，更能够应付不确定性和风险；更主动搜索有关产品及活动的信息；对创新抱有更积极的态度，能够接受新产品的不完美，更看重新产品的创新与应用。

9月22日 上午10点
600台小米手机2工程纪念版供资深发烧友测试及产品改进
仅限小米及MIUI社区资深老用户
1999元，限量专属编号，无条件更换正式版

小米通过征集筛选出种子用户，可以更好地理解用户反馈，进而即时修正问题。通过一系列的优惠或礼品，获得早期采用者的喜爱和口碑推荐，很好地拉升了小米手机的销售业绩。下图是小米盒子在小米论坛中征集测试的信息，可以从预约的资格中分析小米认为种子用户应该具备的标准。

关于小米盒子工程机的特别说明
1.获得小米盒子工程机购买资格的用户需支付299元押金(暂无发*票)，届时可凭工程机免费更换量产机并提供发*票。
2.用户也可在量产机正式上市后，将工程机邮寄回小米公司，申请工程机押金退款。

活动时间表
预约时间：11月14日15点至11月15日24点
购买时间：11月16日12点至11月17日24点

活动资格
预约资格：仅限小米社区积分大于200认证用户、小米MIUI论坛积分大于200用户及米聊米点大于300用户，满足其中任意一个条件即可（满足多个条件，帐号仅计算一个资格，数据统计时间截止11月10日18点）

购买资格：为了确保能够给量产机提供更好的改进意见，我们会根据用户使用条件进行筛选。通过审核的用户将会收到小米网提示短信，同时您也可登录小米社区查看审核通过名单。成功提交预约资料，但未通过审核的用户将拥有小米盒子的优先购买权。

发货时间
600台小米盒子工程机，2天内发货，小米网将参照支付顺序发货

网易云音乐产品如何刻画种子期用户画像

这里以网易云音乐清晰刻画用户画像的过程为例。在网易云音乐推出时，团队面对一个已经看似“饱和”的市场，用户的需求也几乎都被满足了，这时应该从哪里切入呢？

利用用户的年龄和对音乐的喜好程度，逐一分析当时市面上主要的竞品。例如，QQ 音乐背靠 QQ，用户群相对年轻；而酷狗音乐因为是从 PC 时代积累下的用户，因此年龄普遍偏大等；虾米音乐定位过于高端导致用户群小众；豆瓣音乐绑着文艺青年的标签发展受束缚；多米音乐涉及的市场相对比较空白。这时，云音乐的产品经理们清楚：尽管在线音乐市场是个红海，但还是有一定的细分市场机会，即一款用户年龄适中，音乐品味较高的产品，它既能照顾好意见领袖们，但又不至于高端到失去大众用户。

首先，产品选择在移动互联网中发展，从 PC 时代转向移动化的过程，由于 PC 产品有很多功能包袱，因此一款出生就定位移动端的播放器可以做到更好的移动端体验，实现弯道超车。

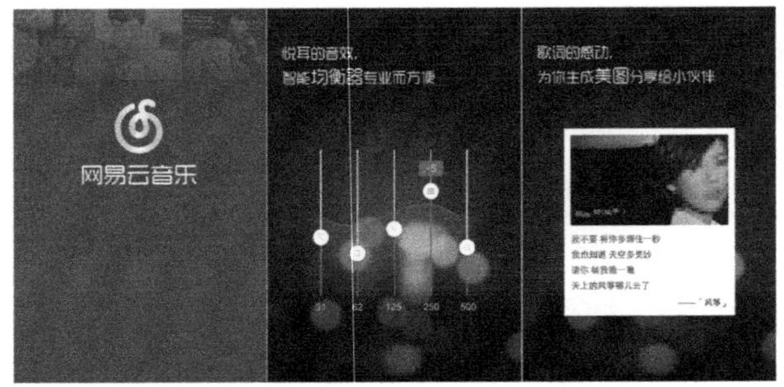

在具体的层面，例如诸多音乐产品在PC时代都是曲库型的，用户通过搜索等方式找到音乐，下载下来再听；而移动端时代是懒人时代，用户会在手机上随时随地打开App就听，所以音乐推荐变得尤为重要。后来有网友赞赏网易云音乐"从到处找歌听，变成找时间听听不完的歌"就是对这一点正确判断的佐证。

网易云音乐的产品经理王诗沐在演讲中细致分享，团队在产品打磨初期，筛选产品的目标用户，典型特质是热爱音乐的社群。为此，他们给目标用户先做了一些定义，例如：

- 经常使用音乐App听音乐，每星期至少两三天。
- 有自己独特的音乐喜好，除了大众流行音乐之外，还喜欢别的类型。
- 对自己喜欢的风格、艺人有一定的了解。

在招募种子用户时，为了判断他们是否是种子用户，首先会查看使用音乐App的情况，如听歌记录、收藏的音乐类型、账号注册时间等。团队也曾碰到声称是资深欧美音乐爱好者的用户，但在查看他手机中的听歌记录时，发现不过听了100多首，而且更多的是华语流行歌曲。产品的种子用户越是细分，定义越是清晰时，就越发需要注意鉴别调研对象的真伪，一旦源头出现偏差，努力将付诸东流。项目团队去三线城市研究许嵩的粉丝，用户提供的信息如下：

- 她是一个资深许嵩粉丝，喜欢五六年了。
- 她买过许嵩的实体专辑，从第一张起就买。
- 她参加过许嵩的歌友会、演出。
- 她加入了粉丝 QQ 群。
- 她买过许嵩相关的周边产品。

但在做更加深入的访谈，询问一系列细致问题之后发现这位用户原来是：

- 她喜欢许嵩最开始是因为她的同学。她同学是个非常狂热的粉丝，很多人在她的影响下开始喜欢许嵩的音乐，甚至包括她的父母。但她自己更多是喜欢许嵩的音乐，多于对许嵩本身的喜爱，觉得他的音乐特立独行，他的音乐之路有一种积极向上的精神，能够激励自己。
- 她买实体专辑的时候，基本只买一张，很少买多张，除了有过几次送人的经历。她自己也不太理解买很多张实体专辑支持偶像的行为，表示自己还是会考虑经济因素。
- 她只参加过少数几场许嵩的歌友会，都是离自己居住的城市很近的地方，太远的地方不考虑。一方面因为经济因素，一方面因为家庭。去参加歌友会的时候她很激动，终于见到偶像了，也要了签名。不过没有去堵酒店，觉得那很不礼貌。
- 她在 QQ 群中很少发言，会和几个熟悉的群友单独聊天。

QQ 群主要用来接收重要的信息，如什么时候出新专辑、什么时候演出、什么时候上通告节目，还有大家一起去刷榜，等等。

- 她买过许嵩的钥匙扣等小玩意儿，10 块钱左右，在地摊小贩那买的。她并不介意这些周边不是官方授权的，买的时候开心，拿在身边用的时候也开心。

对比用户的基本信息和详细信息，可发现这个用户真实的情况是一个喜欢许嵩多年的粉丝，但还不是一个狂热粉丝，喜欢偶像更多满足自己在音乐、成长上的需要，而不是为偶像奉献（狂热粉丝的奉献精神占比很大）。

案例点评：产品能不能按照既定的规律成长，一个关键点是选择试用或者提出建议的人是不是符合种子用户的特质。有效的筛选种子用户或者种子期的用户，需要从用户的行为、动机、过往数据来验证。

筛选种子用户，激活构建平台策略

作为 3w 咖啡、优客工场的互联网产品及市场的导师，笔者负责为创业企业提供种子用户的识别、筛选与引爆机制的辅导工作。类似的工作在美国被称为增长黑客，一般互联网企业都会相应专设一个增长经理的岗位。国内创业者草搭班子的情况比较常见，创业初始团队中很难有专业的人才从事企业的产品从 0 到 100 万的增长工作。

基于上面的行业现状，笔者在与场景实验室吴声的一次聊天中，拍板成立种子用户实验室，以帮助中国创业企业、大型企业推出新产品，开启按照产品的规律实现从 0 到 100 万的引爆之旅。其中涉及：

- 给定产品的种子用户属性。
- 如何筛选出种子用户。
- 制作什么样的信息才可以有效达到种子用户，而非大众。
- 种子用户实验室服务方式有教练式咨询、投资、顾问等。

在给优客工场《种子用户筛选与引爆》的演讲中，我认为：当下许多创业企业或新产品的悲剧，往往是从种子用户开始。一出手就错了，未来很难有回转的余地。常见种子用户处理上的 3 种习惯性冲动如下：

- 寻找亲戚、朋友，及关系，邀请他们注册使用。
- 借助大众传播，广告砸钱做品牌。
- 烧钱，补贴用户。

我们可以看到这样的做法都没有按照产品自身成长的规律，另外营销的费用也花在不该花的地方。明智的选择是将有限的预算花在种子用户身上。

创业企业悲剧，往往从种子用户开始

《魔兽世界》到今天为止都是全世界最赚钱的游戏。魔兽世界当年的种子用户尤其是中国区的种子用户是怎么运营来的？它的种子用户的发展策略是什么？

《魔兽世界》在发展用户的初期，是以大学的宿舍和班级为概念，把线下的玩家关系尽可能地带到游戏中，强调团队配合，强调玩家与玩家之间的网络关系，人越多才越有趣。这是它发展用户的一个简单策略。很多游戏公司发展用户确实全网营销，导入流量拉皮条玩家，拉来很多玩家后，产品没有给他们快速组建战队和团队的工具，玩家也互相没有连接，最终流失率是显而易见的。

Uber 在上海如何通过种子用户撬动大众市场？ Uber 前上海区总经理王晓峰在一个演讲中分享 Uber 如何筛选出本地化种子用户，通过引爆种子用户，撬动早期大众使用，最终成为流行。Uber 上海团队结合产品特点以及上海人群用车现状，初期筛选出以下 3 个类型的种子用户：

（1）居住在上海的外国人、外企的中高层、来上海旅游的外国人。

理由是 Uber 在全球已经有 14 种语言的版本在使用了，上海是 Uber 在全球第 64 个开通的城市。那些在巴黎、纽约、东京用过 Uber 的外国人，到上海后会习惯性查查有没有 Uber。

（2）科技媒体人（含自媒体人），尤其是那些喜欢把国外的东西翻译到中国来的媒体人。

这群人不需要 Uber 上海来教育或者讲解什么是共享经济，他们自己主动关注海外热点，自助学习共享经济的运行规则。为此，Uber 针对这群媒体人、自媒体人，开展在其文章中嵌入分享的二维码。活动中如果有读者开通 Uber 账户，他们将收到打车优惠券，其中有位自媒体人获得近 30 万元的打车券。

（3）做公关的、做奢侈品和化妆品的白领。

这群早期种子用户是刚需驱动。当他们穿着晚礼服，想要去参加一个晚会时，会非常乐意尝试高颜值的轿车，而不是一辆出租车。

这些种子用户具有很强的扩散性，最终成为 Uber 在上海引爆的重要节点。

如何激活种子用户的积极性？

（1）降低使用门槛：我们要积极降低产品的使用门槛，除了要和种子用户真诚交流，还需要降低其体验的难度。如果是网站或者虚拟产品，完全可以免费邀请内测。

（2）反馈信息优先处理：种子用户是我们的真爱，他们的反馈建议要优先处理，这样他们心中才会有被重视的感觉，从而更加乐于去推荐和传播。例如，互联网公司经常会单独给种子用户建立一个 QQ 交流群、微信群，由公司产品和运营部门直接维护，这样他们有任何的建议都能在第一时间得到响应。

（3）积极开展线上互动。多和种子用户交流，可以是交流产品问题，或者生活、工作其他任何方面都可以，不要把他们当成是你的客户，要从内心把他们当成朋友，有问题要及时响应。种子用户一般都很怪异，但是只要他们内心认可你，接下来引爆社群是顺其自然的。

（4）有好处优先种子用户。产品在推广运营的过程中，不同的用户类型一定要区别对待，比如物质奖励、权限分配、曝光展现等，凡是涉及“好处”的时候，要优先想到种子用户和老用户，刺激这些用户帮助你向外扩散，这才是明智之举。

小米在推出微电影《100 个梦想赞助商》时，把之前的 100 位种子用户的名字印在了微电影中的赛车上，以表示感谢和致敬。

虽然这算不上什么实在的“好处”，但是却从内心深处，让种子用户感受到小米的用心和真诚，至少小米没有忘记他们！随着小米公司变大，变成一家卖货的公司，种子用户从情感上因无法再获得连接和照顾，正逐步流失，小米的团队要引以为戒。

（5）不妨时不时组织线下聚会，以促进关系发展。当种子用户达到一定数量以后，还可以结合线下活动与用户拉近距离，如交流讨论产品，或者单纯的生活闲谈都可以；可以由官方牵头组织，也可以由用户自发组织线下聚会交流；活动主题可以由官方自己收集用户的反馈决定，也可以由官方牵头，线上用户投票决定。组织线下活动的目的就一个——和种子用户一起玩，交朋友，多沟通，让种子用户在使用产品的同时，还拥有一份情感寄托！

（6）不要让种子用户失望。很多时候新产品上线，产品体验并不是十分完美，除了真诚地付出交流，还要记住不要让种子用户失望。有瑕疵不怕，我们及时改正，并且把改进的过程实时发布出来，让用户知道；同时，对于给我们提宝贵意见的用户适当给予奖励，可以是物质的，也可以是情感的（如在社区中建立一个贡献排行榜等），要让用户知道，他们的付出是有价值的，他们对产品的成长做出了贡献，从而使他们更加乐意帮助你宣传。

即使你现在的产品不是那么完美，但如果你愿意真诚地和用户交流沟通，重视他们的建议，真正让他们参与到产品的成长过程中，就可以真正抓牢种子用户的心！

用户留存与产品再扩散

在产品运营初期，招募和使用好种子用户，可以撬动早期大众，最终成为流行。过程中产品的用户留存问题也是个非常重要的节点。

Aha Moment（顿悟时刻）是由德国心理学家及现象学家卡尔·布勒提出的，其定义是“思考过程中一种特殊的、愉悦的体验，期间会突然对之前并不明朗的某个局面产生深入的认识。”现在，我们多用 Aha Moment 来表示某个问题的解决方案突然明朗化的那个时刻。以描述用户发现产品价值，进而形成留住用户留存的瞬间。这里以 Facebook 为例，团队在很早期就发现，要让一个用户留存下来并持续使用 Facebook 的诀窍就是让用户在 10 天内完成 7 个好友添加的动作。所以让用户完成该动作就成了 Facebook 内部全体员工的核心目标之一。事实上，这个目标他们一路坚持，直到达到 10 亿用户。

在 2009 年的时候，Twitter 的用户流失率曾达到惊人的 75%，对此，时任增长团队产品负责人的 Josh Elman 做了一件有趣的逆向思维的事。他并没有研究那 75% 的用户为什么走，而是深入地研究了剩下 25% 的用户为什么留下来，结果发现这 25% 的用户关注的用户数都在 30 人以上。鉴于此，Twitter 重新设计了产品，在注册后会进行推荐关注等，以此来提高新用户的关注数量，并最终提升了留存率。

360 公司起步的时候，推出了免费的“360 安全卫士”。这是为了吸引种子用户及主流用户，建立自己的大数据库，将恶意软件列入“黑名单”，将用户计算机里常见的程序汇总成“白名单”。随着用户不断增加，“黑名单”和“白名单”里的信息也就越来越多，360 安全卫士扫描识别病毒和可疑文件的速度就会越来越快。

所以说，每个新用户，都让360的产品得到了改进，进而吸引更多的用户，形成了良性循环。

360依靠安全卫士这个免费产品，建立了广泛的用户基础，造就了一个扎实的平台。第三方软件公司会迫切希望借助这个平台接触到客户，而360的战略也非常正确，用安全软件推广自己的浏览器，再用浏览器推广搜索引擎，最后在浏览器和搜索引擎顶端放置了广告平台，进而走上了平台盈利的道路。

电动汽车借助种子用户在人群扩散

美国加州和亚利桑那州政府强制汽车公司生产的汽车中至少有10%是无污染的，这意味着汽车公司必须生产电力驱动或者混合动力的汽车。此政策的目的是减少大城市（如洛杉矶等地）的雾霾程度。通用公司投资了20亿美元进行电动汽车的设计、生产和营销，他们这么做的目的是让美国公众改变观念，让民众认为通用公司是创新型的企业。

在底特律，通用汽车研发部门的自动化工程师制造出了完全以电池电力驱动的汽车。由于当时电池技术的限制，IMPACT（电动车雏形的名字）只能续航100英里，然后必须通过220V的电压进行3～4小时的充电才能继续。IMPACT大部分的材料是铝，非常轻便，也非常安静。

（1）**筛选出种子客户**

150台IMPACT投放市场的时候，通用公司的销售总监在扩散学者的帮助下，对加州和亚利桑那州18个城市进行了宣传。通用公司和当地电力部门一起，在报纸上刊登了广告，邀请公众申请试驾机会，公众反应非常强烈。在人口将近50万的加州首府萨克拉门托市，有 7000 人申请试驾！每个申请者都需要填写一份调查问卷，以便判断他们的创新精神和作为种子用户的能力。最终通用公司从中选择了几百名具有创新精神及种子用户特质的个人进行 30 分钟的试驾。

这些人一般被称为“发烧友”，从营销的角度来说，属于专家型客户——对某类产品具有一定的知识和兴趣。由于他们的专业知识，一般都会成为大众眼里的意见领袖。试驾者希望了解到 IMPACT 的性能，包括：提速到 90 英里 / 小时需要多长时间；一台 IMPACT 有多重；轴距多少；动力如何；价格怎么样；电池在冬天的表现如何等。试驾后，每个专家可以有 30 分钟的时间与通用的工程师对话，咨询有关 IMPACT 的各种情况，而所有的专家们都认为 30 分钟太短了，他们希望了解更多信息。

（2）如何引爆人群？

通用汽车给试乘试驾者每人发送一张 8 英寸 ×10 英寸的海报，上面有红色的 IMPACT 图片，并要求他们粘贴在自己工作的地方或其他醒目的地方。还有，每位专家都可以拿到 50 张 2 英寸 ×3 英寸的卡片，正面是 IMPACT 的图片，反面是 IMPACT 的各种参数；每张卡片上都有个序列号和免费电话。营销人员告诉专家们，他们的朋友可以通过序列号和免费电话申请试驾的机会。很多专家很快派完了 50 张卡片并要求派送更多。通过试驾人员的口口相传，在上述 18 个城市中，扩散进程悄悄地进行着。

通过早期种子用户反馈分析，该车最大的缺点是 100 英里的电池续航能力，只能给那些送孩子去踢球的妈妈们，或者地勤人员使用，而且 220V 的电压一般只能在加油站、汽车旅馆、办公室和购物商场找到。尽管如此，很多试驾的人员仍想抢购一台 EV 一代。

因为其无污染、电力的低费用（相对汽油）、流线型设计、新车的马路驾驶地位等，都非常打动消费者。经过此役，公司虽然付出了高昂的学费，但是也从侧面验证了新产品通过人际网络持续扩散新车的规则。

案例点评：案例中通用公司是通过以一定的知识屏蔽虚假种子用户的方式来筛选种子用户。这也提醒我们，新产品上市通过免费或者赠送的方式获得的新用户，往往不是真正的种子用户。企业需要认真勾勒种子用户画像，以便赠送其新产品或邀请其试用。此案例中的第二个亮点给每位种子用户50张卡片供他的朋友申请试驾新车机会，进一步使产品在人群中扩散。

第9节　引爆社群4C法则下的连接

互联网的本质是连接，即能把很多信息孤岛连接起来。尤其在移动互联网时代，连接的终端更多，连接后更多的新智慧、商业价值凸显，连接思维的商业模式为互联网未来带来许多视角。例如，Airbnb估值超过500亿美元，其核心价值是连接，即通过软件连接房子与对应用户，给用户提供更加多元、个性的体验。

互联网连接一切的特性，催生许多基于连接器、桥连思维的商业模式，我们不妨把它们称为连接型企业。例如，微信是人与人的连接、滴滴打车连接出租车和打车的人、阿里巴巴连接消费者和商家、乐视电视连接电视剧和观众、东方财富网连接了股民和机构……

连接在引爆社群的4C法则中解决信息及产品如何在社群里快速流动的问题。如果没有最终临门一脚的连接链式反应，就无法引爆社群。之所以能够明确宣布大众传播时代已经结束，背后支撑的信息是基于垂直社群及跨社群的连接功能。

实现引爆社群需要掌握社群的网络结构、中心节点、社群个体的状态以及镶嵌在社群网络结构中的情感、信任、社会资本等图谱情况。

连接背后的行为逻辑：连接的动机是互动，在互动中构建关系，关系获得后可以攫取社会资源。连接不是随机的，会有一个势能评估的过程。有势能的组织（个人）更有意选择势能强大的，没有势能的虽渴望能够获得有势能的连接，但是现实是残酷的。**连接获得势能的过程就是获取更多指向连接，也是优化网络结构位置的过程。**

味全“每日C”，通过内容连接，撬动年轻市场

味全把自己的Logo去掉了，取而代之是：“你爱美，你要喝果

汁”“熬夜辛苦了，你要喝果汁”，或者“听妈妈的话，你要喝果汁”，类似的语句一共有50多条。

味全想转变与目标用户的信息沟通方式。至于卖果汁和卖包装到底有什么不同，它也在摸索。当一个加班的小伙伴站在货架前，看到在同一种口味的果汁瓶上不一样的句子时，更有可能选择“加班辛苦了，你要喝果汁”。可以说这样的内容，就是味全果汁与用户的连接。

案例点评：用户年轻化，修改包装是个有趣的挑战。因为之前“每日C”适用的人群非常窄，仅仅强调健康的品牌宣传，不太容

易打动更多社群。而且味全的“每日 C”包装已经多年不变，品牌如何年轻化、如何更有趣是团队一直思考的，希望通过包装的内容来获得消费者的认同和参与。这就是一种通过内容连接起来的用户关系。

第 10 节　本章实践思考题

- ❑ 写出阻碍信息流动速度的 3 个理由，然后逐一针对性提出连接创新思路。
- ❑ 超级 IP 源自人格化的连接思维。如何通过合理有效的连接，成为网红？
- ❑ 借助新技术找到给定社群的中心节点后，如何制定策略和他们构建连接、传递影响力？
- ❑ 新产品在人群扩散需筛选出种子用户，那么，如何快速识别、筛选和激活种子用户？
- ❑ 刺激人与人传播的动力。写出如何刺激社群来进行人与人传播的举措。然后制定出激励机制的效果评估方法体系。
- ❑ 思考微信朋友圈内容传播的机制是如何增加基于人际网络的信息渗透和销售的可能性的？
- ❑ 测试社会化客户推荐体系，思考如何从你的客户中找出潜在客户认识且信任的人，并通过其连接起来。
- ❑ 在 O2O 的活动中，如何有效激发现场参与的玩家，通过微信朋友圈自发帮你传播？还有没有其他的连接方式组织起来？

第 6 章 引爆社群的外延与再思考

不只要学习知识，更要转换思考模式。坦克带来的不仅是攻击工具的变化，更是作战方式的变革。

——佚名

前几章分别从不同角度解析了新 4C 法则，对于融合和关系的阐述略显不足，本章将先梳理各个 C 的外延或趋势，然后系统、融合地看待 4C 的应用。

第 1 节　社群的外延与思考

下面从一次邂逅说起：某次在清华大学企业家课程中讲课时，课程的助教是位 90 后，为了让对话更通畅、舒缓地进行，笔者尝试从他的兴趣聊起。鉴于他最爱的是足球，笔者这个伪球迷自然和他聊起了足球圈，并逐渐聊到足球粉丝的文化。当时我们探讨的话题有：

（1）足球粉丝的现状。

（2）足球粉丝是如何组织、演化的。

（3）足球粉丝不同的文化和风格。

（4）粉丝与商业销售的融合。

“粉丝经济”和社群有异曲同工之妙，只不过传统的粉丝更多是基于地理位置的社交行为，而随着互联网的发展，粉丝社群已实现跨越地理位置来进行互动。如果不能很好地管理、驾驭足球的粉丝，那足球经济将无法开展。可见，社群思维是足球经营的秘密武器。

此外，他还说：

（1）一般主场都会将最好的看比赛的位置的票作为球迷组织团购票。

（2）球迷聚会的费用、球迷组织如何管理。

（3）恒大足球队如何管理粉丝，有时甚至会发生承担粉丝在国外吃住的“土豪行为”。

（4）恒大粉丝购买恒大矿泉水，支持球队。

（5）互联网 BBS、贴吧中常有人冒充其他队的球迷去骂人，挑事端。

通过这些描述，让笔者更加了解了鲜活社群背后的那些事，也清晰印证了笔者一直坚持的“两个明星打架不可怕，可怕的是粉丝群的战争”的观点。

在未来，谁拥有了粉丝群，谁将拥有话语权和未来！

笔者一直以来对互联网社群原生态部落行为有异常的兴趣，也希望能够在未来更深入地研究这个互联网社群的原生态。传统的农业社会、工业社会是基于乡里乡亲的本地化的社交与商业行为的，而现在我们正在跨越基于地理位置的行为，这就是互联网社群的魅力。

豆瓣找的第一批种子用户，更多是源于豆瓣创始人杨勃自己的“朋友圈”。杨勃是国内 Pascal 社区很有名的程序员，所以豆瓣早期的用户几乎都来源于 Pascal 社区。当时整个 Pascal 社区成员的涉猎范围十分广泛，包括哲学、文学、天文等，而且整个社区的程序员当时都在用博客记录产品，所以这些用户都具有很好的 UGC 素养，他们已经非常习惯编撰长文。豆瓣早期阶段的种子用户拥有非常好的来源，通过适当引导，最终将社群迁徙到豆瓣社区中来。

多年前，笔者曾经和曹树勋一起创办唯易网（介于 BBS 和 SNS 之间的产品），笔者负责社群运营，获得新注册用户、活跃客户、做活动等方面。当时互联网社群运营中存在一些问题：①不懂目标互联网群体的结构；②不懂互联网社群从 0 到形成部落的沉淀节奏；③不懂互联网社群黏性与激活。因此，想做成有商业价值的平台，其结局是可想而知的。

但是这么多年过去了，这样的错误依然存在。互联网程序员很容易找到，但是具备社会学、心理学、经济学等有文化的互联网人太少，这样就无法驾驭互联网社群的发展。

微信公众平台、微博等吸引人的话题，除去那些表面问题，从构建互联网社群、客户资产管理的角度努力才是正道。

引爆社群行动工具：社群思维

序号	社群战略	开始写出来
1	互联网上社群集中的点，写出 6 个 +	
2	一句话，深度刻画社群（人导头）	
3	找出互联网意见领袖，大 V，或者节点	

第 2 节　场景的外延和思考

讲到场景，还是从笔者经常举的案例开始：如何利用场景快速解决剩女问题。许多优秀的女性，借口工作太忙，没有时间找对象，其实核心问题是没有应用好场景。那么，在一年之中，什么时间努力找对象，成功率、转化率会高呢？首要思考的问题是什么场景下单身人聚集，且有恋爱的需求。如果结合上面提到的社群，需要加上一条，优秀的男人都在哪里？

如果依据这样的思考路径，剩女问题解决起来就会容易一些。例如，在七夕、情人节、11.11 光棍节等场景下，把自己打扮得漂亮些，找到特定的社群，此时“抛媚眼”“示意”的成功率和转化率将远远高于其他时间。笨笨的女孩是一年 365 天，每天都化妆，她们很努力，但效果不好，究其原因，是场景选择错误。

结合场景，如果是农村的男孩，想找个附近村子的女孩做媳妇，其一年中最需要努力的时间是春节前后。因为近年来中国农村的年轻男女，平时都漂泊在各个城市。错过这几天的找对象黄金时间，想找附近女孩做媳妇就很难。

场景一直让笔者“耿耿于怀”，其独特的魅力贯穿在营销传播、产品开发、商业咨询、日常生活的方方面面。在琢磨场景问题时，笔者也多次跨界思考和借鉴许多有关场景的思考。例如笔者就曾经跑到北京电影学院旁听电影剧本专业课程，购买有关电影场景剧幕的书籍，可是每次都被带入深沟，让人感触场景学问之深。

近来 Google 做了一份《The New Mul-screen World》研究报告，解读在这个多屏互动时代消费者的行为。

PC 的使用场景更多集中在比较块状的时间段：办公室、家庭使用，核心是任务导向，时间长、严肃、高度投入。可见，电脑被更多用来查找信息，在未来可能会被贴上工作工具的标签。

智能手机的使用场景更多集中在碎片时间段：碎片时间、即时响应、快速信息等。智能手机更多是用于交流，让人与人联系，还有用来娱乐的成分。手机是打通了互联网和线下社会的“梯子”，让社交变得更容易。

我们也发现智能手机用于购物的增长率在飙升。在移动互联网的时代，手机购物将成为接下来几年爆发式增长的领域，只不过这种购物形式属于“浅”购物，购买的数量和深度都较浅，消费者要的是速度和满足。

平板电脑的使用场景更多集中在休息、娱乐的时间段：娱乐浏览、非绑定时间段、休闲时间，其中，用得最多的场景是家里即时响应等。平板电脑消费者把它当成了娱乐的最佳伴侣，通常用来阅读、观看视频、打游戏。平板电脑是“休闲”利器，我们也发现通过平板电脑访问电子商务的消费者的转化率和客单价都较高，也许这就是场景的销售力。

Adobe 的移动互联网研究报告《The Impact of Tablet Visitor on Retail Websites》解读平板电脑浏览者的零售行为发现平板电脑的浏览者更愿意花更多钱来购买，究其原因，大致有三点：①平板电脑本身的体验；②平板电脑的浏览者可能更有钱（原因可能是消费者拥有了电脑、智能手机后才会购买平板电脑）；③消费者使用平板电脑的场景等。

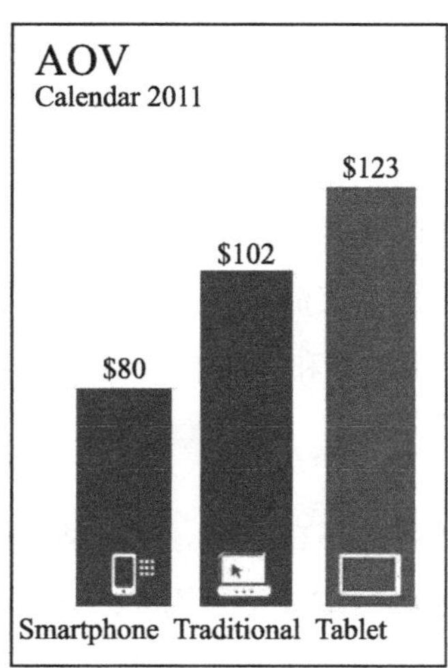

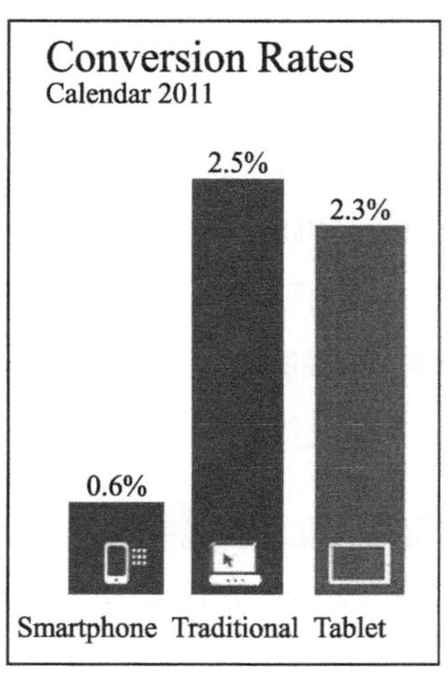

平板电脑的浏览者转化率较高，我们可以发现通过平板电脑访问网站的行动转化率较高，接近传统电脑转化率（2.5%），远远高于智能手机的转化率（0.6%）。结合上面的数据可以看出，虽然平板电脑的转化率略低于 PC，但是其平均订单值（Average Order Value，AOV）超过电脑的用户。

你的产品针对平板电脑做了些什么？尤其是电商网站，消费者使用场景在哪？跨界的场景研究，有助于我们更好地应用它。在合适的场景下，找到社群后，通过话题引爆。**可以说场景是所有其他 3C 发生和应用的大背景，不知道场景的重要性，将不是一个成熟的营销人和产品人。**

引爆社群行动工具：场景致胜

序号	场景法则	尽可能穷尽各种场景	如何结合，如何使用
1	人多		
2	需要多		
3	需要短时间批量得到满足		

第 3 节　内容的外延和思考

当聊到内容，更多人想到的是文案，我们确实可以把内容粗浅地理解为销售文案、广告文案、EDM 等。但这里的内容其实应该具有更为广泛的意义，例如销售员向客户讲的话是内容，微信、微博发布的是内容，视频播放的是内容，图片解读的还是内容。

业界之前很少系统关注内容在互联网传播中的应用，其实它是决定我们传播效果最为重要的一环。内容的优秀与否决定了传播原动力的大小。

笔者看好的内容努力方向如下：

（1）学会讲故事。

（2）学会适当加入情感。

（3）学会换种方式把内容讲明白。

（4）学会借鉴谣言传播的技巧。

（5）白皮书、报告等内容的应用。

当然，客户的口味不是一成不变的，你需要时不时更换内容来看看他们的反应。内容的风格不是企业说了算，而是客户的反馈！好消息是现在的互联网工具、平台都或多或少提供相关的统计数据，可以帮助你改善相关内容。

在内容方面，国内外也有许多研究成果。其中，奇普·希恩（Chip Heath）和丹·希恩（Dan Heath）兄弟在《粘着》一书中对如何让内容深入人心这个问题进行了深入探讨。他们提出了 Succes 模型。

（1）简洁（simple）：抓住核心，一语中的。采纳一个想法并提炼，删除所有非实质性的东西。例如，“怕上火，喝王老吉”。

（2）意外（unexpected）：出奇制胜。例如，海底捞的顾客服务广泛传播，其出乎意料地超过顾客已有的高期望，他们不只为顾客提供就餐前的免费美甲、免费更换手机贴膜等服务，还为顾客提供一些意外的礼物。

（3）具体（concrete）：确保任何构思都能容易地领会并记住。如具有黏性的创意充满具体的画面——装满水的浴缸、带刀片的苹果，因为我们的大脑对记忆具体东西极其兴奋。

（4）可信（credible）：内容要有可信度。鲜明的细节可以增加信息的可信度。斯坦福大学教授们曾质疑 LLDE 组织（一家主要从事创作艺术舞蹈的公司）表述的“多样性”。对此，LLDE 的组织者并没有简单地回答何谓其组织的多样性，而是通过一个鲜明的案例来诠释。在 LLDE 组织最久的会员是一位名为托马斯·德怀尔的 73 岁老人。他之前为美国政府工作且没有任何舞蹈经验，在 1988 年退休后就来到这里，至今已超过 18 年了。这个细节让在场的教授们都沉默了，这就是可信度。

（5）情感（emotion）：帮助人们领会内容的真谛。关于反对吸烟广告的研究表明，诉诸情感的广告比以事实为基础的广告更具有说服力且更加难忘。

（6）故事（stories）：利用讲故事的方式让人们产生联想。研究表明，叙述能够引起心理刺激，可视化时间能令以后的记忆和学习变得更容易。故事关键在于情节，充分构建富有挑战性、创造力的情节。

可见，做好内容同样是个极大的挑战，不仅要文笔不错，更重要的是要懂阅读者的心、行为、产品、竞争市场战略……

引爆社群行动工具：内容营销

序号	内容法则	开始写出来
1	如何描述你公司的产品（质量/本身）？	
2	如何从竞争对手、用户选择的角度出发组织内容？	
3	如何从情绪、情感角度的内容描述企业？	

内容创业风起云涌

马东（爱奇艺前首席内容官、知名制作人）分享其在内容创业中关注的3个重要的点，第一是直播，第二是知识收费，第三是短视频。

直播在爆发之初，是从竖屏直播开始的。直播分为横屏直播和竖屏直播，横屏直播的代表有斗鱼、熊猫TV等直播网站。有人说它们来自于游戏电竞网站，其实它们是来自于传统电视和PC的收看习惯。**横屏直播中最重要的逻辑其实依然是同框内人的戏剧关系，只是可能多加了一层交互，就是同框内人和人之间的关系，以及这个关系和观众之间的互动关系，这种逻辑确定了横屏直播内容制作的一些边界。**横屏直播是一种相对传统的直播模式，所以相对成熟，而且优质内容还有待发掘。

相对于横屏直播来说，真正大火的是竖屏直播，也就是以映客为代表的这种交流。竖屏直播的逻辑其实更多建立在表达者和接受者之间，到底能不能建立那种明知不是，但依然愿意相信那是一种一对一交流的场景。这个交流场景中最重要的东西，是接受者都知道表达者是一对多广播逻辑的内容，但是他依然愿意相信那个人对自己一个人说，是与自己做真情实感的交流。这既是一种自我麻痹，也是移动互联网和手机屏幕的规格所带来的一些限制。但是它离接受者更近，更容易进入人的内心。竖屏直播的内容制作和内容开发还有极大的发掘空间，不是这一两年之内就能够完全弄明白的。

第二个是知识收费。从“分答”，从“得到”，从与喜马拉雅合作的“好好说话”，都有一个非常明确的信号，就是消费升级的大背景好像为知识收费开了绿灯。知识收费原来以图书出版物为例，其实也就是一种直接对2C的知识收费，只是原来那种作者和读者之间的互动是静态的，你不知道读者是谁，只能大约得到读者这个群体的反馈，而得不到具体的认知，你甚至不知道自己所写的东西到底解决了或者逾越了别人的什么。现在，基于移动互联网音频和视频技术的发展，给知识收费带来了非常好的基础平台，这其实是技术进步到一定程度的必然产物。但是，需要注意的是，知识收费还有很远的路要走。

第三个是短视频内容。今日头条公布了自己的流量和业绩，整个业界为之一震。其实短视频行业是中国互联网视频发展近十年来一直的追求，只是这一切好像直到移动互联网时代，直到手机时代，才真正实现了。**短视频在什么程度上解决了观看者的什么问题，观看者在多大程度上会顺从爬虫逻辑的推送从而形成一个信息闭环，或者多大程度上能够突破这种信息闭环，能够获得更大的信息量。**这个逻辑悖论会是短视频行业，尤其是以技术为基础的短视频行业所面临的一个问题。但毫无疑问，短视频在用户时长、用户黏性方面的数据这样夺人眼球，已经揭开了整个短视频行业一场大战的硝烟序幕，业界已经闻到了烟火气。未来五年，短视频是一个和长视频行业等量齐观的市场。

案例点评：网红商业、内容创业、自媒体等还将继续引爆互联网，内容创业与内容营销都将获得可持续、长久的演化发展。内容春天来了！

第 4 节　连接思维的外延与思考

社交网络、连接在 4C 商业模型中充当解决传播覆盖面的问题。在移动互联时代，我们不能再期许通过简单的、一次性曝光的方式解决传播问题，而是要思考如何针对社群定向歼灭。一次性曝光方式效果下降的原因是消费者已经不在大众传媒下集中消费内容。

那么，内容在社群中如何传播？之前社会学是无法刻画出传播的路径及行为轨迹的，只能从后期的社会学研究，从数据着手做后期分析。随着社交网络的崛起，行为传播方式变得可以测量或部分刻画，这也为我们理解社群的传播行为提供了工具。

在探索人与人的连接这个领域时，更是将笔者带入社会学、社会网络分析（SNA）领域，如果你有兴趣继续深入学习，不妨从社交网络分析等基础内容下手来构建传播的结构流动图。

在大众传播时代，传播是通过工业化集成的方式一次性倾倒、覆盖，更多考虑的是广度。移动互联时代让传播行为（转发、分享、评论等）可以用技术予以表述，这也为我们接下来有选择地让信息得以渗透，提升传播效率。这就是当下商业信息传播最为重要的变化。

传播结构、传播动力学是笔者在探索人与人连接中更为关注的。大 V、意见领袖、传播网络节点的采用只是我们传播应用中的一个点，其目的是加速扩散的覆盖，从效率的角度思考。而与商业结合的社群或节点所处的传播位置、人群影响力将更具有指导意义。

传播动力学思考的角度是源自内容、刺激，接收者阀门⊖ 以及后续行为融合。在构建方法体系中，只有解决传播动力学等传播问题，才是一个可控的行为，否则传播的行为将不会沿着预期方向扩散。

软性层面的人的心理学、行为学也是影响产品病毒扩散的权重因子。如果不结合人传播及分享的行为，而仅仅依赖数据分析，最终病毒扩散的过程将是不可信的。

互联网的本质是连接，因为它能把很多的信息孤岛连接起来。尤其是移动互联网时代到来之后，连接的终端多了，商业机遇和商业价值产生了，很多新的商业模式也就诞生了。

Airbnb 的估值超过 400 亿美元，它其实就是由两个很年轻的好朋友创立的。以前到外边去旅游或商务旅行，只能住酒店，现在可以通过这个软件选择住在别人的家里，这种舒适度和方便程度是酒店无法比拟的。还有大家熟悉的滴滴打车，在 PC 时代是不可能有这种商业模式的，因为出租车是流动的，人也是流动的，没有移动终端，是无法把两个动态的东西连接在一起的。

互联网就像一个活的生物，又不断繁衍出一些新的物种。互联

⊖ 接受者阀门：探讨的是接受者在应对传播信息时的应对状态，刻画的指标有：接受者的阻力、行为意愿程度等方面。

网这种连接一切的特性，催生了一个新的商业模式，我们把它叫作连接型企业。腾讯连接了人和移动设备，打车APP连接了出租车和打车的人，阿里巴巴连接了消费者和商家，乐视通过电视终端连接了影视剧和观众，全通教育连接了学生和教师，东方财富网连接了股民和机构……

现在，几乎所有企业都要具备这种“连接”的互联网思维，适应移动互联网带来的商业模式的改变，否则必然会被淘汰。

引爆社群行动工具：引爆连接

序号	引爆社群	如何结合行业
1	点燃人与人社交关系	
2	如何赋予动能（举措）	
3	如何降低摩擦力（举措）	

第5节　融合的4C原则

想要发挥4C原则的合力，需要融合4C原则，做到灵活利用而不拘泥框架。核心是：在合适的场景下，找到特定的社群聚集生态或部落地，通过合适的内容、话题，找到社群网络节点，触发人与人的连接进而成功引爆。

（1）场景是一切行为发生的环境和前提，选择合适的场景，可以让其他3C发挥更优的效果。

（2）今后，营销将走向社群时代，它不仅让营销效率更高，而且更为聚焦。这一切的变化源自互联网重回部落化，基于兴趣图谱成为特定社群的沉淀。不从社群角度思考问题，都将面临个体满足效率问题。

（3）内容将永恒！

（4）内容应不仅在表达形式（音视频、漫画等）上发力，还应基于终端载体表现形式进行人与人的连接、病毒传播。随着社会网络分析及互联网生态日益成熟，通过互联网及智能手机工具更易完成传播。信息传播的规律将掌握在我们手里，这样的扩散与病毒传播将开启一个新的时代。

	规划	努力方向
场景	选择合适场景（需求场景、消费场景、使用场景）	从社群与产品的连接下手，寻找时间、地点、情绪，界定清晰的场景 在社群需求最为集中的场景，信息吸收最有效的场景
社群	画出作战地图：社群互联网上居住的地方、熟悉社群结构	穷尽社群在互联网上集中使用的BBS、微信、微博、视频网站、博客、维基百科等据点 （1）熟悉社群的行为分类； （2）掌握社群的结构； （3）构建企业消费社群（互联网上的家）
内容	内容的体系、内容表达风格、内容呈现形式	（1）规划传播的内容； （2）尝试内容表达形式（文字、音频、视频、漫画、新闻、白皮书等）； （3）结合平台特性，做满足微信、微博等平台的内容体系
人与人连接	促成人与人之间的传播，熟悉人与人的传播规律	（1）绘制社会网络结构 （2）找出社群结构中关键节点； （3）熟悉人与人连接传播机制； （4）助力病毒扩散的动力

4C原则并不是每个C都均等，需要结合我们特定的业务和客户情况，给出有针对性的方案。初期努力方向是先按照4C的模式

和框架来“套”，等到后期熟练驾驭，可做到游刃有余。

从4C角度剖析微信红包流行

马年春节“抢”微信红包成为热点，微信搭建的抢红包平台，让全国微信用户为之“疯狂”，马云戏称，宛如“珍珠港偷袭”。

微信红包数据

据腾讯数据显示，从除夕开始，至大年初一的 16 时止，参与抢微信红包的用户超过 500 万，总计抢红包 7500 万次以上。领到的红包总计超过 2000 万个，平均每分钟领取的红包数达到 9412 个。

与投入数亿元、借其他 APP 等来培育用户习惯不同，微信红包几乎不费腾讯一兵一卒，就让用户在自娱自乐的同时，轻轻松松地“交出”了银行储蓄卡，加入了微信支付的大军。

产品思路

当记者问财付通推出微信红包的初衷是什么时，腾讯高管吴毅给出的解释是：借助中国的传统春节，我们希望开发一个好玩、有趣的产品。讨红包是中国人过年的传统习俗，互相之间通过这种习俗让年味更加浓厚。微信红包正是基于这样的初衷设计的一个好玩的小应用程序，大家可以在微信里互相祝福，感受新年的乐趣。

“新年红包”通过填写红包信息、微信支付成功、发送给好友/微信群三步，即可实现扩散。

场景选择是关键

微信抢红包之所以能够如此红火，选择春节及春节返乡这个特定的场景是关键。在课堂上笔者经常会和学员研讨如何借用春节返乡潮来进行政策、商业、文明行为的扩散。在几亿人的迁徙中，将是商业传递、观念传播、“病毒”扩散的最佳时机。错过这样的时机一年中将很难寻觅到如此有价值的机会。

微信红包项目实施也充分考虑了春节因数，不仅在其产品的设计理念上，也从产品的扩散影响力上下手。在春节前10天开始，随着大量一二线城市的年轻人回乡过年，将在年轻人群中引爆的微信红包带到三四线城市，传播给他们的亲人、同学和长辈，如果这些几乎与互联网脱节的用户能够通过红包开始使用微信支付（微信支付甚至会变成他们中很多人第一个接触到的手机支付方式），不仅能够达到用户增长的目的，还可轻松将手机支付从年轻人推广到全民。

移动微支付，基于应用场景的移动购物市场将会爆发。微信支付和支付宝正在为移动支付发力，抢占地盘。微信支付在教育用户绑定银行卡获得成功之后，势必在提高用户活跃度上推出更多的功能。从目前可以看到的是，微信支付将满足多卡用户的转账需求、信用卡还款等业务，以及结合多种行业的服务公众号，推出如医院挂号预约、快递支付等多种场景。

一旦消费者习惯了微信移动支付，就会反逼传统企业提供基于商业移动化的服务，即官方微信+微支付的产品。从其产品基因上，App既符合了小而美的移动应用场景，同时又能与微信支付、微信朋友圈社交网络实现产品的无缝连接。

轻松一触，引发社群热度

针对微信红包的产品及移动支付未来目标客户群的定义，微信红包的传播首先选择的社群是微信群，尤其以互联网科技群、金融群、商业贸易群为重点引爆对象。

正如在前面章节中讨论的，针对社群行动需要找到社群的所在地、熟悉社群结构、了解社群偏好、从社群成员的心理和行为入手。

微信红包在初期扩散时，非常精准地找到了社群所在地（即微信群、朋友圈）。社群结构中必然会有一些具有类似极客精神的成员，当受到其他微信群成员的刺激会尝试给群里好友发放红包，这样可体现他们的极客精神，提前一步享受乐趣。

支付宝红包是讨出来的，微信红包是快乐地发出来的。支付宝红包讨了不给不好，讨了给少了不好；微信红包随便拿几百元发几百个红包出去，发红包的有土豪大把撒钱的豪气；抢红包的则会紧张刺激，抢到几毛几分的都觉得像中了500万元大奖一样幸运，欢天喜地的。

社群活跃度的高低，取决于你是否找到了那个按钮。

热议红包话题

微信红包为何这么火？我们可以看到微信红包已经超出了简单红包的概念，更像是一个社交游戏。微信红包是让大家“抢”，抢到的红包中金额有多有少，这样就会让每次参与的人有炫耀、有懊恼、有话题，激发用户主动地分享和传播。微信红包在“抢”之前，用户心中充满期待、兴奋和紧张；“抢”的瞬间，将微信群内的话题引爆。

微信红包成为大家热议的话题，也符合了4C理论中内容突出的要求。广告仅仅让产品信息获得传播，而产品热议话题将更有利于流行。

人与人连接：一个人能带动一拨人玩

微信红包的流行与此前的微信游戏《打飞机》一样，也是一个能够点燃社交关系链的产品，用户在抢红包时的惊喜、炫耀、再期待等各种情绪被激发出来，其又将借助群及朋友圈被主动传播出去。微信发红包背后显现出来的是移动支付融入社交关系链之后可怕的裂变能力，只要有一个人用微信发红包，他就可能带动周围一拨人开通微信支付。

微信可向好友发送新年红包，也可领取好友发送的红包，借助微信群和朋友圈之间的传播，很快吸引了超过千万用户的关注和分享。由于发放红包和提现红包均要捆绑银行账户（本质就是开通微信支付），一夜之间，微信支付客户数量大增。

在春节期间，年轻用户与亲朋相聚，微信红包已获得更大范围的病毒式传播，引爆新年的全民娱乐。

案例点评：派红包不是微信发明的，他们不是第一个做的，但是微信却是最成功的。微信红包会成功的秘密武器是产品做得好，时间赶得巧！微信顺应社群网络的传播路径规律，将话题讨论和社交关系应用到极致。

参考文献

[1] Albert László Barabás. 链接网络新科学 [M]. 徐彬，译 . 长沙：湖南科技出版社，2007.

[2] Duncan J Watts. 小小世界 [M]. 陈禹，等译 . 北京：中国人民大学出版社，2006.

[3] 唐兴通 . 社会化媒体营销大趋势 [M]. 北京：清华大学出版社，2012.

[4] Adam L Penenberg . 病毒循环 [M]. 刘素洁，译 . 杭州：浙江人民出版社，2013.

[5] Chuck Martin. 决战第三屏：移动互联网时代的商业与营销新规则 [M]. 唐兴通，译 . 北京：电子工业出版社，2012.

[6] Everett M Rogers. 创新的扩散 [M]. 唐兴通，译 . 北京：电子工业出版社，2015.

[7] David Quammen. 致命接触：全球大型传染病探秘之旅 [M]. 刘颖，译 . 北京：中信出版社，2014.

[8] Robert W Bly. 文案创作完全手册 [M]. 刘怡女，译 . 北京：北京联合出版公司，2013.

[9] Ann Handley. 内容营销：网络营销的杀手级武器 [M]. 王正林，译 . 北京：电子工业出版社，2011.

[10] Maribel Lopez. 指尖上的场景革命：打造移动终端的极致体验感 [M]. 平宏伟，译 . 北京：中国人民大学出版社，2016.

[11] 刘筱攸 . 中信银行结盟百度贴吧 深耕粉丝经济 [EB/OL] . 证券时报网 . http://dwz.cn/670tTQ.

[12] 韩松落 .“粉丝”和“粉丝经济”. 新闻晨报网 [EB/OL] .http://dwz.

cn/670urw.

[13] 消费者研究 . 针对消费者情绪的营销方法 [EB/OL] .http://www.199it.com/archives/211907.html.

[14] 董伟 . 互联网成网民不良情绪发泄场 [EB/OL] . http://dwz.cn/670vi8.

[15] 王众 . 航班管家：雨天为用户撑伞 [EB/OL] . http://www.cxoworld.com.cn/eyan/view/400788.

[16] 谭爽 . 轩尼诗：融入中产阶级场景 [EB/OL] . http://t.cn/R4avygu.

[17] 佚名 . 有哪些增强广告信息可信度的技巧和方法？ [EB/OL] . http://t.cn/RSedd1p.

[18] 刘琪 . 小米 2 次引爆 QQ 空间秘密 [EB/OL] .http://t.cn/RSedsFn.

[19] 黎万强 . 小米眼中的新营销：参与感是灵魂 [EB/OL] .http://t.cn/zRKfBk5.

[20] 古丰 . 斗鱼如何反超虎牙 映客如何异军突起 [EB/OL] . http://t.cn/RSerWMP.

[21] 俞方伟 . 天地彩钢三步走营销战略 [EB/OL] . http://t.cn/zWGmPWn.

[22] 风无声 ."情景营销"提升销售力 [EB/OL] .http://t.cn/RSedvXu.

[23] 孙媛 . 可口可乐、富国银行和 Basecamp：如何用内容塑造品牌形象 [EB/OL] . http://t.cn/RSegpa8.

[24] 孙磊 . 从网络游戏的人际互动看网游 [EB/OL] . http://t.cn/RSegQhF.

[25] 黄健铭 . 疯狂猜图，百度魔图和魔漫相机怎么就火了 [EB/OL] . http://t.cn/RSegsyU.

[26] 穆峰 . 五个关键词，让你的品牌也玩一把"段子营销" [EB/OL] . http://t.cn/RSeepZH.

[27] 杨沁锟 ."乔东家"的经营秘诀：找顾客当托儿 [EB/OL] . http://t.cn/RvtZ8LJ.

[28] 陈志刚 . 地理围栏：运营商 LBS 的未来 [EB/OL] . http://t.cn/zYrI6BG.

[29] 马立军 . 迪斯尼商业模式解析 [EB/OL] . http://t.cn/RSeegG4.

[30] @墨鱼茄汁饭 . 让等待的时光也美丽的 6 个创意场景 [EB/OL]. http://t.cn/RGHbBfc.

[31] 佚名 . KOL 重构：数字媒介下的舆论力改变 [EB/OL] .http://t.cn/RSeDUPp.

[32] 佚名 . 乐购创新墙面二维码购物方式 数字时代零售业新策略 [EB/OL] .http://t.cn/RSeD5QG.

[33] 佚名 . 情绪分类 [EB/OL] .http://t.cn/RSek2jV.

[34] 搜币了 . 5 个让用户之间相互联结的创意营销 [EB/OL] .http://t.cn/RJLce1h.

[35] 佚名 . 网购消费者心理行为类型划分及营销策略 [EB/OL] . http://t.cn/RSeD0My.

[36] 佚名 . 创业卖高端盒饭 年入千万？ [EB/OL] .http://t.cn/8F04SPN.

[37] 佚名 . 阿里 3600 万买下双色球彩票所有组合 将免费发放 [EB/OL]. http://t.cn/8kMUo7z.

[38] 博视得 . 场景营销在户外传播中思维与应用 [EB/OL] . http://t.cn/RSeDuSx.

[39] 策划总舵 . 校园有场景，营销正当时 [EB/OL] .http://t.cn/RSeDdzj.

[40] 佚名 . 石榴婆报告篇篇 10 万 + 的独门秘诀 [EB/OL] . http://t.cn/RSeDsz.

最新版

"日本经营之圣"稻盛和夫经营学系列

任正非、张瑞敏、孙正义、俞敏洪、陈春花、杨国安　联袂推荐

序号	书号	书名	作者
1	9787111635574	干法	【日】稻盛和夫
2	9787111590095	干法（口袋版）	【日】稻盛和夫
3	9787111599531	干法（图解版）	【日】稻盛和夫
4	9787111498247	干法（精装）	【日】稻盛和夫
5	9787111470250	领导者的资质	【日】稻盛和夫
6	9787111634386	领导者的资质（口袋版）	【日】稻盛和夫
7	9787111502197	阿米巴经营（实战篇）	【日】森田直行
8	9787111489146	调动员工积极性的七个关键	【日】稻盛和夫
9	9787111546382	敬天爱人：从零开始的挑战	【日】稻盛和夫
10	9787111542964	匠人匠心：愚直的坚持	【日】稻盛和夫 山中伸弥
11	9787111572121	稻盛和夫谈经营：创造高收益与商业拓展	【日】稻盛和夫
12	9787111572138	稻盛和夫谈经营：人才培养与企业传承	【日】稻盛和夫
13	9787111590934	稻盛和夫经营学	【日】稻盛和夫
14	9787111631576	稻盛和夫经营学（口袋版）	【日】稻盛和夫
15	9787111596363	稻盛和夫哲学精要	【日】稻盛和夫
16	9787111593034	稻盛哲学为什么激励人：擅用脑科学，带出好团队	【日】岩崎一郎
17	9787111510215	拯救人类的哲学	【日】稻盛和夫 梅原猛
18	9787111642619	六项精进实践	【日】村田忠嗣
19	9787111616856	经营十二条实践	【日】村田忠嗣
20	9787111679622	会计七原则实践	【日】村田忠嗣
21	9787111666547	信任员工：用爱经营，构筑信赖的伙伴关系	【日】宫田博文
22	9787111639992	与万物共生：低碳社会的发展观	【日】稻盛和夫
23	9787111660767	与自然和谐：低碳社会的环境观	【日】稻盛和夫
24	9787111705710	稻盛和夫如是说	【日】稻盛和夫

麦克卢汉媒介理论

马歇尔 · 麦克卢汉（Marshall McLuhan）

20世纪“最重要的思想家”

继牛顿、达尔文、弗洛伊德、爱因斯坦和巴甫洛夫之后最重要的思想家

法国人为他创造了一个词“麦克卢汉式的”

《连线》在创刊号的刊头上封他为“先师圣贤”

《花花公子》破例为他刊载几万字的《麦克卢汉访谈录》

麦克卢汉为媒介理论、传播学和跨学科研究留下了一笔丰厚的遗产。只要互联网继续演进，人们就会怀念他，只要媒介演化还在继续，人们对他的研究就不会停止。

媒介即按摩：麦克卢汉媒介效应一览

ISBN：978-7-111-54824-9 定价：40.00元

媒介与文明

ISBN：978-7-111-54825-6 定价：40.00元

指向未来的麦克卢汉：媒介论集

ISBN：978-7-111-54993-2 定价：45.00元

余韵无穷的麦克卢汉

ISBN：978-7-111-55024-2 定价：50.00元